Poéticas de

José María Lima
(1934-2009, Puerto Rico):

Tradición y sorpresa

Áurea María Sotomayor
Edición, compilación y coordinación

ISBN: 1-930744-52-8
© Serie Nueva América, 2012
INSTITUTO INTERNACIONAL DE
LITERATURA IBEROAMERICANA
Universidad de Pittsburgh
1312 Cathedral of Learning
Pittsburgh, PA 15260
(412) 624-5246 • (412) 624-0829 fax
iili@pitt.edu • www.iilionline.org

Colaboraron con la preparación de este libro:

Composición y diseño gráfico: Michelle Braga y Erika Braga
Corrector: Arne Romanowski
Obra gráfica de portada por Elizam Escobar
Obra gráfica interior por José María Lima

Printed and bound by CPI Group (UK) Ltd, Croydon, CR0 4YY

Presentación
Áurea María Sotomayor 7

Artículos críticos

JML: el más joben de los antepasados
JOSERRAMÓN MELENDES 19

Dédalo en fuga: duelos, devenires, políticas y legados
de la forma en las "Caracolas" de José María Lima
JUAN CARLOS RODRÍGUEZ 37

La casilla vacía
FRANCISCO JOSÉ RAMOS 75

Nombres que dicen lo justo en *La sílaba en la piel* de
José María Lima
MARA PASTOR 95

"La vida de la muerte": Lenguaje, materialidad y poética
en José María Lima
JUAN CARLOS QUINTERO HERENCIA 125

Las caracolas de José María Lima en relación a la
poesía concreta y el arte conceptual
ELIZAM ESCOBAR 157

Por un tablero abierto: entre *las líneas verdes* de prosa y
caracol (del anomal y sus agenciamientos)
ÁUREA MARÍA SOTOMAYOR 183

Testimonios

Lima
Esteban Valdés Azrate 217

"Desbalance de Metales Endógeno"
Rafael Ayala Hernández 233

Última visita a las babas de Lima
Juan Carlos Quiñones 241

"Quiero pistas, Señora, no sea que me asuste".
Entrevista a José María Lima
Rafael Acevedo 245

Muestra antológica

"yo he visto, a la caída de la tarde"	253
"Sobre mi tumba suena un caracol"	256
"Hueco, profundo, vacilante"	259
"han muerto mis silencios…"	261
"una oreja desprendida cae"	263
Por qué me dejas sombra	264
"yo quiero hacer un poema de líneas verdes"	266
"Pero después de todo"	270
"El vaticinador"	272
"¿Por dónde anda mi nombre?"	274
"En la otra orilla"	277
Sombra mía	278
"hay un río de claridades… "	282
"estoy unido a la extensión del cielo"	284
"camaradas del sueño, os reconozco"	287
"aquí vive una sombra"	288

"escucha"	290
"cuando las tardes mueren en una sola mañana"	291
"hoy le diré a mi sombra: muere"	292
Los héroes	293
"Si me propusiera, pienso"	296
"Yo sé que hay importancias colgando de los libros"	299
"canto porque cantar es mi promesa"	300
"si pudiera salir desde mi soledad"	303
"qué culpa tengo yo, peregrinando"	305
"también en los ombligos…"	307
A Waldo Rodríguez	310
"Cubierto de silencio"	312
Lares	315
"Si se nos colma de distancias la copa"	317
Manifiesto	318
"Traes contigo, acaso, el cortauñas?"	323
"Acariciando una oreja se piensan muchas cosas"	324
A Ada Lina	325
"Si me amas"	327
Carta informal a mi hermano nor-vietnamés o quizá a su esqueleto sonoro	330
"Atila, guerra"	333
"Aquí, a destiempo"	334
"Loco infernal y sube"	336
"Aquí, esta torre de huesos y cansancios"	339
"Serpiente y caracol"	340
"Si solo limpia garra de hambre me asediara"	341
"Háblame"	342
"Hoy soñé con un pez"	343
"del hombro de la hembra"	344
"Si solamente espinas y la sal de los mares"	345
"AQUEL, Aquel y aquellos"	347
caracolas (sesenticuatros)	349
"Cuando vuelva a mi casa"	355

"He vuelto a los lugares" 356
"El lenguaje es antes que nada algo" 357
"Avecinada ya la sangre" 361
"Yo quiero que querramos" 363
"En un día de sol urde el paisaje la pupila" 364
"Tendiste cuatro puentes al recuerdo" 366
"El arco fue el azar" 368
"Un papel con signos enigmáticos y…" 369
"Se trata de encontrar una puerta" 373
"Hoy tiene la mirada" 374
"Los mil ojos abiertos …" 375
"Equilibraba agujas" 376
"Ancha es esta reunión de lianas en los ojos" 378
"La muerte es una onza" 380
"Tengo a mi haber" 384
"Arden aquí en mis labios" 386
"Erijo catapulta" 389
"Dame viento" 390
"Debo advertir" 391
"Me empujarán las manos" 392
"Esta calle" 393
"Ahora vale decir, lo siento" 394
"Estos canales blandos" 395
"Mírame ahora despacio" 396

Cronología (Índice cronológico de primeros versos y
  títulos de poemas) 399

Bibliografía escogida sobre José María Lima 409

Colaboradores 413

José María Lima, perpetuo *outsider*

ÁUREA MARÍA SOTOMAYOR

A principios del dos mil, mientras me desempeñaba como profesora en la Universidad de Puerto Rico, el poeta José María Lima me hizo un acercamiento a través de su amigo y abogado, Rafael Ayala Hernández, para que editara sus *Poemas de la Muerte*. En aquel momento, después de organizar los poemas bajo una unidad mayor de la que partían, el tema de la muerte, intenté rastrear ciertas correspondencias dentro del modo en que se aproximaba al tema para desde ahí organizar la colección. El proyecto no logró hacerse realidad en ese momento por muchas razones, entre ellas porque Lima había esparcido sus "poemas de la muerte", un tema recurrente, a lo largo de todos sus libros, incluyendo dos antologías, la publicada por el poeta Joserramón Melendes bajo el sello editorial qease en 1982 (*La sílaba en la piel*) y la realizada por la Editorial de la Universidad de Puerto Rico en 2001 (*Rendijas*, reunidos por el poeta Jan Martínez). Aún conservo la organización que hice del material que me entregó Lima en aquella ocasión. Recuerdo que había júbilo y energía en su voz y un apremio grande por verlo publicado. Yo también estaba ilusionada, se trataba de continuar revelando su obra y pensar en sus signos, según se dejaban elucubrar, de a poquito. Lima tenía la fuerte intuición de que moriría pronto y quería dejar el libro publicado. La muerte apareció antes del libro y poco después en el 2009, la editorial Terranova los publicó póstumamente bajo la edición de Margarita Rodríguez Freire con el mismo título que me había propuesto: *Poemas de la muerte*. Ahora tengo el gusto de cumplir una promesa personal que me hice al momento de su muerte en el 2009, la de publicar un volumen de crítica en torno a su obra, esta vez dirigido a un círculo más amplio de lectores a través de las publicaciones del Instituto de Literatura y la *Revista Iberoamericana* con sede en la Universidad de Pittsburgh.

En la antología *La sílaba en la piel* (1982), el poeta y editor Joserramón Melendes se abstiene de escribir un prólogo a la obra de Jose María Lima que allí organiza para estimular la posibilidad de otros prólogos. Una voluntad de estilo cifra una obra dispersa que Melendes reúne en unidades temáticas, mas no lo prologa porque, según dice, quiere generar otras lecturas. Parecería que eso que llama "el estilo sostenido" de José María Lima resuelve por el momento la instancia mayor de un comentario más específico. Esa tampoco es tarea fácil. Más bien, la organización y selección de los textos ya presumen una o varias lecturas que trasvasan los poemas mismos. En suma, pese a aquella autocensura, aquí en este volumen se incluye quizás lo que calló esa primera vez, además de lo que el tiempo como lector le ha permitido acumular. Me refiero al ensayo de contextualización del poeta hecho por otro poeta, un ejercicio también aproximado, porque cuando se piensa en la contemporaneidad del hecho estético, se va como sobre una cuerda floja. Y en el caso de Melendes, se trata de poetas pensando el hecho crítico en torno a la poesía. Esto distingue este volumen. Podría decir que todos los que se han enfrascado en esta colaboración son poetas, y no es azaroso que haya sido así. Hallamos aquí ensayos de los poetas Joserramón Melendes, Mara Pastor, Juan Carlos Rodríguez, Juan Carlos Quintero Herencia, Esteban Valdés y Áurea María Sotomayor. Se incluyen, además, testimonios del abogado y amigo fraternal del poeta, Rafael Ayala Hernández y el narrador Juan Carlos Quiñones, además de una entrevista por Rafael Acevedo. Cuando no son escritores, son artistas o filósofos los que escriben. Uno de nuestros mayores filósofos, Francisco José Ramos, colabora con una reflexión sobre la poesía, el ajedrez y las "caracolas", y el poeta, pintor y ex-preso político Elizam Escobar aporta un ensayo libre sobre arte conceptual y poesía, además de colaborar generosamente con su obra gráfica. Valdría la pena pensar en estas coincidencias, la de este círculo granado de poetas-lectores que se aglutinan en torno a esta obra. Todavía la poesía hermética de Lima se resiste al tráfico fácil de los significados manidos con que se lastra la producción de conocimiento en las casillas de la crítica. Por ello Lima no es fácil, como no lo es ningún poeta cuya obra se resista al simple consumo. Quisiera pensar que una lectura sistemática y menos insular de su obra se inicia mediante este volumen y se ramifica por las coordenadas más inverosímiles, entre ellas, la lectura de sus otras grafías (los dibujos) según Escobar, los poemas encaracolados que retan la linealidad (Rodríguez, Ramos), su anecdotario (Valdés), su psiquis (Ayala), la situación del poeta en Puerto Rico (Quiñones), sus políticas (Rodríguez, Pastor), sus poéticas (Melendes, Ramos, Sotomayor), y su muerte como emblema materialista de su obra (Quintero-Herencia). En ningún volumen de poesía o crítica como en este se ha materializado con mayor fervor el homenaje a un poeta desde los poetas, lo cual es motivo de júbilo y agradecimiento.

El detallado ensayo de Melendes (19-36) tiene la bondad de leer al poeta desde sus coordenadas más abarcadoras relacionadas con sus contextos generacionales hasta las más sutiles y desapercibidas. La lectura de Melendes, su antólogo más lúcido, parte de la ventaja del conocimiento macro que se tiene de la escritura limeña y del conocimiento microscópico que hay que desarrollar cuando se es el editor de una obra que reclama una organización total. Eso permite conocer tanto las fechas de producción de los textos como las más sutiles variables del manuscrito en el momento de publicarlo. Melendes organiza la obra por temas y va advirtiendo muchos de los más repetidos, las variaciones de la voz poética, los altos y bajos del sentido, las intertextualidades que se repiten en él. Después de establecer el momento histórico en que surge la obra de Lima justo cuando se funda el Estado Libre Asociado, da cuenta de la crítica más entusiastamente adversa al Estado desde el punto de vista intelectual, la del poeta Juan Antonio Corretjer, y de los vacíos o silencios que genera el miedo en los poetas "puros" o metafísicos de la época que sucede al auge de las vanguardias puertorriqueñas (pancalismo, diepalismo, euforismo, noísmo, atalayismo), la locura real de un poeta asediado por su filiación nacionalista, Francisco Matos Paoli, la torción surrealista, el estridentismo sesentista de la poesía propagandística imantado hacia el proyecto y revista *Guajana*. De Lima señala Joserramón Melendes que éste "cree en la materia y la vida, y en la palabra como magia viva y material que la devela" (22). Identifica de paso sus dos polos, a saber, "la dicción lírica y la contención lógica", sus maestros, Vallejo y Huidobro, su interdisciplinariedad que oscila entre las matemáticas y el dibujo, el surrealismo y sus discursos: lo primitivo, el teatro del absurdo existencial, la lógica, el marxismo, el automatismo, el humor. Sintetiza que Lima es un "sobrerealista sostenido" en búsqueda de lo divino y material que es la poesía.

El ensayo de Juan Carlos Rodríguez (37-73) explora el valor del espacio de la página dentro de la poesía concretista latinoamericana para llegar a Lima. Pero su gesto parece revertir ese trayecto para leer en Lima un fundador, un estratega perfecto que recorre contra natura el ajedrez ocupando todos sus espacios vacíos, imposibilitando el desplazamiento de las letras que entran en espiral por el tablero cuadrangular y se fugan volando, huyendo hacia el interior de ese habitáculo donde se ocupan todos los sentidos. El tablero remite a un laberinto y el laberinto remite a su vez al ombligo, el origen de la vida, a un caracol, la espiral del sonido, a una guerra que es de guerrillas y a un sujeto colonial que después de una labor de desterritorialización y de deconstrucción de la escritura funda su propio universo en un espacio reducidísimo donde modifica las reglas del juego e invita, no a la epicidad, sino al despliegue desterritorializador en un cuadrante donde apenas se pueden mover las piezas –los grafemas–, a no ser recomponiendo la vista para encaracolarse y cifrar el mensaje. La apuesta es alterar los modos de la lectura convencional y hallar en el poema breve o aforístico un caracol replegando su sentido, ocultándose en la sombra del dolor interior, usando el caracol para llamar a la guerra, "caja de resonancia" que delata con sigilo que la muerte, tanto como la vida, son variables de una "transformación incorporal". La lectura deleuziana de este espacio que describe Juan Carlos Rodríguez nos reta a descifrar el exoesqueleto del tablero y mantenernos activos como lectores en persecución tanto de los mensajes cifrados de Lima como de los vericuetos lúcidamente barrocos de la argumentación de Rodríguez al descubrir en el "fuera de lugar" de sus caracolas el entrecruzamiento de todos sus motivos. Aquello que Joserramón Melendes colocó como "complemento" en *La sílaba en la piel*, adquiere en el ensayo de Rodríguez dimensiones mágicas. La tensión que genera la letra y la estructura tiene como conclusión en su ensayo lo siguiente: "Sólo un verso atado al movimiento de su destrucción puede hacer brotar la sorpresa de su lectura. Ese verso en pugna contra su propia ruina, ese verso que tan sólo puede leerse como resto de su propia abolición, es el mayor legado que nos deja Lima" (71). El maridaje estético-político que fragua la figura que va desentrañándose a través de la argumentación tiene como clave el hecho de que el ajedrez es una representación del Estado y en esta poesía se le neutraliza en su propio tablero.

Orientado por su conocimiento de la filosofía, la poesía pura y el budismo Zen, Francisco José Ramos (75-94) afirma la relación entre el jugador de ajedrez y el "artista de la percepción", que "implica una actitud poética fundamental, por la que el acto de pensar y la experiencia de la belleza se funden para sacar a la luz el lado noble del deseo y la álgida potencia del pensamiento". A través de la figura del gran ajedrecista que describe con tanto rigor al iniciar su ensayo fija la ecuación dominante: Ajedrez es igual a conjunto piezas más conjunto casillas (A= P+C). El reto consiste en la creación de la forma dentro del sentido del límite; Ramos remite a la aserción de Lima: "El lenguaje antes de decir, hacía", o la otra: "Tengo a mi haber, decía/ un dibujo de tintas/donde ocurren verdades". Con esas dos citas desplegadas en el ancho tablero de su meditación, Ramos remite al espacio explayado de ese juego donde el objetivo es la acción del pensamiento consistente en rendir al adversario con el "dedo del silencio" (83). Si Gaston Bachelard decía del topoanálisis que era una geometría de la intimidad, la lectura de esta topología, según Ramos, describe un campo abierto donde los "significados" de la palabra poética se definen en el arrojo del poeta cuyo imperativo poético es responder "al llamado de la propia voz" (86). Afirma el autor que el sentido comienza y termina en la poesía, por lo que "nada más real que la Poesía y nada más poético que lo Real" (78). Visualizo aquel escenario en la película de Ingmar Bergman donde el caballero juega con la muerte mientras a su lado retumba el mar. La lectura de Francisco José Ramos parecería invitar a observarnos leyendo mientras miramos el juego o el poema, "lo cual en lugar de obliterar la potencia singular de los jugadores, la pone en evidencia pero en función del campo de fuerzas que ahí se despliega" (88-89). El ensayo es una invitación poética a convertirnos en lectores y a su vez, en escritores, en el momento de aceptar a jugar al ajedrez, de modo que podamos descifrar la movida que implica reconocer el silencio plenado del texto, el de la muerte, y al caballero recorriendo un tablero cuya escritura componen ambos, "un mismo camino de luz y oscuridad por el cual todo va y viene" (93).

Por su parte, la poeta Mara Pastor (95-124) toma una reiteración limeña, la del nombre propio, para rastrear el motivo de la persecución, la marginación y el sujeto político en la obra poética de José María Lima. Si por un lado el recorrido de Pastor toma la sintaxis y el lenguaje de Lima para revelar la economía que atraviesa los cuerpos segmentados, separados y repartidos por el capital a fin de derivar ganancias, por el otro, su lenguaje, enseñas y actos de habla son principalmente promisorios y la tristeza de su tono se reviste como un "canto" que siempre posibilita o anuncia el acontecimiento. Podría ser un nombre descarnado, un nombre perseguido, un nombre que, según la autora, halla eco en los dibujos de los rostros con que se puebla el volumen de *La sílaba en la piel*, hasta que eventualmente se convierte en el objeto de burla de las autoridades convirtiéndose en pura exterioridad, en desplazamiento constante y en errancia. "Lo que tiene lugar en el nombre es su inserción en el lenguaje del consumo. Algo que tiene lugar a condición de no tener lugar". Concluye Pastor estableciendo un vínculo con el uso injurioso del nombre como trazo biográfico de la polémica sostenida en los sesenta respecto a la expulsión del poeta de la Universidad de Puerto Rico por haber viajado a Cuba en plena Guerra Fría. El hablante poético invierte las consecuencias negativas del rumor para escribir un poema que consiste en un acto de liberación, quebrando el circuito de la acusación legal como marca desvalorizadora para convertirlo en moneda de otro tipo. El canje realizado, lo estético que sustituye la injuria política que desvaloriza el nombre, deviene poema, subjetivación que escapa el cerco de lo policial y se ubica en la posibilidad de hacer justicia.

La crítica del ambiente cultural puertorriqueño y sus instituciones intelectuales constituyen el fulcro del ensayo de Juan Carlos Quintero Herencia (125-156). La insistencia que denota respecto a la "extrañeza" de Lima en el imaginario puertorriqueño, su ausencia dentro de un corpus teórico-crítico que se formula principalmente desde la mitad de los ochenta hacia acá, condensa la crítica mayor que se desprende de su polémica. Parcialmente atañe a "la dificultad-Lima" (131) dada su lógica de sentido que desborda las ceremonias coloniales y su percepción delirante porque el Orden lo acosa, pero sobre todo al hecho de que el poeta va sobre la comunidad que le concierne, la de los suyos, y ve allí, ya sea en los nacionalistas asesinados como en la cotidianidad que es suprimida por la repetición vacía y el estado colonial, estructuras a las que no se opone, sino que simplemente registra de un modo tal que trashuman la carga negativa que comportan. Quintero Herencia le llama a ese "asesinato colonial" donde se registra esa muerte "redundancia del poder", y a la comunidad que queda "fuera del registro de lo perceptible" porque es borrada por el elogio a lo mediocre, "desposesión del espacio" al quedar fuera del canon exaltante. La no metafísica del pensamiento del poeta se extiende sobre las cosas a través de una poética materialista en la que reside su "trascendencia", y, contundente, señala que "los demás son en Lima más una condición temporal desencontrada que una singularidad personal con la cual se comunica". El punto álgido del ensayo de Quintero Herencia nos alcanza a todos, y tiene que ver con sus lectores. ¿Cómo leer a un extraño que escapa continuamente las inmediaciones consuetudinarias del decir académico y se coloca voluntariamente en el umbral del raro, del loco, del outsider, del perturbado por la condición colonial dada su singularidad? ¿Acaso, pienso, la expulsión académica y política de Lima de la Universidad de Puerto Rico se consolidó para siempre independientemente de que regresara a su lugar y venciera en los tribunales legales?

Escuchamos la voz de Elizam Escobar (157-182) cuando repasamos los poemas visuales que conforman su artículo. Escobar, artista, ensayista y poeta, entra en el espíritu de las *caracolas* de Lima desde su filiación a la poesía concreta y al arte conceptual. Nos conduce a través del orden de lectura de las *caracolas*, que es en espiral. Pero, sobre todo, lo interesante del recorrido de este artista es relacionar el paso que siguen los ojos de la lectura por el entramado cerrado del cuadrángulo para convencerse de que su trayectoria conduce a la muerte, y filiar esto con la actitud existencial del poeta que nos concierne: buscar el tablero para visualizar el ser para la muerte. "Las caracolas representan un éxtasis del absurdo. La espiral regresa a su centro, a su matriz. Es un laberinto del cual no hay que salir. No hay salida. La existencia no tiene salida. Es." Si Juan Carlos Quintero lee en la poesía de Lima la no oposicionalidad de la muerte y la vida, llamándolas más bien "estructuras compartidas", "convergencia de hielos en vías de derretirse", Escobar las llama "lucha concentrada". Podríamos decir que Escobar conjuntamente con Esteban Valdés (217-232), Rafael Ayala Hernández (233-240) y Juan Carlos Quiñones (241-244) ofrecen un valiosísimo testimonio y retrato de los empeños estéticos, las divagaciones anímicas y parte del anecdotario que rodea la vida y obra de Lima, conjuntamente con el medio en que se desempeñó. A tal efecto, escuchamos la voz de Lima en la entrevista que incluimos realizada por el poeta Rafael Acevedo (245-250). El estilo familiar de Valdés nos muestra a un humorista sensible y cáustico, y de la voz de Ayala se desprende un trágico que luchaba con su condición, mientras que Quiñones prefiere subrayar la apatía, y menoscabo de la figura de muchos de nuestros poetas:

> No. Necesitamos lo real. La muerte real del poeta. O su maldición. Julia de Burgos, Ángela María Dávila, Manuel Ramos Otero, José María Lima son muestras atroces de un modo particularmente conspirativo desde la inconsciencia de que nos gustan los poetas muertecitos, pero cuando no están muertos los matamos a fuerza de esperar, de ansiar y aguantar la respiración hasta que de asfixia, de hambre, de locura y de muerte se mueren. (245)

Para que no se muera y en homenaje a su vida (su poesía) publicamos este volumen. Deseo darle mis más expresivas gracias a Juan Duchesne, que acogió mi proyecto desde aquel 2009 en que murió el poeta, por su apoyo y entusiasmo, además de proveer este espacio para la publicación. También a Érika Braga y Michelle Braga por su amabilidad, por su paciencia y por la transcripción amorosa y sistemática de los poemas y dibujos de José María Lima. Agradezco al artista Elizam Escobar la portada que gentilmente ha donado y por facilitar parte del gran material gráfico de Lima, y a los poetas y críticos puertorriqueños (Francisco José Ramos, Mara Pastor, Juan Carlos Rodríguez, Juan Carlos Quintero Herencia, Joserramón Melendes, Rafael Ayala Hernández, Esteban Valdés, Rafael Acevedo y Juan Carlos Quiñones) que rinden este homenaje merecido. Una bibliografía más específica y la organización cronológica de su poesía, además de una muestra antológica que aquí opera como *exhibit* o ejemplo completa este volumen.

Pittsburgh, marzo de 2012

Artículos críticos

JML: el más joben de los antepasados[1]

JOSERRAMÓN MELENDES

I. *Biografía de abril*

1. José María Lima nasió el 34 en Ceiba. Limpió las botas de los marins –una imbasión militar es fuente de trabajo– para ber a Chaplin –i fuente de cultura–. De familia ebanjélica en Santomas, da 1 sermón a los 12 años i bacasiona con los parientes ricos –los puertorriqeños son a Santomas lo qe los cubanos a Puertorrico (casi)–.

Se gradúa de siensias naturales en la UPR; tomando a la bes cursos de arte dramático con Vicky Espinosa para la época qe Yoyo, Elín, Velda, Jacobo, Pedrito Santalíz, Paquito Cordero i Luis Rafael Sánchez; i de pintura en el tayer de Granell con Alberti, Luis Maysonet, Víctor Sánchez, Ruiz de la Mata i Rafi Ferrer.[2] Estudia 1 año de arqitegtura en Harvard, i completa su maestría en matemáticas en Berkeley bajo la tutela de los lojistas Leon Henkin, Dana Scott i W. Anderson. Estamos en 1958.

Profesor unibersitario de su espesialidá desde el bachiyerato, con un biaje a Cuba el 63, la administrasión considera su espulsión acusándolo de comunista. (El caso Lima fue la

---
[1] *Nota de Edición.* Nos atenemos a la ortografía particular del poeta joserramón meléndes.
[2] NE. Se refiere el autor a la directora de teatro Victoria Espinosa y a actores, dramaturgos y cineastas de la época: Yoyo Boing, Elín Ortiz, Jacobo Morales, Pedrito Santaliz, Paquito Cordero y Luis Rafael Sánchez. Estos, así como los artistas gráficos que menciona posteriormente coinciden en la Universidad de Puerto Rico en los cincuenta.

segunda notisia de importansia en los medios puertorriqeños ese año despúes de la crisis de los coetes i Bahía de Cochinos; *Biografía de abril* se titularía esa suma de primeras planas asta el sierre del 64: "Hoover presenta el caso Lima...")

Bajo esa presión i sus resultantes públicas, biaja a Estados Unidos para trabajar. Ayí comiensa a agudisarse la crisis mental qe corría no solo desde "el desbalanse de metales endójeno" sino del absurdo qe iso agosto en los 50 puertorriqeños con la muerte de las esperansas liberasionales qe seyan el ELA como su comedia, i Raymundo, Griselio, como su trajedia; culminasión del proseso qe documenta literariamente la jenerasión del cuento o del 40, su sinismo desatado por la irrealisasión de lo sagrado (la libertá es el sentido absoluto); i qe propone la locura como síntesis imposible.[3]

Para la década del 60 corriendo ya en Puertorrico, partisipa en legturas pribadas –El Sentro, La Tierruca– i 1 resital público de la rebista La Escalera junto a los jóbenes poetas de Guajana, entre otros. Publica el 66 una edisión casi sin sircular de *Homenaje al ombligo*,[4] en colaborasión con su esposa entonses Angela María Dávila. Publica en la rebista Versiones en el 67. En la década del 70 se le incluye en barias antolojías: *Poesía nueva puertorriqueña* de Rosario Quiles el 70, *Puertorrican Poets* de Matilla-Silén el 72; 1 bes en *Claridad* el 72, en las rebistas *Zona* el 75 i *Cara&Cruz* el 77. Partisipa con asiduidá en los resitales de cafés de La Guagua de la Poesía. A finales de la década se reintegra como profesor despúes de un largo proseso en corte, i muchos trabajos de emerjensia.

El 16 de agosto de 1984 cumple 50 años. Escribe poesía erótica i qisá teatro. Juega ajedrés i relee filosofía.

---

[3] El buscador del orden –lojista, artista– se esplaya en ese caos coqeteado desde los primeros testos automatistas (El Mundo 55-60) coinsidiendo con la asebsia de Jaime Vélez Estrada como otro camino de ebasión ¿o asunsión? Matos Paoli, entre jenerasiones, trama ambos.

[4] En entrebista con Carmín Pérez, trabajadora entonses de la imprenta qe iso el *Ombligo*, se aclaró qe no salió de ayí más qe un paqete de muestra –máximo de unos 50 ejs.

2. José María Lima es uno de los poetas puertorriqeños más importantes i uno de los más desconosidos. Importante porqe es uno de los más orijinales, en el sentido qe lo era Vallejo: de los más adelantados a las formas de la banguardia, de los más densos a la bes qe umorístico, produgtor de testos acabados, inesperados, e impresindibles una bes se conosen; i de los más, porqe signifiqa barias de estas cosas con singular destaqe en nuestro contesto nasional. Desconosido porqe su presencia literaria se a limitado a poemas en periódicos o rebistas, un libro en colaborasión casi sin sircular, i resitales siempre parcos. Aunqe esté representado en antolojías más o menos jenerasionales –*Poesía Nueva Puertorriqueña, Puerto Rican Poets*, la inédita de R. F. Medina *Oríjenes de la nueva poesía puertorriqueña*– i aún alguna otra –el número de *Cara & Cruz* contiene propiamente una antolojía personal de Lima, *Puño de poesía*–,[5] el echo de no aber publicado un bolumen propio asta *La sílaba en la piel* el 82, a imposibilitado un juisio crítico coerente de su qeaser particular i sumado.[6]

---

[5] Es sorprendente la torpesa de *Poesía Militante Puertorriqueña*, Manuel de la Puebla ed., ICP, 79, i *Antolojía General de Poesía* Puertorriqueña etc., de Laura Ríos, Borikén, 82, qe escluyen a Jose María Lima. También resulta lamentable su ausensia de *Puerto Rico en la encrucijada*, número espesial de Casa de las Américas sobre Puertorrico (Rev. Casa 123, nov-dic 80, Cuba).

[6] La NOTISIA EDITORIAL, I. DEL POETA segía: *La sílaba en la piel*, aora, constituye la Obra Poética de José María Lima. Nuestro trabajo a consentrado en la ordenasión del material disperso en unidades temáticas en conformidá i consulta con el plan orijinal del autor; unidades qe adoptan el carágter casi de poemarios distintos dentro de la unidá superior, el libro, qe las resuelbe como estadios o polos (el *estilo* sostenido es una señal indudable de su unidá mayor). La esperansa de qe un amigo dogtorándose agtualmente en literatura elijiera la obra de José María Lima como tema de tesis, abía atrasado el intento de recopilar este material fundamental para nuestra istoria literaria más resiente. Por rasones académicas (de la academia, del amigo o de ambos) se cayó en la consabida repetisión de lo trabajado, el culto a las fichas, estudiar lo estudiado; seguro importante siempre, pero qe proibió en este caso la posibilidá de aportar un estudio orijinal. Aora nos paresió qe la legtura del público i la crítica son desisibos para las conclusiones de un estudio personal qe pensamos orijinalmente incluir como prólogo a esta obra. Con la posibilidá así abierta a otros prólogos posibles, nos parese además tiránica su inclusión; por lo qe dejamos esta escueta ficha material en su lugar.

II. DEL MATERIAL. Recojemos un trabajo poético estendido a lo largo de 30 años (1952-1982). Presenta por lo tanto esta recopilasión el caragter de Obra Poética, asta pudiéramos desir de Obra Completa Prebia: 30 años son muchos para escribir un poemario (*Leaves of Grass* ni *Cántico* lo son). Pero ai unos ilos (como ayá) qe salban la fea lista de almanaqe qe constituye un feo "libro de poemas": Cada tema (qe en otro caso puede añadirse a la lista de las feas) nos da como un momento indibidual de la obra: *Hacia el olor del pan (poemas de guerra)*, *Viajes al interior*

En *La sílaba en la piel* (qease, Ríopiedras, PR; 260 ps.), de cuya edisión estubimos a cargo, reunimos su labor de 30 años. Poemarios posibles, de estéticas complementarias o escluyentes, según la estética del qe lea, corren estos "poemas de guerra" (*Hacia el olor del pan*), "poemas personales" (*Viajes al interior*), "arte amatoria" *(Los óleos esensiales)*, i arses o "manifiestos" (*Atrechos por el extravío*). Libro basto –Obra Completa Previa–, baldría un catálogo de síntesis i ebidensias; porqe su autor complejo i constante cree en la materia i la bida, i en la palabra como majia –biba i material– qe la debela.

A la lus de esta *Sílaba*, oi, ai qe releer la palabra de nuestra última istoria literaria, la yamada poesía-nueba-puertorriqeña, i sus tanjensias con lo qe se a considerado también última

---

(poemas personales) i *Los óleos esensiales (arte amatoria)*, como sus títulos poéticos i sus cantidades jugosas (i "echisadas") indican, se proponen poemarios.

Emos trabajado los órdenes internos de las partes respetando este indisio primario del material, por lo qe se escoje un lema, un sierre, una serie, se ordenan subtemas i tonos, atendiendo a la poesía –la materia–, no a la "lista" –cronolojía–; lo qe no qiere desir qe estos órdenes distintos no coinsidan en más de algún caso.

Por indicasión del autor se añadió la *Transisión* entre la primera i segunda partes. El editor qiso acumular el testimonio reflexibo (ars operandi) importantísimo qe el autor tituló *Atrechos por el extravío (manifiestos)*, por considerasiones no solo poéticas sino bibliográficas: en una publicasión qe presenta por primera bes orgánicamente la obra de un poeta tanto importante cuanto desconosido para nuestra istoriografía literaria, estas arses resultan, multiplicado por su exelensia literaria, sintomáticas de ese periodo fronterizo, la promosión del 50, siempre confundido con su presedente (i tapiada) "Jenerasión del limbo" o su consecuente (i patateleada) "Jenerasión política".

Por coinsidensia del autor i el editor se consideraron presindibles los testos de adolesensia recojidos por Juan Ramón Jiménez en su pájina literaria de Universidad el 54, i la mayoría de los publicados en El Mundo del 57 al 60.*

(*El grueso del material del 55 al 60 parese elaborarse asia una idea difusa de montaje –Lima estudiaba entonses drama i pintura–. Emos creído qe el poeta debiera relaborar este material junto con otro consebido espresamente para teatro, la suma de lo qe podría dar una obra sobre sus temas obsesibos de entonses, dios i el absurdo. Aunqe poético, claro, publicar como poemas sin más un material qe abía desidido otro jénero literario, sería atrofiarlo. –Para los testos del periodo consúltese la bibliografía al final.)

El editor a establesido el testo de los poemas a partir de los manuscritos del poeta; consultando con este las bariantes, correxiones, adisiones i recortes qe considerara definitibos. Se a respetado las mayúsculas, minúsculas, puntuasión i bersificasión orijinales; escojiendo para los poemas no trabajados o qe ofresían bariantes la preferensia de los coetáneos o aqeya qe se adecuaba a la intensión del poema. En casos qe no existía estrofasión i eyo añadía inintensionada oscuridá al poema, se a estrofado siguiendo el criterio uniforme de sentido.

literatura latinoamericana: otra legtura de Vallejo, Huidobro o Neruda, u otra bariante del purismo.

3 ó de los números. De la totalidá de los testos reunidos para *La sílaba en la piel* un 30% es anterior al 65, 11% del 65 al 70, i 45% posterior al 70; entre los estremos de un 16% anterior al 60 i un 27% del 80-81.[7]

Ai unos picos de produxión: 16 testos son del 63 (12%), 12 del 69-70 (9%), 35 del 74-5 (26%),13 del 80 (10%); para un total de 76 testos (57%) escritos en esos picos. (Si añadimos unos 20 testos anteriores i otros 10 en prosa escluidos del

---

[7] Estos números no consideran, obiamente, el material qe fue produsiéndose coetáneamente a la ordenasión del material. En la última considerasión de inclusión, se alteró la muestra de qe se deribaron estos resultados.

libro, todabía tenemos un 45% consentrado en esos picos de produxión.)

El total posible de los testos poéticos de Lima daría un promedio de 7 testos por año, desde1953 a 1981; respetando la unidá intensional (operatiba) qe obía el tamaño, en el caso del material qe nos compete de 1 línea a 15 pájinas por unidá.

José María Lima publica 3 beses (10 poemas) en el periódico Universidad el 54. 14 en El Mundo del 58 al 62. 2 en El Imparcial el 64 i 65. 21 poemas suyos en *Homenaje al ombligo* el 66. En la rebista Versiones 2 beses el 67 i 1 el 68. Una bes el 72 en Claridad. En la rebista Zona el 75. 11 poemas en Cara&Cruz el 79. En las antolojías: 3 poemas el 70, 2 poemas el 72 (con traduxión al inglés), 3 fragmentos el 79.

A partisipado en algunos resitales públicos en los 60 i muchos más o menos pribados en los 70.

Con una muestra así, ¿colocamos a José María Lima como poeta del 50, del 60, del 70, del 80? ¿Será lísito colocarlo en uno solo de esos periodos, ponerlo en una jenerasión?

~

La primera formasión de Lima trascurre plenamente en la década del 40.

El año 50 –a los 16 de edá– entra en la Unibersidá. Aí comiensa a escribir, a aser teatro i a pintar, a la bes qe estudia matemáticas. Para esas fechas publica por primera bes en los periódicos i estudia después en EU. Ya abierta la década del 60 es un esperimentado profesor unibersitario, i publicará en El Mundo i El Imparcial asta el 63, año en qe su biaje a Cuba tendrá consecuensias públicas qe alterarán radicalmente su posisión sosial, profesional, artística, personal. Asta aqí a trascurrido plenamente la segunda formasión, o la primera madurasión de Lima.

La primera madurasión, en el caso de José María Lima de 1950 a 1963, es para nosotros el fagtor determinante de ubicasión jenerasional: el nasimiento sosial efegtibo del artista. Porqe el artista solo nase sosialmente, ubicasión jenerasional no tiene otro sentido qe formasión sosial: la insersión del indibiduo a un periodo de bida colegtibo identificable por caragterísticas dominantes. Sus testos posteriores estarán marcados por el "sistema" qe cuaja los de esa primera madurasión.

II. Instantánea teoría de las jenerasiones

1. "La década del 50 se conocerá en la historia de nuestra Universidad como la década del silencio, de la supresión, de la administración centralizada... la del 60 se perfila como una de esperanzas." (Periódico Universidad 2).
   Escribe Corretjer en el 55:

   > a los [países] coloniales les está reservada incalculable cantidad de temor: económico, cultural, político, psicológico... Por su peculiar situación no sólo reciben el impacto de todo el 'dumping' de la fábrica de mentiras del imperialismo y de sus agentes coloniales de todas las clases y denominaciones, sino que también diluvia sobre ellos la mentirosa nube formada en el cielo de las ilusiones y alucinaciones de sus poetas, escritores, intelectuales, ideólogos, artistas, profesores y profesionales; cuando estos, aterrados ante la realidad, huyen de ella y se refugian en un arte, en una ideología de escapismo, baldío y hueco formalismo que, alentado por el terrorismo descendente en turno, se autojustifica trepándose en las estratósferas de la vanidad y la arrogancia... El miedo a la verdad —característico en las personas intelectualmente retrasadas— es un rasgo de los grandes momentos de transformación. (*Poesía y Revolución* 49)

   En el 56, Corretjer presisa dos tipos de miedo:
   [1] "la desorientasión, la confusión, la esquizofrenia que son vicios congénitos con el coloniaje, ha hecho de algunos puertorriqueños que han podido distinguirse con bien en el cultivo de las letras, escritores mediocres" (*Poesía y Revolución* 41-2);
   [2] "a otros, nacidos con condiciones... el medio ambiente colonial los ha mancado" (*Poesía y Revolución* 42). ‡

Uno es produgto diregto, bígtima insalbable del ambiente, el otro bígtima también, pero por desaprobechamiento de posibilidades, ambos respuestas al miedo:

"–miedo a la vida y a la muerte, miedo a la cárcel y miedo a la libertad, miedo a no ser reconocidos y alabados y a que se les nieguen los medios de publicidad: miedo, en fin–" (*Poesía y Revolución* 42).

En 1967, Corretjer recapitula opiniones sobre la última istoria literaria afirmadora o negadora de nuestra realidá en el sigiente esqema:

> La literatura de todo pueblo se estanca o deteriora cuando la actividad revolucionaria se afloja... Al auge revolucionario que bajo el liderato de Albizu Campos estremece al Puerto Rico de la década del 30 corresponde el auge literario que comienza a decaer cuando el país se devuelve a la pasividad y al liderato rutinario de Muñoz Marín. Más recientemente, la sacudida nacionalista de la insurrección del 50 y el ataque al Congreso de 1954, da impulso, temario, al auge poético, teatral, narrativo, plástico, que ahora, horro de nuevos temas, de los temas que el proceso revolucionario no produce, se amortigua en todas las escalas. (*Poesía y Revolución* 69-70)

Tomando las fechas al pie de la letra daría: [1] 1925 (Albizu resibe comisión de propaganda a Latinoamérica) a 1937 (encarselamiento de Albizu): auje; [2] 1938 (fundasión del PPD) a 1948 (regreso de Albizu –dis. 47–): decaimiento; [3] 1948 (uelga unibersitaria, mobimiento nasionalista reabibado) a 1954 (ataqe nasionalista al congreso norteamericano): auje; [4] 1954... (macartismo en EU, represión sistemática del nasionalismo en PR) a 60s (Rebolusión Cubana –59–, Bahía de Cochinos –63–, impagto de muerte de Albizu –65–): decaimiento.

En una entrebista del año 68, Corretjer destaca rebeladoramente como causa de la "autocensura" del escritor:

> El escritor de verdadera fibra, completo, quiere una comunicación, desea comunicarse con su pueblo, con el lector... Eso... limita a una

serie de magníficos escritores y grandes escritores que hay en Puerto Rico... que limitan su expresión, el contenido de su expresión política para poder pasar, por ejemplo, la censura de escuela... de manera que sus obras sean editadas por el Departamento de Instrucción en donde se editan por miles, miles y miles, y no ser un simple escritor de 500 o mil ejemplares como somos los que estamos fuera de su círculo. Lo mismo pasa con el acceso a la Radio, T.V., a los medios de comunicación. (*Poesía y Revolución* 57)

Entendamos a qé se refiere ese rumor consabido de "jenerasión del limbo", "jenerasión del silencio", "jenerasión del miedo".

2. Conjugemos el esqema qe deribamos de Corretjer con el criterio de primera madurasión del escritor (**I.3**), propongamos qe 5 años son un periodo sufisiente de primera madurasión, i qe este trascurre en cualqier labso entre los 15 i 25 años de edá; i tenemos qe:

[1] las fechas posibles de nasimiento de los escritores cuya primera madurasión coinside con el primer auje nasionalista puertorriqeño (1925-37) serán de 1905 a 1917;

[2] las de aqeyos cuya primera madurasión coinside con el primer decaimiento del nasionalismo puertorriqeño o, lo qe es lo mismo, el primer auje del autonomismo colonialista (1938-48), de 1918 a 1928;

[3] las de los qe su primera madurasión coinside con el reabibamiento independentista (1948-54), corren de 1928 a 1934;

[4] las de los escritores cuya primera madurasión coinside con el periodo de represión institusionalisada del segundo mobimiento de afirmasión nasionalista (1954-59), de 1934 a 1939.

Si se considera qe la publicasión de la produxión de una promosión en primera madurasión espera unos años, esto es, coinside con la etapa de madurasión de una próxima promosión, puede entenderse porqe escribe Corretjer del "miedo", de los "escritores ofisiales" o de los "escritores decadentes", un año después del segundo momento de afirmasión nasional (pueden confrontarse otros artículos suyos también del 55). La obra "documental" de los qe cuajaban durante ese periodo (48-54), tendrá qe esperar a conoserse en el próximo. Es desir: las fechas de publicasión o la ebidensia bibliográfica primaria –ni atisbos ni obra plena– de la formasión de una promosión, abrá qe buscarla en fechas coinsidentes con la formasión de la próxima. El testo de Corretjer tiene así un carágter crítico i premonitorio, fronteriso.

Todabía se nos plantea un problema qe agraba: la publicasión de una obra es un agto boluntario, la formasión del indibiduo un echo sosial. La primera formasión de un escritor se dará "naturalmente", pero la publicasión de su obra no tiene porqé darse "artifisialmente". Refiriéndonos al esqema qe presede: la publicasión de una obra qe refleje el auje rebolusionario en una etapa posterior a su produsión, es desir, de auje represibo, está casi proibida automáticamente; mientras la publicasión de una obra qe asuma la represión durante un periodo posterior, rebolusionario en nuestro caso, está casi asegurada como propaganda.

La esplosión política de Lima tiene qe esperar la yegada de la "Jenerasión del 60". Su rebeldía se manifiesta antes en la "Década del purismo", con la metáfora dislocada del surrealismo i el canto esplayado entre la búsqeda del sentido i la constansia del absurdo del existensialismo (confróntese con Jaime Vélez Estrada). Por eso sus testos sonaban tan duro en las pájinas literarias de sonetos enclenqes. También ese camino entre la prosa i la poesía qe lo ará el mejor cultibador del jénero tan caro a Baudelaire i Vallejo, resulta otra ibridés rebelde al "formalismo".

3 ó de los nombres. La primera produsión literaria de José María Lima (sus primeros escritos son del 53, sus primeras

publicasiones del 54 i 58-60) coinside con la de Hugo Margenat (nase el 33: publica en periódicos i rebistas asta el 57, sus poemarios son del 54 i 55 i, póstumamente, del 58 i 61), Anagilda Garrastegui (n.32: antes del 58 publica en periódicos i 2 poemarios, otro el 61), Ramón Felipe Medina (n.35: publica en periódicos i rebistas desde el 54, un poemario el 56), Luis Antonio Rosario Quiles (n.36: un poemario el 58). Coinside esta produxión con la presensia en rebistas, anuarios, antolojías i resitales de Jaime Vélez i Adrián Santos (nn.36), Manuel F. Arraiza i Ramón Cancel (nn.37). Si se incluyen otros escritores de presentasión más tardía (Alfredo Matilla –n.37–, Jaime Carrero –n.31–), los nombres de escritores más efímeros o escritores de menor categoría qe concurren en numerosos ficheros, tendríamos la promosión cronolójica qe buscamos.

Enriqesen tal ubicasión las sigientes particularidades: [1] El utuadeño Guillermo Gutiérrez (n.28) i el autodidagto Guillermo Nuñez (n.27), uno por la gerra, otro por ser mecánico de profesión, se dieron tardíamente a la poesía. Ambos son importantes poetas cuya produxión se dio desbinculada de "escuelas", i qe si coinsidió fue con la produxión de promosiones posteriores. [2] Sotero Rivera Avilés i Rafael Torres Vargas (nn.36), por las mismas rasones respegtibas, dan su obra en la década del 60, presentando también una formasión relatibamente tardía. [3] Otros contemporáneos de Lima se orientan francamente a la academia (Luis de Arrigoitia –n.33–, Iris Zavala –n.36–), al teatro (Luis Rafael Sánchez –n.34–, p.e.). [4] Con Jorge Luis Morales (n.30) como eslabón, la promosión inmediatamente anterior a la de Lima la constituyen aqeyos Martínez Capó (n.23), Lluch Mora (n.24), Laura Gallego (n.25) i Violeta López (n.26) qe destacaron públicamente en la década del 50 como autores en su primera madurés. [5] Marina Arzola (n.39) i qienes después serán reconosidos como núcleo de la "Jenerasión del 60", José M. Torres Santiago (n.40), Marcos Rodríguez Frese (n.41), Andrés Castro i Vicente Rodríguez (nn.42), entre otros, tocan los talones a la promosión de Lima con sus primeros testos de 1958-60 i sus primeras publicasiones en Guajana desde el 62. I aún coinside José María Lima en resitales mobidos por la Rebolusión Cubana i el MPI[8] con los 44istas, i publicando un importante libro con Angela María Dávila, una de las más importantes poetas de este último escalón de la promosión del 60.[9]

III. Bitácora poética limata

1. De mediados de los 50 a entrados los 60, aproximadamente desde sus 20 años, José María Lima pragticó el surrealismo.

    Chevremont preconisó el ultraísmo temprano en los 20. Del 21 son los poemas diepalistas i del 22 un artículo de Palés sobre Dada. Desde el 44 –*Habitante del eco* i *Teoría del olvido*– al 62 –*Canto de la locura*–, Matos Paoli propone una poesía "mística" con una fuerte filiasión onirista. En 1959 se publica *Caballo de palo* de Clemente Soto, qe asosia por enumerasión i enlista imájenes en arte menor con una afluensia acústica, "automática". Jorge Luis Morales –encargado de la edisión de aqel libro de Clemente– abía prologado un libro propio de esos años: manifiesto superrealista. I en los 70 Iván Silén abló del surrealismo de neo. Lo qe ilustra la existensia de una tradisión "sobrerealista" (como se traduse del fransés) por lo menos tan bieja como la consabida "realista" del crioyismo a la poesía de combate qe asta aora mucha de la crítica da como definitoria de la literatura puertorriqeña.

    Lo sierto es qe mui raras beses tenemos poetas qe adobten una escuela en puridá, al menos con un énfasis monopolisante. Raras beses se a negado "lírica" a la poesía "comprometida", o "documentalidá" a la "lírica". Casos saludables de esqisofrenia,

---

[8] NE. Movimiento Pro Independencia, que precede al Partido Socialista Puertorriqueño.
[9] En estos apuntes sobre la jenerasión solo se a qerido presentar algunos problemas más o menos ilustrados. Mi ensayo *Las jenerasiones: rasiones de jenes*, inédito, trabaja exaustibamente lo qe aqí apuntamos. Impertinente cuanto imposible su inclusión en esta publicasión, pido escusas por la oscuridá o la gratuidá qe presentan desnudos algunos planteamientos.

con una poesía nítidamente esindida, podrían ser Edwin Reyes y Ángel Luis Torres, por ejemplo. I aqí combinasiones ermosas: épica de lo qerido, amor a lo épico. Parese qe Jaime Vélez sí es un puro "puro" (ver simbolismo), Ángela María Dávila lírica pura, qisá José María Lima sobrerealista sostenido.

Coinsidensias de Lima con el homo surrealistas son: interdisiplinario (arqitegtura, dibujo, teatro, poesía, prosa); matemático i lójico (Breton era médico, ¿Aleixandre injeniero?); loco clínico (Artaud); atraxión por el primitibo (ver la reiterasión de "diente", el relebo i dna, la obsesión por el orijen del lenguaje).

El lenguaje prestado de Huidobro i Vallejo, le fasilitan la dislocasión. En los primeros testos manuscritos qe no pasaron a El Mundo ni al *Ombligo*, se be una interrubsión de esa dislocasión por una efusión lírica romántica qisá no solo "natural de la edá i los comiensos" sino presensia de Juanramón i más, pero lo primero también. Este énfasis colado de lo lírico será desplasado tras el período 54-65 por una contensión lójica qe qiere justificar las aparisiones súbitas (automatismo), resolberlas en un testo unitario, serrar la escritura abierta. Tanto la dixión lírica como la resolusión lójica, aunqe detegtables sus "estudios" en los períodos indicados, serán una marca personal de toda la poesía de Lima. Solo en ese periodo intermedio, los testos de El Mundo, se da a beses una dislocasión casi mecánica, desnudado su fulcro de esas lírica i lójica personales, qe a beses los deja caer en lo fásil, tribial, numerolojía.

2. La Biblia presta su bersículo i Darío su ornamentasión. Aqí Artaud, Hikmet, Vallejo i Huidobro encuentran un ermano desatado. El bersículo (no engañen las dibisiones "bisuales" de bersos cortos) asta el poema en prosa, son la camisa de fuersa (el orden) para jesticular en medio de las tablas iluminadas por un spot sin esenografía, ese ballet flagrante del idioma: sonidos, sentidos, salibas, papeles. También Brecht (perdonen

los injenuos qe Ionesco es político) prefiere esta contensión de "no-agtuar" para el desate de una mayoría de tesis. La contensión se yamó umor en Macedonio Fernández. ¿Pero ai qe releerlos asta él para berle las costuras russelianas? Ningún buen escritor del siglo 20 puede abstenerse de atender la siensia como lenguaje cotidiano i como mitolojía moderna. Pero ningún escritor puede engañarse con la siensia como otra cotidianidá i otra mitolojía.

En Lima aparese el discurso yustapuesto del teatro. Espesíficamente, del teatro del absurdo i existensialista. Desde los poemas del 58 pescamos no solo esa teatralidá sino ese absurdo existensial qe es la nueba trajedia. Del "abandono de dios" al inmanentismo, a la obsesión por el orden –lo macro ya no es lo trasendente, sino alguna relasión de lo micro–, a la lójica matemática i al marxismo, no ai ningún misterio: La matemática lójica es casi "El" orden, sin contaminasión; i dios probiene de la ética, no solo de la cosmolojía, por lo qe el marxismo aparese como contraparte nesesaria (también en Sartre).

La dialégtica (del mundo, del mundo i la escritura, de la escritura, p.e.) se abita como único discurso posible. El umor (del absurdo, del absurdo i su posible salbasión, de su salbasión: el primero agrio asta el sinismo, el segundo pleno, el tersero felís asta lo frenético) se biste como módulo lójico estrugturante. El primitibo (en el tiempo) qe es el amor (en el espasio), o el amor primitibo son la síntesis política imposible; por lo qe qeda aí como metáfora o alegoría de la meta, como literatura i no política, lo qe regresa la poesía al lugar qe debe estar, para qe sea efisiente. Dios i la soledá, como oríjenes i metas relijiosas –lo solitario primario i lo unitario final–, prebalesen como imájenes de esa imajen; lo qe no deja dar el salto asia el mundo i el indibiduo –lo unitario material orijinario i lo particular material consiente–. El primitibo i el amor, síntesis de lo dibino i lo material, jeneran asimismo una síntesis de lo dibino i lo material: aqí la poesía.

3. Dios es lo uno basto: Para la relijión remoto en el orijen, para el rebolusionario sercano en el futuro.

Dios está presente (i escondido) en este "director", "arquitecto", qe (aparesido) desaparese en *AQUEL, Aquél, aquéllos*. I se sustituye por "la pirámide de huesos", "diente", el primitibo como relebo o dna en el tiempo i la erótica como camino a eso otro aora en el espasio, la existensia, el tiempo i el espasio grandes objetibos o enajenados como cosanostra serrada para el "ausente", cada uno: "si pudiera salir desde mi soledad".

Como el automatismo también es un moralismo reprimido, i el umor –juego ebasibo consebtista– un dolor disfrasado, tenemos: (Matemática±lójica) + poesía o el sistema autocanselado, o el antisistema (en el arqetipo surrealista); la locura como derecho o salbasión –de los "derechos", de la rasón– (en el chamán): o, lo qe es lo mismo, primitibismo i lenguaje natural como lójica i erótica; o la conflagrasión del primer código con el último. I el cuerpo uno i contundente como antítesis del compromiso sosial plural e intanjible, i el complejo de culpa mutuo qe produse osilar de una a otra "berdá" sin síntesis posible, dan la locura como salbasión de ambos pero moral de ambos; el primitibo i el cuerpo, erótica i dna, contenidos semánticos, como módulos léxicos, como continentes, como "primitibos", como cuerpos sintáxicos, i bisebersa, sintáxis i ordenasión como semántica: proponen una moral de la forma (rigor lúdico, reglas, ajedrés) i un ludismo de las tesis (redusidas a piesas del "juego"): el lenguaje torsido sobre el sentido regto o la poesía en el sobuei de la lójica, el lenguaje regto sobre el sentido torsido o la lójica en el barco de la poesía, i los estremos de la elibsis absoluta o numerolojía como ipérbole i conjuro como parábola o la lójica i poesía en el coete del sonido (parónimo, anagrama). Lo qe da una fusión ya pura de rasón i lo contrario, liberasión i moral, rijidés i desate, sentido i sensasión, dios i ombre, siensia i majia, meta i orijen, logro i fracaso: la fusión "confunde" la persebsión plena de cada elemento, mismo escamoteo de plenitudes qe proíbe jerarqisasiones; o marxismo como dialégtica sin dogmas o la tensión.[10]

(embío)

Qe me perdonen oi Aimée Césaire, Corretjer i Lezama: si qeda un berso, qe sea de este maldito cosedor de lojísticas, campos minados para la qietú del alma i del ojo, como cabayos atados desatados. Contensión i teorema; pero puro, ermoso, respetando el lenguaje como su material primo, la estética como su siensia. Jeómetra del amor, estas palabras de alguna manera desatadas al árbol de la bida, amarran baobabs para crusar sajados el papel, o río de la memoria (de los sentidos); porqe nada le importan las palabras sino lo qe designen, recuperen, construyan.

Poeta qieto, como los diapasones, recuerda aqél omónimo cubano resienmuerto, miyonario de anégdotas finísimas, José (Lezama) Lima; qe escalaba anaqeles buscándose los sexos, andrójino paterno qe descorrió las islas, miró el mar, supo fuentes atrabés de la toaya susesiba de la

---

[10] O "aqeyo amado i temido" Otto. A este párrafo serbiría espesial-mente su formalisasión lójica.

[Extra] Este ensayo fue preparado como un prólogo qe no fue. Yebaba una dedicatoria a Luis Antonio Rosario Quiles:

Qisiera qe este prólogo paresiera, desde la misma puerta qe nos sierra el pasado, la posgerra, el 50, como una depresión alrebés (el auje del capitalismo en el mundo, el macartismo, los uesterns i supermán qe preparan la imbasión "cultural" sajona del 60): imbitasión a combersar con el futuro. El nuestro, más urjente momento de recuerdo porqe el olbido se ba abriendo como boca más grande, i tras la siega, tras la rebolusión qe desatará las clases (talbés sea así mejor, lo digo con tristesa:) tantas Alejandrías serán irreparables. Oi estiendo este atentado de rompecabesas, como regreso al útero.

La contraportada de La sílaba en la piel leía:

José María Lima (1934), profesor de matemáticas i marxista, desconosido -o conosido como una leyenda de rebistas, antolojías i anégdotas-, el más claro de los consientes i el más inconsiente de los diáfanos; recoje 30 años de poesía en un solo paqete disperso i laborioso, como una unidá mejor.

La sílaba en la piel presenta por fin la obra poética del mejor dotado para la banguardia entre los nombres polares de Hugo Margenat, Jaime Vélez i Luis Antonio Rosario; con qienes teje ese ilo de Ariadna entre la alta Jenerasión del 30, licuada su secuela por 20 años de muñosismo, i la dura expresión sesentista qe cunde asta nosotros.

En José María Lima el poema en prosa alcansa su máxima expresión nasional; el malabarismo entre la lójica i el automatismo jenera un umor qe coqetea del absurdo qe nase a la esperansa qe cree, para fundar la tensión pura de una dialégtica sin dogmas...

Estamos frente a un poeta deslumbrante, poderoso i sierto, qe casi se yama Lezama.

La pájina xiii abría la obra poética de Lima con esta antigua misiba:

Sr. José María Lima:

Es usted un verdadero poeta, y me alegro de haberlo sabido por mí mismo.

Juan Ramón Jiménez

cultura, seca, acumulada, desierta de ombre; omníboro, Rimbaud ni Lautréamont desconosen su signo, el pulpo, la ebriedá (mar, de nuebo). Esta isla qe es un poeta qe no lo sabe, padese de grandesa. Triste sino el del jenio desatado (por eso el freno de la forma) Nerval, Hölderlin. Ojalá i la locura cuesa casa aunqe deje las cabernas turbulentas de los ojos, Omero, perdidas para el sobrio. No sé si este José (María) Lima tembloroso qedará i no me importa, pero el seguro puerto qe monta en sus fisuras, sus escapes de este camino fofo de la bida (los puentes más el sueño), qe más da yamarse Shakespeare.

*ENCAYOS ps. 155-173, inédito. *Apuntes sin t(j)erminar* – Bitácora..3–, incluyendo la contraportada a La Sílaba en la piel, presedió en Reintegro año 2#3-1982 p. 31, la publicasión en separata a 4 ps. de José María Lima: el más joben de los antepasados, de en Rojo-Claridad 17-23 ago 84: selebrando el cumpleaños 50 del poeta. Se republicó en Tercer Milenio ii.1-otoño 95, Princeton NJ, ps. 27-36, con ortografía mixta i otras erratas./ †La condena colonial a la inedisión, confirió a este ensayo el absurdo pribilejio de republicarse [Biografía de abril 1,2; Bitácora poética, i embío] a la muerte del poeta en abril del 2009.

Bibliografía

Corretjer, Juan Antonio. *Poesía y revolución*. Río Piedras: qease, 1981.
Lima, José María. *La sílaba en la piel*. Río Piedras: qease, 1982.
_____ y Ángela María Dávila. *Homenaje al ombligo*. San Juan: Talleres de gráfica interamericana, 1966.
Matilla, Alfredo e Iván Silén. *The Puerto Rican Poets / Los poetas puertorriqueños*. Nueva York: Bantam Books, 1972.
Medina, Ramón Felipe. "Orígenes de la nueva poesía puertorriqueña" (manuscrito inédito).
melendes, joserramón. "Las jenerasiones: rasiones de jenes" (manuscrito inédito).

Periódico Universidad. Universidad de Puerto Rico (1ro. marzo 1960): 2.

Puebla, Manuel de la. *Poesía militante puertorriqueña*. Instituto de Cultura Puertorriqueña, 1979.

"Puerto Rico en la encrucijada". *Revista de Casa Las Américas* 123 (nov-dic 1980).

Ríos, Laura. *Antología general de la poesía puertorriqueña*. Río Piedras: Borinquen, 1982.

Rosario Quiles, Antonio. *Poesía nueva puertorriqueña*. Río Piedras: Editorial Edil (Producciones Bondo), 1971.

Soto Vélez, Clemente. *Caballo de palo*. 1959. San Juan: Instituto de Cultura Puertorriqueña, 2002.

Dédalo en fuga: duelos, devenires, políticas y legados de la forma en las "Caracolas" de José María Lima

Juan Carlos Rodríguez

> A Itzolín García, "Tito," difunto con el que peleo y por el cual salgo a pelear todos los días.

> "¿quién piensa que mañana habrá una nueva tumba y otras voces dirán un nuevo jeroglífico?" (147)
> José María Lima, *La sílaba en la piel*

Poesía y experimentación gráfica

Nombre de concha y superficie de juego tienen los poemas escritos por José María Lima en 1977: "caracolas (sesentaicuatros)" (Figura 1). Esos tableros de ajedrez llenos de letras y cuya legibilidad está pautada por un movimiento en espiral que delata laberintos, plantean un nuevo acercamiento a la palabra poética en Puerto Rico. Aparecen poco después de que el poeta puertorriqueño, Esteban Valdés, publicara una serie de poemas visuales en su libro *Fuera de trabajo*. Su modo de resolver gráficamente el espacio poético responde a uno de los principios que motiva la poesía concreta de los brasileños Decio Pignatari, Haroldo de Campos y Augusto de Campos. Según el "Plan piloto para la poesía concreta" del grupo Noigandres, ese modo de hacer poesía "empieza por tomar conciencia del espacio gráfico como agente estructural" (citado en López Gradolí 83). Tanto en la poesía concreta como en las caracolas de Lima, el espacio de la página opera como campo visible y legible que articula la tensión entre la letra y la estructura desde una perspectiva anti-mimética.

En este ensayo, exploraré las dimensiones simbólicas de las caracolas de José María Lima que son generadas por la tensión entre la letra y la estructura. Aunque la dimensión visual de las caracolas es irrefutable, no voy a concentrarme exclusivamente en una lectura de los poemas como imagen fija. Desarrollaré, en cambio, un análisis que insista en el rol del movimiento dentro de la configuración visible y legible planteada por esta serie de poemas. El tablero de ajedrez lleno de letras y firmado por Lima recompone las posibilidades de lo visible y lo legible pues opera como un palimpsesto en el que cohabitan diversas estructuras, figuras y movimientos. Al tablero de ajedrez se suma la estructura del laberinto y los movimientos que son característicos dentro y fuera de este: el viaje al centro, el combate, la danza y la fuga. A dichos movimientos también se agregan los diversos motivos que resuenan en la poesía de Lima: la guerra, el juego, el viaje interior, la muerte y la experimentación con el lenguaje. A través de una lectura de las caracolas, propongo un análisis interpretativo de los diversos motivos que conforman el mundo poético de José María Lima.

Entre las formas de experimentación gráfica en la poesía se encuentra el caligrama, un tipo de texto poético que aspira a mostrar lo escrito como figura visible. Al referirse al caligrama *Il pleut* de Apollinaire, Foucault señala que no podemos ver el aguacero y leer la lluvia al mismo tiempo, razón por la cual palabra e imagen se cancelan mutuamente en el caligrama. Fracasa el caligrama pues el texto no puede constituirse simultáneamente como signo legible y figura visible. Aunque los proponentes de la poesía concreta brasileña se referirán a Apollinaire como uno de sus precursores, plantearán un procedimiento distinto. A diferencia del caligrama, que supone una relación mimética con el referente que es figurado, la poesía concreta asume lo visual desde una perspectiva anti-mimética que apuesta por el despliegue de figuras abstractas. Contrario al caligrama, la mayoría de las obras que definen el curso de la poesía concreta no aspiran a transformar el texto en figura; dichas obras buscan, en cambio, combinar letras mediante un procedimiento gráfico cuyo resultado es el despliegue de una estructura de signos lingüísticos simultáneamente visible y legible. En vez de cancelarse mutuamente, letra y estructura confluyen en la poesía concreta.

En el "Plan piloto para la poesía concreta" del grupo Noigandres se enfatiza el rigor estructural de la creación verbo-visual:

> El poema concreto comunica su propia estructura: estructura-contenido. [...] Su material (es) la palabra (sonido, forma visual, carga semántica). [...] El poema concreto crea un área lingüística específica, verbo-visual, que participa de las virtualidades de la palabra. (citado en López Gradolí, 83)

Como ha señalado José Emilio González, en su reseña sobre *La sílaba en la piel*, el rigor estructural de Lima implica un choque con la realidad: "es preciso concebir la poesía de José María Lima como un intento de penetrar en la realidad, en busca de sus secretas estructuras" (84). Al penetrar las secretas estructuras de la realidad, Lima también penetra y reinventa las relaciones estructurales de la letra descubiertas por una tradición poética interesada en la materialidad de la palabra. Al combinar varios procedimientos figurativos y estructurales, las caracolas de Lima reinventan el caligrama y la poesía concreta.

En *El libro de los laberintos*, Paolo Santarcangeli señala que la concha marina y el laberinto comparten un elemento estructurante, la línea espiral, que podría interpretarse como huella de un origen compartido (54). La primera caracola (Figura 1) de la serie desencadena la espiral que traza el origen compartido de conchas y laberintos y, además, señala el camino de lectura dentro del tablero de ajedrez: "Busca el centro del vértigo, transita tranquilo la espiral, a la vuelta sonríe" (*La sílaba en la piel* 231). Lima reinventa el caligrama porque agrega un factor estructural (la espiral de la concha de caracol y del laberinto) que multiplica

la extracción de figuras, y reinventa la poesía concreta porque añade una estructura no lingüística (el tablero de ajedrez) a la estructura lingüística creada por el despliegue gráfico del signo escrito. Al configurar un artefacto poético basado en semióticas mixtas, Lima logrará extraer la figura que sintetiza gran parte de su obra: la caracola. Ambos agentes estructurales (lingüístico-no lingüístico) también serán explorados por el concretista brasileño Decio Pignatari en su poema semiótico "agora-tal vez-nunca". No obstante, las caracolas de Lima, en vez de producir un resultado en el que se separan los agentes estructurales como si fueran los términos de una ecuación (solución de Pignatari: a un lado las palabras y al otro lado las figuras geométricas), producirán una fusión estructural de semióticas mixtas similar a la propuesta por Deleuze y Guattari.[1]

---

[1] Cuando Gilles Deleuze y Felix Guattari discuten algunos regímenes de signos en su obra *Mil mesetas*, estos señalan que "toda semiótica es mixta, y sólo funciona de ese modo; cada una

Veamos primero la reinvención que Lima realiza de la poesía concreta. La línea espiral de las caracolas, cuya dirección está orientada por el movimiento centrípeto de las palabras, regula intrínsecamente el encadenamiento de las letras dentro del tablero, lo cual coincide con la creación a la que aspira la poesía concreta brasileña, la estructuración visible y legible de signos lingüísticos. Pero al envolver el lenguaje en un tablero, Lima desafía la confluencia de la letra y la estructura, suplementando así el agente estructural que rige la poesía concreta, el signo verbo-visual, con un agente estructural no lingüístico, el tablero de ajedrez. En otras palabras, el tablero de ajedrez que forma parte de las caracolas es una estructura externa a la palabra y opera como una especie de exoesqueleto del contenido lingüístico, semejante al exoesqueleto sin el cual no podrían vivir ni protegerse los moluscos a los que alude el título de la serie.

Sabemos que con la muerte del molusco la concha del caracol queda vacía y puede llegar a transformarse en caracola, "Concha de un caracol marino de gran tamaño, de forma cónica, que, abierta por un ápice y soplando por ella, produce un sonido como de trompa" (*Diccionario de la Lengua Española*). La línea espiral formada por las letras en los poemas de Lima también remitiría a la caracola, pero no sólo en calidad de envoltura, sino también en calidad de flujo sonoro que atraviesa el tablero, el cual, en esta configuración gráfica, juega las veces de concha e instrumento musical. El poeta culmina la serie afirmando el carácter sonoro y espacial de la figura: "y tú, caracola, sonido, habitación, estancia" (236). Es la combinación de ambas estructuras, una lingüística (verbo-visual) y otra no lingüística (el tablero), la que permite la extracción de una figura que sintetiza el quehacer poético de Lima: la caracola.

Aunque los agentes estructurales que consolidan las caracolas son el tablero de ajedrez y la línea espiral, de ambos agentes además

---

captura fragmentos de una o de varias (plusvalías de código). Incluso, desde este punto de vista, la semiótica significante no tiene por qué reivindicar ningún privilegio para formar una semiología general ..." (138).

pueden extraerse múltiples figuras que no sólo desplazan el ideal estructural de la poesía concreta brasileña sino también el ideal figurativo del caligrama. Veamos ahora la reinvención que hace Lima del caligrama. El poeta parece sugerir que la única manera de ver y leer las caracolas es extraviándose en ellas, pero recuperando a cada paso el flujo centrípeto de la espiral de palabras: "Busca el centro del vértigo, transita tranquilo la espiral, a la vuelta sonríe." La fragmentación del texto visto y leído dentro del tablero-caracola corresponde a la percepción siempre parcial generada por la travesía dentro del espacio laberíntico. Al estructurar las caracolas en forma de laberinto, Lima parece solucionar la paradoja que deja sin resolver el caligrama *Il pleut*. No obstante, el poeta no alcanza un resultado meramente figurativo ya que a ese resultado se añade un movimiento giratorio que desencadena un efecto estructural. En vez de extraer una singular figura visible de la lectura del texto —ideal fallido del caligrama—, Lima provoca una lectura giratoria cuyo movimiento en espiral desorienta a los lectores, provocando así una sensación de laberinto.

LABERINTO, MITO, DEVENIR-CARACOLA

Las caracolas de Lima siguen la estructura del laberinto clásico, cuya espiral "se desarrolla con líneas de ángulo recto, y no curvas" (154). Al diseñar las caracolas en forma de laberinto, Lima reitera su interés en la arquitectura[2], interés que comparte con los poetas concretistas brasileños, quienes, al igual que el poeta puertorriqueño, también se interesaron en la planificación, el diseño y la construcción (Aguilar 72-3). Al diseñar las caracolas laberínticamente, Lima también asume el rol de Dédalo, creador del laberinto. Tras haber sido encerrado por el rey Minos en los muros que él mismo había construido, Dédalo logró fugarse utilizando unas alas. Para dar con el artífice del laberinto, Minos lanzó un enigma que fue resuelto en la corte del rey Cocalo. Aunque Minos jamás pudo atrapar a Dédalo, al menos pudo descubrir la ciudad en la que se encontraba oculto. Dédalo en fuga reaparece cuando leemos las caracolas de José María Lima pues el poeta soluciona el reto lanzado por el rey Minos: "pasar un hilo por entre las espirales de una concha" (Santarcangeli 35).

Santarcangeli establece que la travesía por el laberinto se inicia con la búsqueda de un centro, lo cual en el mito clásico corresponde al viaje de Teseo en busca del minotauro. Resumiendo el viaje de Teseo por el laberinto, Santarcangeli observa lo siguiente: "De rato en rato, ruidos y ecos por las paredes lisas, y parecía como si el viento silbara, como si mugiera. ¿Era viento?" (32). Al servir de cajas de resonancia que amplifican la propuesta poética de Lima, las caracolas también liberan los ecos del mito. En el centro de la primera caracola, sin embargo, el poeta lanza una exhortación ("a la vuelta sonríe") que borra de un solo golpe la violencia de

---

[2] Antes de obtener su maestría en matemáticas de la Universidad de California en Berkeley, Lima estudió un año de arquitectura en la Universidad de Harvard (Jan Martínez, "José María Lima, poeta surrealista" 19).

Teseo contra el Minotauro, así como el poder devorador del monstruo y el sufrimiento de sus víctimas. Sonríe: en el centro de la primera caracola se aloja una consigna de fraternidad y no un grito de guerra. Podemos concluir que, a la vez que se apropia de su estructura arquetípica, el poeta va transformando aspectos del mito clásico, creando así un laberinto de sentidos.

Para no perder el hilo en este laberinto de sentidos, citemos otro verso de Lima que está tejido con el hilo de las caracolas: "el hilo fue mi hechura" (*La sílaba en la piel* 181). Ese hilo es el lenguaje: "El lenguaje me separa de las cosas y al mismo tiempo me permite caminar entre ellas" (225). El flujo de lenguaje que corre a través del tablero-caracola es una mutación del hilo de Ariadna, aquel que Dédalo entregara a la princesa, el mismo que ayudara a Teseo a salir del laberinto. El "Ilo de Ariadna" también sirve de título a la serie de la editorial Qease en que se publica *La sílaba en la piel*. Sin embargo, a diferencia del hilo del mito clásico, el hilo

de palabras lanzado por Lima en las caracolas nos guía hasta el centro del laberinto pero no nos saca de allí. Leer inversamente las letras en el tablero correspondería a enrollar el hilo para salir del laberinto; Lima, en cambio, deshace la posibilidad de fuga que plantea el mito clásico pues desarrolla una lectura giratoria basada en un movimiento centrípeto cuyo curso no es reversible.

Una posibilidad sería pensar que las caracolas estén diseñadas para que los lectores, al llegar al centro y culminar su lectura, descubriesen –tras esa mirada que se despega de la página y sale volando del laberinto– las alas de Dédalo en sus ojos. En la quinta caracola, sin embargo, el poeta menciona una "alita" a la que no parece adjudicarle el potencial de vuelo que facilitaría la fuga de Dédalo fuera del laberinto: "Atila el huno y alita el hotro tropiezan al azar, salúdanse y rememoran tedios" (235). El Dédalo en fuga que surge en las caracolas de Lima no es aquél que buscaría huir fuera del laberinto, sino aquél que consumaría su fuga dentro del mismo.

Al alejarse del mito por una vía que de nuevo lo conduce al centro del laberinto, el poeta transforma su búsqueda en línea de fuga hacia otra morada, lo cual coincide con esa ciencia intermedia descrita por Umberto Eco en su prólogo a *El libro de los laberintos*: "Entre los opuestos ideales de los Destructores del Laberinto y de las Víctimas (a lo mejor cómplices) del Laberinto, podemos situar una ciencia intermedia que se proponga convivir humanamente con y en el laberinto" (16). La convivencia con y en el laberinto se confirma al final de la serie, en la sexta caracola: "y tú, caracola, sonido, habitación, estancia". Tejiendo el laberinto de sentidos que albergan los poemas de Lima, descubrimos otros versos del poeta que revelan uno de sus más preciados legados, el decir transformándose en albergue: "decimos nuestra vida para el hijo / para que tenga habitación / sin más dolor que aquel / que necesite para que su torrente / albergue nuestro hilo" (23). Por medio de las caracolas, Lima también da vida y refugio al torrente fecundo que alberga su hilo.

Tedios: en el centro del laberinto enrollado en la quinta caracola nos aguarda el embate del tiempo. Allí la figuración del mito clásico, concebida en diminutivo (alita), tropieza, por obra y gracia de un palíndromo, con Atila, un guerrero sanguinario del periodo histórico correspondiente a las invasiones bárbaras de la Europa medieval. Esta transformación del mito clásico pone a los lectores ante un laberinto de tiempo parecido al que describe Borges en "El jardín de los senderos que se bifurcan." Tal como lo muestra Borges, en la temporalidad laberíntica existen pasados y porvenires alternativos. Así podría leerse el siguiente poema de Lima, como una variación del sentido del mismo palíndromo que sugiere una temporalidad alternativa.

> Atila, guerra
> alita por inversión, paz
> (pero con vuelo)
> del huno al hotro
> intercalo una red
>   un puente
>   un tronco
> es decir: Tiendo (o entiendo)
> voy y vengo
> para salir,
> mis armas que me asistan.
> Para venir
> me basta la sonrisa. (*La sílaba en la piel* 62-3)

La obra de Lima teje un laberinto de sentidos que reúne diversos espacios y tiempos. Al sugerir la fuga pacífica "pero con vuelo," el palíndromo del poema anterior trastoca el sentido de la quinta caracola y a la vez nos devuelve la sonrisa que encontramos en el centro de la primera caracola ("Busca el centro del vértigo ... a la vuelta sonríe"). Esa diseminación laberíntica de sentidos, ese deslizamiento de significados que surge de un poema a otro, fue observada por el mismo poeta en una entrevista con el escritor Rafael Acevedo. En aquella entrevista, Lima señaló lo siguiente: "Entre el significado y el ritmo, cuando hay que sacrificar algo,

siempre, casi siempre, sacrifico el significado. Yo sé que se queda por ahí y vuelve a aflorar en algún momento, en otro poema" ("Quiero pistas, Señora, no sea que me asuste" 16). De poema en poema, sin embargo, lo que aflora no es un mismo significado, sino un laberíntico juego de sentidos acumulados y en constante desplazamiento.

La sexta y última caracola despliega otra serie de imágenes alusivas al laberinto y al mito clásico: "Yo serpiente, camino, flecha, viaje, y tú, caracola, sonido, habitación, estancia" (236). Según propone Santarcangeli, Dédalo, creador del laberinto, es descendiente de Erecto "cuya naturaleza tiene algo del hombre, la serpiente y el viento" (35). Erecto, a su vez, está asociado a las serpientes gemelas Pitón y Delfine "símbolos de vida y de muerte, del poder de curar y de provocar la muerte" (Santarcangeli 35). Esa laberíntica trayectoria entre la vida y la muerte estaría simbolizada por la figura de la serpiente con la que se identifica el yo poético de la sexta caracola.

Serpiente y caracol se cruzan en el laberinto de sentidos atado al curso poético y vital de José María Lima. En el siguiente poema, las rutas de la vida y la muerte coinciden con los ciclos de la guerra y la paz:

> Serpiente y caracol
> queridas rutas de sol y sombra.
> Una, sinuoso río abierto
> a costas conduciendo;
> la otra, laberinto
> oculta llaga en mi interior aullando,
> al mundo de los nidos me aproxima
> guerra y paz, pero guerra al dolor
> buscando la sonrisa
> y oscura paz inquieta persiguiendo
> los huecos que lastiman
> viaje y reposo
> atento siempre el ojo a los destellos,
> listo el músculo al salto en los tropiezos. (*La sílaba en la piel* 135)

Al combinar las rutas de la serpiente y el caracol, las caracolas de Lima podrían interpretarse como "viaje y reposo", como "guerra al dolor / buscando la sonrisa / y oscura paz inquieta persiguiendo / los huecos que lastiman". El hilo que ata las caracolas a los demás poemas de Lima no sólo amarra los hilos de la vida y la muerte a los hilos de la guerra y la paz, también teje el devenir-animal de la voz poética. Si la declaración "Yo, serpiente" de la sexta caracola afirma el devenir-animal del yo poético, el laberinto atado a las rutas del caracol y la serpiente evoca otra fase del devenir-animal: "oculta llaga en mi interior aullando". En el tránsito por las rutas de la serpiente y el caracol, el poeta descubre el sonido de otros animales. Su devenir-serpiente "solo existe a su vez incluido en otro devenir" (Deleuze y Guattari 244).[3]

---

[3] Así definen el devenir y el devenir-animal Deleuze y Guattari en su libro *Mil mesetas*: "El devenir no produce otra cosa que sí mismo. Es una falsa alternativa la que nos dice o bien se

La serie "camino, flecha, viaje" que guía el curso del yo poético en la sexta caracola es una afirmación de la línea de fuga hacia el devenir-caracola del poema. Dicho devenir se consolida mediante el recurso del apóstrofe: "y tú, caracola, sonido, habitación, estancia". En ese sorprendente giro de la primera a la segunda persona, el yo poético tropieza con otra forma de vida y se extravía en ella. Su devenir-animal se disipa, abriendo paso al devenir-caracola del poema. Según explican Deleuze y Guattari, de los devenires no descienden nuevas criaturas: "Hay un bloque de devenir que atrapa a la avispa y a la orquídea, pero del que ninguna avispa-orquídea puede descender" (*Mil mesetas*, 245). Como el devenir no deja descendencia, el devenir-caracola del poema se transforma en otra cosa: habitación de la palabra, estancia de un lenguaje que no es morada del ser sino la herencia albergada en el devenir mismo.

MUERTE EN EL LABERINTO: DANZA, CRIPTA Y HOMENAJE AL OMBLIGO

En la primera caracola (Figura 1), Lima inaugura la serie con un imperativo ("Busca"), clave de lectura que orienta el movimiento de nuestros ojos y nos invita a danzar en el laberinto. Según el mito clásico, una danza fue interpretada por Teseo y los demás jóvenes que salieron del laberinto después de que el héroe asesinara al Minotauro (Santarcangeli, 110). Por medio de las caracolas, Lima traslada al ojo los giros, rodeos y vueltas de esa danza del laberinto interpretada por quienes se salvaron de ser devorados por el Minotauro. Ya el epígrafe de *La sílaba en la piel* anunciaba una renovación del ojo: "A cada párpado le corresponde una sorpresa" (14). En ese mismo libro, el poeta

---

imita o bien se es. [...] El devenir puede y debe ser clasificado como devenir-animal, sin que tenga un término que sería el animal devenido. El devenir-animal del hombre es real, sin que sea real el animal que él deviene; y, simultáneamente, el devenir-otro del animal es real sin que ese otro sea real. Ese es el punto que hay que explicar: cómo un devenir no tiene otro sujeto que sí mismo. Pero también cómo no tiene término, puesto que su término sólo existe a su vez incluido en otro devenir del que él es el sujeto, y que coexiste, forma bloque con el primero" (244).

descubría laberintos en los pómulos de la amada: "en tus pómulos hay encrucijadas y podría en sus laberintos inventar adivinanzas y jugar cara o cruz" (155). No sorprende que, en ciertos dibujos de Lima, los ojos sean literalmente caracoles que tienen la forma espiral de los laberintos. Tampoco sorprende que la danza de los ojos que surge en la lectura giratoria y laberíntica de las caracolas reaparezca en los *Poemas de la muerte*. Ya en su primer libro, *Homenaje al ombligo*, el poeta anticipa que "en cada ojo hay un final durmiendo" (32). Cuando el final dormido se despierta, bailan los ojos. Eso sugieren estos versos de *Poemas de la muerte*.

> Del iris a la córnea
> sólo un salto
> y allá estaban
> bailando entre telones. (64)

En los versos anteriores, un espacio teatral desencadena la danza de un ojo fragmentado. Parecería que las partes del ojo atraviesan un laberinto de telones. En los versos siguientes, el poeta descubre otra danza laberíntica cuando se deja poseer por la mirada de la muerte, mirada que lo invita a "descifrar estirpes."

> Me miró fijo un rato;
> le bailaba en las cuencas
> un nunca amarillento.
> Jamás pensé tan hondo
> en descifrar estirpes. (*Poemas de la muerte*, 70)

Esa danza que nos invita a descifrar estirpes, y que está vinculada a la lectura giratoria impulsada por las caracolas, podría interpretarse como un rodeo o giro que realiza el poeta para desviarse del mito clásico y regresar por otro lado a su centro. Por un lado, la danza no es llevada a cabo por el sobreviviente como en el mito clásico; en cambio, surge en las cuencas de la muerte. Por otro lado, al hacer girar un "nunca amarillento", la danza en las cuencas de la muerte puede interpretarse como un conjuro que atrae y a la vez ahuyenta los peligros que se ocultan en el centro del laberinto poético diseñado por el propio Lima.

A lo largo de la historia, el laberinto ha estado estrechamente ligado a la muerte. Aparte de surgir como escenario de crímenes, sacrificios y gestas heroicas, el laberinto también ha sido incorporado al complejo arquitectónico de la final morada. En la antigüedad, muchos sepulcros incluían laberintos a su alrededor que le servían de entrada.[4] Quien aprende a convivir en y con el laberinto es aquél que aprende a cohabitar con la muerte, quien hace de la cripta su morada. En las caracolas de Lima encontramos esa ciencia intermedia propuesta por Umberto Eco, una ciencia que también requiere el encuentro con la muerte que aguarda en el centro del laberinto. Sin embargo, en el laberinto de sentidos que se despliega en la obra de Lima también encontramos al destructor del laberinto.

---

[4] En *El libro de los laberintos*, Santarcangeli cita dos pasajes, uno de Estabón (81) y otro de Diodoro (61), en los que el laberinto es presentado como parte de un sepulcro.

Al comienzo de la sección "viajes al interior" de *La sílaba en la piel*, Lima inicia su viaje por la ruta de un laberinto asesinado: "Esta es la historia de un laberinto asesinado" (87). Ni siquiera el laberinto está a salvo de la muerte que yace en su centro. En el laberinto de sentidos que tejen los poemas de Lima, ese laberinto asesinado podría simbolizar el sacrificio del sentido que lleva a cabo el poeta para mantener su ritmo poético y vital. Pero el significado del laberinto asesinado vuelve a ser sacrificado en las caracolas. El poeta parece construir las caracolas en forma de laberinto para enterrar allí su laberinto asesinado.

En los poemas de la guerra, sin embargo, tropezamos con el nacimiento de un "maravilloso laberinto de lusombras tantas veces asesinado" (36). Las caracolas simbolizan el sepulcro del "laberinto asesinado" y también conmemoran el nuevo nacimiento de ese "maravilloso laberinto de lusombras tantas veces asesinado que hoy nos acecha". Son simultáneamente cripta y homenaje al ombligo. Según señala el mismo poeta, "también en los ombligos acechan muertes" (*Homenaje al ombligo* 32). Son tumba del destructor de laberintos y morada del poeta que accede a convivir laberínticamente con los difuntos que le acechan: "nos acercamos sobrecogidos de ese terror compacto y necesario que precede los encuentros felices" (36).

"LA MUERTE ES UN DECIR ... SIEMPRE QUE SE MUERA SONRÍENDO":
RETARDAR LA MUERTE, ENCERRAR AL SUICIDA, Y JAQUE MATE AL OLVIDO

Esa fijación de Lima con el carácter sepulcral del laberinto coincide con el interés del poeta en la muerte. Si para Lima, "La muerte es un decir" (*Poemas de la muerte* 50), eso es así porque la muerte, tal como plantean Deleuze y Guattari, es "una transformación incorporal" (*Mil mesetas* 109). Esta idea, ya formulada por Deleuze en sus libros *Lógica de Sentido* y *Diferencia y Repetición*, vuelve a reiterarse en las páginas de *Mil mesetas*.

> [P]or más que la muerte se esfuerce en concernir esencialmente a los cuerpos, en atribuirse a los cuerpos, en realidad debe a su inmediatez, a su instantaneidad, el carácter auténtico de una transformación incorporal. [...] [E]n sí misma, la muerte no es ni acción ni pasión, sino puro acto, pura transformación que la enunciación une con el enunciado, sentencia. Este hombre está muerto ... Tú ya estás muerto cuando recibes la consigna ... (109)

Cuando Lima describe los *Poemas de la muerte* en la entrevista con Rafa Acevedo, el poeta, igual que Deleuze y Guattari, concibe la muerte como un acto de enunciación:

> Es como un empeño de aislar diferentes detalles de la muerte. En cada poema ocurre eso. A veces es amiga, a veces es enemiga. A veces se enamora ... El hombre se pasa retando a la muerte, acercándose lo más que puede, respetándola, por supuesto. Y el que no la respeta se jode ..." ("Quiero pistas señora, no sea que me asuste" 16)

Según sugiere Lima –y también Deleuze y Guattari–, la muerte, entendida como acto de enunciación, no debe confundirse con la terminación de la vida.

Veamos más detenidamente algunos poemas de *La sílaba en la piel* que fueron publicados nuevamente en los *Poemas de la muerte* y estudiemos la relación que tienen estos poemas con la serie de las caracolas. En el siguiente poema de "hacia el olor del pan", Lima lleva a cabo dos operaciones. Por un lado, denuncia la vida en la colonia como una forma de muerte y, por otro lado, evoca el desafiante duelo de las fuerzas anti-coloniales en el contexto de un trabajo de duelo en recuerdo de los caídos. El siguiente poema está dedicado a los nacionalistas Elías Beauchamp e Hiram Rosado, quienes en 1936 fueron brutalmente asesinados en un cuartel de la policía tras haber asesinado al Coronel norteamericano Elisha Francis Riggs, jefe de la policía colonial.[5]

---

[5] Véase Rosado, Marina, *Pedro Albizu Campos: Las llamas de la aurora*, 232-239.

> He visto a los míos siempre en el extremo angosto
> tiñendo filos
> enfriando plomos
> albergando cuchillos extraviados
> pasto de deliberados 'accidentes'
>   de 'fortuitas' maquinaciones
> siempre
>   del lado equivocado de la sorpresa
>   del doloroso lado del misterio
>   del repugnante lado de la duda
>   (pues son como monedas estas cosas)
> nunca dueños de su dolor
> siempre ajenos a su pena
>   extraños a su angustia
>   (pues ignoran, los míos, su tesoro).
>
> Pero tengo además, siempre he tenido,
> siempre tendré otros ojos
> y un oído atento a otro redoble
> y puedo ver
> junto a la muerte de la vida ya descrita
> la vida de la muerte
>   en la preñada pena que sostengo
>   en el odio con luces que me asiste
>   en la ilusión terrible que me anima.
>   (*La sílaba en la piel* 41-2)

Si "La muerte es un decir", esa muerte nos puede sorprender en la vida que llevamos. Pero también podemos descubrir la vida en la muerte del otro mediante un trabajo de duelo que demanda el que nos juguemos la vida. Si en los "poemas de guerra" el sujeto lírico alza su lamento y nos exhorta a jugarnos la vida para acabar con el sistema colonial, en sus "viajes al interior" el sujeto lírico nos invitará a jugar con la muerte. Jugarse la vida y jugar con la muerte: dos juegos distintos que constituyen la bifurcación más sorprendente al interior del laberinto poético de Lima.

Como "la muerte es un decir", una "transformación incorporal", se puede jugar con ella. Ese cambio de ruta puede registrarse en una serie de poemas de "viajes al interior" que también ha sido incorporada a los *Poemas de la muerte*. Lima dedica esta serie de poemas a su fallecido amigo Waldo Rodríguez.

> 1
> A veces el ángel de la muerte
> nos toca más de cerca.
> Sin campanas y sin lamentaciones,
> pero sentimos su presencia de envoltura total.
>
> 2
> El rey no huele.
> La reina huele a París.
> Los caballos huelen a sudor.
> Las torres huelen a pólvora.
> Los peones huelen a sangre.
> Juguemos al ajedrez con la nariz,
> olfateando la muerte en cada uno
> de los sesenta y cuatro recuadros;
> para luego morir en blanco y negro;
> da igual, siempre que se muera sonriendo.
>
> 3
> Se acabaron los juegos que jugábamos.
> Se acabaron las canciones que cantábamos.
> Se acabaron las canciones que decíamos.
> Se acabaron los niños.
> Se acabó todo.
> Tú, padre de la palabra,
> marchas camino de la tumba
> con todos los pergaminos debajo del brazo.
>
> 4
> Me imagino la cara de la muerte
> cuando te vio llegar.
> La sorprendiste.
> Le sorprendió tu rostro y tu carcajada
> limpia y estridente.
> Por un momento se ruborizó
> y volvió a ser virgen para ti.

> 5
> Se acabó la palabra para siempre.
> Nos dejaste solos.
> Nos dejaste afuera, sin la llave.
> ¡Espera, Waldo, te queremos dar una noticia!
> Espera. (*La sílaba en la piel* 129-30)

En una conversación que recientemente sostuve con Joserramón (Che) Meléndes, editor de *La sílaba de la piel*, en la plaza de recreo de Río Piedras, éste me explicó que Waldo Rodríguez era un amigo de Lima que se suicidó en una fiesta a la que había invitado a todos sus amigos. El difunto organizó aquella extraña fiesta en su propia casa y allí se despidió de quienes le acompañaban, sorprendiendo a todos con su muerte. El *happening* del suicidio parece haber impactado a Lima, quien escribió la serie de poemas en memoria de aquél que en vida fuera, además de amigo suyo, un entusiasta ajedrecista. Lima además incluyó a Rodríguez en la dedicatoria del libro que escribió con su esposa, la poeta Angelamaría Dávila, titulado *Homenaje al ombligo* (1967).[6] Aparte de las caracolas, la serie de poemas dedicada a Waldo Rodríguez es la única en toda la obra de Lima que alude al juego del ajedrez. Sorprende que los editores de *Poemas de la muerte* no incluyeran las caracolas en este libro junto con los poemas dedicados a Waldo Rodríguez. Es evidente que Lima retoma o presagia en las caracolas ese homenaje que dedica a su amigo difunto en los poemas alusivos al ajedrez.

El viaje al interior de la caracola podría leerse como una cripta en la que el poeta juega con su amigo difunto y a la vez lo mantiene a raya. Ambas series comparten varios motivos que deben interpretarse conjuntamente. En el primer poema de la serie dedicada a Waldo Rodríguez la envoltura total del ángel

---

[6] Aunque Lima dedica *Homenaje al ombligo* y una serie de poemas a Waldo Rodríguez, este personaje no aparece en la lista de amigos que ofrecen los críticos Jan Martínez y Jacobo Silvestre Bressman cuando reconstruyen la experiencia del poeta en los ambientes culturales y literarios que frecuentó a lo largo de su vida en Río Piedras.

de la muerte sugiere la envoltura del lenguaje que proponen las caracolas. En el segundo poema de la misma serie el ajedrez se transforma en un laberinto olfativo. El movimiento codificado de las piezas es sustituido por un juego de olores que revelan otra jerarquía, a la vez social y bélica. Ese laberinto olfativo es un juego con la muerte que impulsa a los adversarios a morir sonriendo. Esa sonrisa tiene el mismo aroma del sonríe que encontramos en el centro de la primera caracola ("Busca el centro del vértigo, transita tranquilo la espiral, a la vuelta sonríe"). La serie de poemas dedicados a Waldo Rodríguez termina con un imperativo ("Espera") y las caracolas inician del mismo modo, con un mandato ("Busca"). "Espera" es un imperativo que sugiere el intento de frenar al suicida y la posibilidad de ganar tiempo frente a la muerte. En cambio, "Busca" es una invitación al movimiento. Aunque estos mandatos sugieren acciones opuestas, ambos pueden interpretarse como conjuros para retrasar la llegada de la muerte. Lima juega con la posibilidad de retardar la muerte en el siguiente poema:

> Porque hay labios y redes
> pañuelos y distancias
> que retardan la muerte.
> Parece que le tienden un cerco
> y desde el mismo centro,
> un poco hacia la izquierda,
> le amortiguan sus ritmos. (*Poemas de la muerte* 123)

Si seguimos el curso de este laberinto de sentidos, podemos afirmar que tanto la serie de poemas sobre el ajedrez como las caracolas buscan retardar la muerte del amigo. Esas "distancias / que retardan la muerte" corresponden a los viajes al interior de la caracola. Esas trayectorias laberínticas también "le tienden un cerco" al difunto. Esto coincide con una de las funciones simbólicas que, según Santarcangeli, puede cumplir el centro del laberinto: servir de cárcel para encerrar al difunto (159).

Las caracolas logran retrasar la muerte porque atrapan al difunto en su centro: "y desde el mismo centro... le amortiguan sus ritmos".[7] Si Lima logra retrasar la muerte del amigo es porque sus caracolas también operan como una cripta que mantiene a raya al suicida. En otras palabras, Lima sepulta al suicida en sus caracolas para así retrasar la muerte del amigo. A la figura del difunto podría aplicarse una sentencia que Lima lanza a su amada: "Cuando vuelvas no habrá salidas y, curioso, tampoco habrá forma de saber si has vuelto" (147). Ambas estrategias (encerrar al suicida y retardar la muerte) constituyen a su vez un jaque mate al olvido. Como señala Áurea María Sotomayor en su ensayo "Las tácticas de la sorpresa", una de las armas de Lima es la memoria. "El poeta ... da un jaque mate al rey del olvido —ficha invisible y potente— y con la inteligencia del ajedrecista más sagaz, ataca con la pieza más inesperada; esta obra que vence la epidemia de la desmemoria" (*Hilo de Aracne* 163).

"SE HIZO EL CUCHILLO DE LAS CONCHAS ... SE HIZO EL LENGUAJE DE ESTAS MISMAS COSAS": DUELOS Y DESAFÍOS POLÍTICOS DE LA FORMA

Aunque las conchas de caracol simbolizan la fecundidad, también han sido utilizadas en sepulcros. Se dice que han servido como símbolos de resurrección en la tradición cristiana ("Caracol", *Enciclopedia Universal* 1036-1037). Además de "servir como emblemas de resurreción o revitalizadores de muertos" (*El Huracán* 445), Fernando Ortiz nos recuerda que "en todos los continentes ciertas conchas marinas univalvas o bivalvas han sido relacionadas a la fecundidad por su morfología comparable a la de los órganos genitales femeninos y masculinos, según los casos, y a la del ombligo" (442). Como hemos señalado anteriormente, las caracolas de Lima pueden interpretarse simultáneamente como cripta y homenaje al ombligo. En el vientre de la figura femenina

---

[7] En *El Huracán: su mitología y sus símbolos*, Fernando Ortiz sugiere que "los caracoles colgantes en las puertas de los bohíos" muy posiblemente funcionaron como amuletos contra los malos espíritus (426).

dibujada en la portada de *Homenaje al ombligo* encontramos la misma espiral que trazan las caracolas. Esa misma espiral reaparece en otros dibujos publicados en ese mismo libro, a veces simbolizando un ombligo femenino o una espiral entre los brazos de un hombre. En los versos de Lima el caracol puede adquirir un sentido exclusivamente sepulcral. Cuando Lima habla desde su tumba, curiosamente el poeta escucha el sonido de caracoles y asocia el sueño del molusco a la muerte del sonido.

> Sobre mi tumba suena un caracol
> y danzan las hormigas
> y los pájaros duermen su sueño largo
> [...]
> Yo no sé si duermo.
> No sé si me despierta a veces
> esta estridente realidad de mi tumba
> pero el sonido del caracol es como un sueño...
> [...]
> El caracol se duerme un día
> y no suena más cuando se duerme el mar. (*La sílaba en la piel* 130-31)

Fernando Ortiz, en su obra *El Huracán: su mitología y sus símbolos*, plantea que el caracol atrae a los humanos porque su concha alberga el sonido del mar: "Ese ruido ... no pasó desapercibido por los pueblos primitivos y le buscaron explicación. En la entraña del caracol oyeron la voz del mar, la del viento, la de los espíritus, las de los dioses" (429). En este poema, Lima sugiere que si el mar se duerme, el caracol pierde su sonido. Contrario al caracol dormido que simboliza la muerte del sonido de las olas, la caracola cumple una función musical distinta: "El gran caracol marino fue productor de otro sonido que impresionó a los humanos. Acaso fue la primera trompeta del hombre" (Ortiz 430). La caracola evoca un salto de la naturaleza a la cultura que coincide con el grito de guerra: "Los griegos emplearon la caracola del Triton nodiferus como trompa de guerra, para los centinelas y para llamar al pueblo" (Ortiz 430).

Como señala el mismo Ortiz, esa trompa de guerra también llegó al Caribe:

> También los grandes caracoles sirvieron como trompetas o fotutos para las alarmas y comunicaciones lejanas. Acaso hubo un lenguaje de fotutos, como de tambores o de silbidos. En las guerras del siglo XIX por la libertad nacional de Cuba, los mambises usaban trompas de guamo para sus toques y llamadas. Fue una realidad el augurio de Martí cuando este dijo que lucharían contra la tiranía colonial hasta los caracoles de las playas cubanas. (426)

No es casualidad que Lima, un escritor conocido por sus "poemas de guerra" y sus transgresivos viajes a Cuba en la década de 1960, haya seleccionado la caracola como emblema, el cual, según Fernando Ortiz, se relaciona con las guerras de independencia en las Antillas. Un poeta que asume la caracola como emblema no busca retornar a la naturaleza. Al contrario, busca desatar una guerra al interior de los elementos que forman la cultura. Para ello, el poeta se arma con los filos que dan origen al lenguaje: "Se hizo el cuchillo de las conchas y las piedras y la dureza de ambas. Se hizo el lenguaje de estas mismas cosas ..." (222). Eso explica el que Lima haya envuelto esta serie de poemas en tableros de ajedrez, pues buscaba una caja de resonancia que transmitiera el carácter combativo de las caracolas que anunciaban su viaje interior, un viaje entre la vida y la muerte, y un desafío entre varias nociones de duelo: por un lado, el luto por el amigo muerto y la lucha contra el suicida; por otro lado, el duelo contra las fuerzas coloniales.

Durante el siglo XIX, las conchas de caracol fueron integrándose a la historia del imperialismo. Surgieron colecciones y mercados de conchas de caracol en Londres y París. En la sección "El coleccionista" de *El Libro de los Pasajes*, Walter Benjamin dedica una sugerente nota sobre esta práctica: "Naturaleza extinta: la tienda de conchas en los pasajes" (205). Cuando estos mercados colapsaron, el coleccionismo de conchas pasó a ser un pasatiempo, un *hobby* practicado por los soldados norteamericanos que participaron en las campañas imperialistas de los Estados Unidos en el Pacífico y el Caribe (*Encyclopedia Britannica*, 14va edición de 1969). Ese interés imperialista enfocado en las conchas también dio paso a su estudio científico. En 1935, F. G. Rainey, uno de los arqueólogos norteamericanos que investigaron en Puerto Rico las culturas ya desaparecidas de los pueblos nativos de la isla, describió dos tipos de culturas pre-hispánicas: una cultura del cangrejo (Crab culture) y una cultura conchera (Shell culture).[8] Si leemos las caracolas de Lima desde la perspectiva que aportan estos episodios de la historia del imperialismo, podemos señalar que la serie opera como una colección de conchas cargada de ironía ya que su carácter combativo desafía la pasividad contemplativa que requiere el objeto coleccionable. Además, su función performativa, esa lectura giratoria (modelo de una cultura y una tradición poética que se reinventan día a día), puede interpretarse como un modo de resistencia contra la conquista del saber arqueológico, cuyas clasificaciones reducen el hallazgo a resto inoperante de una cultura ya extinta.

En los poemas dedicados a Waldo Rodríguez, el ajedrez se transforma en un laberinto olfativo ("Juguemos al ajedrez con la nariz"). En las caracolas, sin embargo, Lima convierte el juego de ajedrez en su mayor adversario. Asistido por esa lectura giratoria que simula la danza del laberinto, nuestro Dédalo en fuga le declara la guerra al ajedrez. El poeta transgrede las reglas del juego y deshace los códigos que regulan el movimiento de las piezas en el tablero. En *Mil Mesetas* se ofrece una descripción del ajedrez que enfatiza la importancia de concebir el juego como una operación codificadora.

---

[8] En su estudio *El Huracán: su mitología y sus símbolos*, Fernando Ortiz menciona brevemente este episodio. Véase también Coomans, H. E. "Shells and Shell Objects From an Indian Site on Magueyes Island, Puerto Rico".

> Las piezas del ajedrez están codificadas, tienen naturaleza interna o propiedades intrínsecas, de las que derivan sus movimientos, sus posiciones, sus enfrentamientos. Están cualificadas, el caballo siempre es un caballo, el alfil un alfil, el peón un peón. Cada una es como un sujeto del enunciado, dotado de un poder relativo; esos poderes se combinan en un sujeto de enunciación, el propio jugador de ajedrez o la forma de interioridad del juego. (360)

Los tableros en la obra de Lima están repletos de letras que al no reproducir los movimientos codificados de las piezas de ajedrez dejan sin efecto las reglas del juego. El poeta suple un nuevo contenido al tablero que genera nuevas claves de lectura. A la guerra simbolizada por el tablero de ajedrez debería sumarse la guerra que surge en el ojo del lector, un conflicto entre la estructura fija del tablero y la dinámica función de la letra en tanto que signo legible. En otras palabras, en las caracolas de Lima el tablero de ajedrez es una estructura fija que ocupa el espacio de la página, pero esa estructura contiene letras que demandan ser leídas en su conjunto. Por lo tanto, existe una tensión entre la estructura fija del tablero de ajedrez y el movimiento del lenguaje generado por las letras, transformadas en palabras a través del acto de lectura. En un mismo movimiento, la estructura del tablero atrapa el texto y lo encierra, pero la palabra desencadena un flujo liberador que va desde los márgenes hasta el centro de la estructura. Si bien es cierto que la letra atrapada en el tablero transmite una sensación de claustrofobia, no podemos negar que la palabra invade el tablero para liberarlo, para romper los códigos que regulan el movimiento de las piezas en el ajedrez.

Eso hace que las caracolas de Lima establezcan un nuevo juego parecido al juego leibniziano descrito por Deleuze en su libro *El pliegue, Leibniz y el barroco*:

> Los verdaderos caracteres del juego leibniziano, y lo que lo opone a la tirada de dados, son en primer lugar la proliferación de principios: se juega por exceso y no por falta de principios, el juego es el de los propios principios, de invención de los principios. Es, pues, un

juego de reflexión, ajedrez o damas, en el que la destreza (no el azar) sustituye a la vieja sabiduría y a la vieja prudencia. En tercer lugar, es un juego de ocupación, en el que se conjura un vacío y ya no se devuelve nada a la ausencia: es el Solitario invertido, de tal forma que se "ocupa un agujero sobre el que se salta", en lugar de saltar a una posición vacía y suprimir la pieza sobre la que se salta, hasta que el vacío sea completo. Por último, es una No-batalla, más próxima de la guerrilla que de la guerra de exterminación, más próxima del Go que del ajedrez o las damas; uno no se apodera del adversario para devolverlo a la ausencia, uno cerca su presencia para neutralizarlo, hacerlo incomposible, imponerle la divergencia. (91-2)

La proliferación de principios en las caracolas de Lima es sugerida por la multiplicidad y heterogeneidad de los factores estructurales que inciden en el despliegue del poema: letra, tablero, espiral, caracola, laberinto. Como todo juego de reflexión

inspirado en la multiplicidad de sus principios, las caracolas requieren el desarrollo de varias destrezas: la habilidad de escribir un poema dentro de un tablero de ajedrez, trazando una espiral que lo haga legible y que siga la forma de una caracola, lo cual implica el poder reflexivo de transformar el tablero de ajedrez en caja de resonancia y concha marina. Si invertimos la operación anterior, esta también sugiere la habilidad del poeta para trasladar la forma y el sonido de una concha marina al interior de un tablero de ajedrez, evocando así el carácter bélico de las caracolas.

Como señalara anteriormente, el mayor adversario en las caracolas de Lima es el juego del ajedrez, la lógica y los códigos que regulan el movimiento de sus piezas. Pero la guerra del poeta, como todo juego de ocupación, no busca la eliminación del enemigo, sino su neutralización. Al conjurar los espacios vacíos en el tablero de ajedrez, las caracolas de Lima neutralizan los códigos del juego e imponen la divergencia, haciendo incomposible la batalla de las piezas blancas contra las negras. Como las caracolas de Lima le hacen la guerra al ajedrez, emblemático juego del estado, podríamos llegar a la conclusión de que estamos ante una poesía de guerrillas. A diferencia de las poéticas triunfalistas que acuden a la exacerbación épica de las luchas populares,[9] las caracolas generan sus consignas y tácticas de la sorpresa[10] mediante un ingenioso despliegue de múltiples factores estructurales cuya pugna conduce a la desterritorialización perpetua de sus respectivos movimientos y operaciones.

En *Mil mesetas*, Deleuze y Guattari, discuten el potencial desterritorializante del juego japonés del go.

---

[9] Liliana Ramos Collado, en su reseña sobre *La sílaba en la piel*, contrapone la poesía de José María Lima a la poesía del grupo Guajana, una poesía que, según la autora, "nos dio el vociferío de la poesía mesiánica social ... el narcisismo de las consignas y la falsificación de la victoria" (90).

[10] En su ensayo "Las tácticas de la sorpresa", Áurea María Sotomayor sugiere lo siguiente: "El proyecto poético de José María Lima se lanza a la búsqueda de dos sorpresas: la de las imágenes y la de una revolución política. Todo su texto se caracteriza por el presagio, la anunciación, la exhortación a provocar un cambio en la historia puertorriqueña" (220).

el ajedrez codifica y descodifica el espacio, el go procede de otra forma, lo territorializa y lo desterritorializa (conferir el exterior en un territorio en el espacio, consolidar ese territorio mediante la construcción de un segundo territorio adyacente, desterritorializar al enemigo mediante ruptura interna de su territorio, desterritorializarse uno mismo, yendo a otra parte ...). (361)

De forma similar al juego del go descrito por Deleuze y Guattari, las caracolas de Lima territorializan y desterritorializan los diversos espacios que ocupan y evocan: tablero de ajedrez, laberinto, concha, cripta, ombligo, habitación de la palabra, estancia de un lenguaje que no es morada del ser, sino la herencia albergada en el devenir mismo.

También las caracolas pueden interpretarse como un juego de desterritorialización llevado a cabo por un sujeto colonial que busca reinventar su territorio. Por un lado, Lima descodifica el espacio del estado al neutralizar el juego de ajedrez en su propio tablero. En el contexto colonial en el que Lima desarrolla su obra, esa descodificación del espacio estatal adquiere dos sentidos: denuncia y resistencia. Puede leerse como una denuncia contra la agresión colonial que neutraliza y deshace la lucha por la soberanía, y también puede leerse como una agresión contra el estado colonial que impera en la isla. Por otro lado, Lima desterritorializa el tablero al extraer de él una espiral de letras que simultáneamente puede leerse como la forma desterritorializada de la caracola. La desterritorialización de la caracola, su reterritorialización en un tablero de ajedrez mediante el trazado de una línea espiral que deviene laberinto, también adquiere dos sentidos en el contexto colonial en que se desarrolla la obra de Lima: trampa y fuga. Puede interpretarse como la expresión de una situación colonial que, como la de Puerto Rico, es en sí misma laberíntica, llena de recovecos jurídicos, rodeos políticos y trampas económicas. Y también puede interpretarse como expresión de una línea de fuga del sujeto colonial en su devenir-animal y en su autoconstitución como máquina de guerra. Por eso el laberinto tiene que ser territorializado y desterritorializado, tiene que recorrerse, interpretarse, transformarse en tablero, caracola, homenaje al ombligo, cripta, duelo y desafío, para después abolirse, siguiendo una línea de fuga que nos pasea por la trampa, pero también nos conduce al nuevo suelo.

> Hermano de este suelo por la herida
> de otra carne certera consumada
> será en el suelo mismo, pero erguida
> y próxima a las tumbas, la morada
> y tendrá agujas vivas como lanzas
> engarzadas en odios primitivos
> de justo genio y familiar medida
> y para que holle los huesos, la venganza
> de ocultos huracanes revividos. (*La sílaba en la piel* 28)

Ese nuevo suelo, esa morada —"próxima a las tumbas"— es el poema, un laberinto de sentidos, una "confrontación activa y dolorosa con el mundo" (Sotomayor, "Las tácticas" 220) que a la vez simboliza e impugna la situación colonial puertorriqueña. Esa nueva morada, que alberga devenires y máquinas de guerra, también custodia la herencia de venganzas atmosféricas, meteorológicas. El devenir-caracola del poema, además de tejer el laberinto y los duelos del sentido que constituyen la poesía de José María Lima, también podría ser visto y leído como aviso de huracán.

En el mencionado libro de 1947, Fernando Ortiz señalaba que en Puerto Rico los caracoles servían para anunciar tempestades y golpes de agua: "en los mares tropicales el sonido del cobo o del guamo evocaba el rugido del huracán. En Puerto Rico aún hoy suenan el guamo los 'jíbaros' o campesinos para anunciar los golpes de agua" (431). Como bien señala el mismo Ortiz, ese aviso de huracán lanzado desde una caracola puede transformarse en la tempestad misma. Para Ortiz, la tempestad no es más que una combinación de "vientos, aguas y polvaredas que se encaracolan":

Sonando las caracolas se tronaba y se bufaba para crear la tempestad que traía las aguas del cielo para los campos [...]. Los remolinos, el torbellino, el tornado, las trombas y los huracanes no son sino vientos, aguas y polvaredas que se encaracolan. (433-34)

Casi al concluir su análisis de las figuras taínas talladas en piedra que parecían representar la danza del huracán, Ortiz asocia este símbolo del pasado antillano con el futuro de Cuba:

> Si un día hubiese de desatarse en Cuba una revolución que destruyera como un huracán y creara de nuevo como un soplo de génesis, quizás su más genuino y expresivo emblema sería el que muchas centurias atrás lo fue de los indios cubanos, nacido de su mentalidad y reverenciado en sus ritos. (467)

Si las caracolas de Lima evocan a Huracán, ese "poderoso dios del viento" que "a la vez que destruye es dador de vida" (Ortiz 464), es porque, al igual que el Huracán descrito por Ortiz, las caracolas también son presagio de revolución. Sin embargo, a diferencia del huracán revolucionario que Ortiz descubre en las tallas indocubanas, la revolución huracanada que anuncian las caracolas de Lima no está escrita en piedra. Es "un soplo de génesis" que se nos mete en el ojo, presagiando "la venganza de ocultos huracanes revividos". Al culminar el recorrido por los encaracolados y laberínticos tableros de José María Lima, nuestra mirada y nuestros hábitos de lectura se renuevan, tal vez porque allí nuestro ojo llega a confundirse con el ojo del huracán.

Formas de la herencia y legados de la forma

Si las caracolas invitan a releer la obra en verso de Lima como un laberinto de sentidos es porque en ellas se inscribe la posibilidad de una lectura heterotópica, una lectura en movimiento que recorre y relocaliza los diversos motivos del mundo poético de Lima. Las caracolas albergan la multiplicidad de lugares, espacios y tiempos explorados por el poeta en su obra. Pero ¿cuál ha sido el lugar de las caracolas dentro de la obra de Lima? Fueron inicialmente publicadas como complemento en *La sílaba en la piel*, edición de la obra poética de Lima realizada por Joserramón Meléndes, libro dividido en seis secciones: "hacia el olor del pan (poemas de guerra)", "transición", "viajes al interior (poemas personales)", "óleos esenciales (arte amatoria)", "atrechos por el extravío (manifiesto)" y "complemento". En *Rendijas*, una edición posterior de la obra de Lima hecha por Jan Martínez, las caracolas fueron incluidas en la sección "viajes al interior". Curiosamente en *Rendijas* no se incluye la otra serie de poemas en que Lima alude al ajedrez, los poemas dedicados a Waldo Rodríguez que fueran publicados originalmente en la sección "viajes al interior" de *La sílaba en la piel*. Aunque esta última serie reaparece en *Poemas de la muerte*, no así las caracolas. Habría que preguntarse por qué las caracolas no aparecen en *Poemas de la muerte*, libro publicado poco después de la muerte de Lima, libro que podría leerse como el testamento del poeta.

Complemento, viaje al interior y serie excluida del testamento del poeta: la historia editorial de las caracolas sugiere una secuencia de gestos que manifiesta la dificultad de fijar el lugar de estos poemas dentro del corpus poético de Lima. Aunque los editores han solucionado el enigma de las caracolas de modo distinto, ninguna de las soluciones parece satisfactoria. Al ser consideradas como complemento dentro de la obra de Lima, las caracolas se incorporan al corpus como una serie accesoria y no esencial, serie incorporada bajo el signo de la sospecha en *La sílaba en la piel*. Incluídas en una de las secciones de *Rendijas*, quedan atrapadas en un lugar fijo dentro del corpus poético de Lima. Así resultan ser una serie domesticada a uno de los hilos que tejen la obra del poeta, perdiendo así su potencial de clave de lectura que puede reorientar la interpretación de todo el corpus. Excluídas del testamento del poeta, dejan de formar parte de la herencia que nos deja Lima.

Todo esto señala que las caracolas son escurridizas. Dondequiera que se les acomode, siempre estarán un tanto fuera de lugar. Si tanto el poeta como sus editores han tenido dificultades fijando el lugar de las caracolas tal vez esto sea porque la serie funda su propio espacio de lectura. Dicho espacio de lectura promueve una lectura en movimiento de los diversos motivos del mundo poético de Lima que allí se congregan: la guerra, el juego, el viaje interior, la muerte y la experimentación con el lenguaje. En este sentido, las caracolas abren el umbral en el que se cruzan los diversos motivos de la obra en verso de Lima, pero a su vez precipitan la experiencia límite de dichos motivos cuando estos se ven impulsados a cruzar el umbral de la abolición del verso. Ese fuera de lugar que funda el espacio de lectura de las caracolas estaría relacionado al descubrimiento del lugar en el que opera la poesía de vanguardia: la página.

La gran revolución estructural del campo poético tuvo que ver con el proceso por el cual la letra consolidaba su autonomía a partir de la abolición del verso. Así describe López Gradolí el giro de la poesía vanguardista, que comienza con cierto abandono del verso y culmina con el descubrimiento de la página:

> El agotamiento (supuesto o verdadero) de los modos poéticos de expresión de tipo discursivo, lleva a la creación de formas que prescinden del verso como unidad rítmico-formal, de la urdimbre sintáctica, tomando conciencia del valor espacial de la página, del espacio que media entre las palabras, del aspecto gráfico de las mismas, y esta creación busca la unidad fondo-forma, el inmediato impacto, sin declinar los nombres ni conjugar los verbos. (López Gradolí 67)

En el contexto latinoamericano la abolición del verso ha estado mayormente ligada a una experiencia de lectura que busca ampliar el potencial visible del texto. Muy temprano en el siglo XIX el venezolano Simón Rodríguez desarrolló las primeras constelaciones textuales que fueron revelando el valor espacial de la página y su relación con las nuevas pedagogías de lectura impulsadas por la modernidad. En busca de modernizar los hábitos de lectura de la palabra poética, varios poetas latinoamericanos exploraron la tensión letra-estructura anunciada ya en los textos de Rodríguez. Recordemos, por ejemplo, la obra *Cinco metros de poemas* (1925) del peruano Carlos Oquendo de Amat o *El quebrantahuesos* (1952) de Nicanor Parra y Enrique Lihn. No se equivoca Luis Camnitzer cuando asocia la obra de Simón Rodríguez a las obras del conceptualismo latinoamericano surgidas a partir de la década de 1960, obras de una época tan convulsa como la de Rodríguez en que lo visible y lo legible operan como frente común contra la represión y la censura. En su libro *Didáctica de la liberación, Arte conceptualista latinoamericano*, Camnitzer traza una genealogía de las diversas textualidades que han sido desarrolladas por algunos artistas visuales de la región, entre los que se encuentran el uruguayo Jorge Caraballo, el colombiano Antonio Caro, el brasileño Antonio Dias y el Colectivo Acción de Arte (CADA) de Chile.

Las caracolas de José María Lima pertenecen a esta tradición que comienza con Simón Rodríguez, tradición que renace en las obras de poesía concreta y se consuma en los textos de otros movimientos artísticos y sociales vinculados al arte conceptualista latinoamericano. Fundan las caracolas su propio espacio de lectura pues dan lugar a la tradición de la poesía visual. En esa tradición las caracolas encuentran su lugar, de ella son herencia. El valor espacial de la página en las caracolas de Lima no sólo se afirma con el fin de abolir el verso; a la destrucción del verso se suma el despliegue de un espacio gráfico preñado de tensiones que sugiere nuevos modos de ver y de leer. Como señala Áurea María Sotomayor a propósito de la obra de Lima, "un poema funde y funda la tradición y la sorpresa, torna visibles las metamorfosis operantes en la tradición poética, enseña a mirar y a descubrir con nuevos ojos" (*Hilo de Aracne* 219). Las caracolas de Lima son la sorpresa mejor guardada de una tradición fundada en la sorpresa de la página. Si la abolición del verso que son las caracolas tan sólo puede ser leída en el contexto de la obra discursiva de Lima, aquella en la que el poeta privilegia el verso como unidad rítmico-formal, entonces los versos del poeta guardan la sorpresa de una relectura impulsada por la abolición del verso. Sólo un verso atado al movimiento de su destrucción puede hacer brotar la sorpresa de su lectura. Ese verso en pugna contra su propia ruina, ese verso que tan sólo puede leerse como resto de su propia abolición, es el mayor legado que nos deja Lima.

Hay herencias que se encaracolan. Anuncian las tempestades que las acechan.

BIBLIOGRAFÍA

Acevedo, Rafael. "Quiero pistas, Señora, no sea que me asuste" (Entrevista a José María Lima). *Claridad* [San Juan, PR] 22-28 de noviembre, 1996: 15-17.

Aguilar, Gonzalo. *Poesía concreta brasileña: las vanguardias en la encrucijada modernista.* Rosario: Beatriz Viterbo, 2003.

Benjamin, Walter. *The Arcades Project.* Londres: Belknap, 1999.

Bresman, Jacobo Silvestre. "José María Lima: Poeta de los siete pares de Ceiba". Hoja suelta, sin fecha de publicación.

Camnitzer, Luis. *Didáctica de la liberación, Arte conceptualista latinoamericano.* Murcia: Cendeac, 2009.

"Caracol". *Enciclopedia Universal Ilustrada Europeo Americana.* Barcelona: José Espasa e Hijos, 1911.

"Caracola". *Diccionario de la Lengua Española.* CD-Rom. 22da Edición. Madrid: Real Academia Española y Planeta, 2003.

Coomans, H. E. "Shells and Shell Objects From an Indian Site on Magueyes Island, Puerto Rico." *Caribbean Journal of Science* 5 (1965): 15-24.

Dávila, Ángelamaría y José María Lima. *Homenaje al ombligo.* Río Piedras: Ediciones Aurora,1967.

Deleuze, Gilles. *El pliegue: Leibniz y el barroco.* José Vázquez Pérez y Umbelina Larraceleta, trads. Barcelona: Paidos, 1989.

_____ *Diferencia y repetición.* María Silvia Delpy y Hugo Beccacece, trads. Buenos Aires: Amorrortu, 2002.

_____ *Lógica de sentido.* Miguel Morey, trad. Barcelona: Paidos, 1989.

Deleuze, Gilles y Felix Guattari. *Mil mesetas: Capitalismo y esquizofrenia.* José Vázquez Pérez y Umbelina Larraceleta, trads. 3ª ed. Valencia: Pretextos, 1997.

Droz, Vanessa. "Ahora: José María Lima". *El Mundo* [San Juan, Puerto Rico] 14 de noviembre, 1982: 6-B.

Foucault, M. *Esto no es una pipa: Ensayo sobre Magritte.* Francisco Monge, trad. Barcelona: Anagrama, 1993.

González, José Emilio. "Sobre *La sílaba en la piel* de José María Lima". *Mairena* 8/21 (1986): 81-85.

Lima, José María. *La sílaba en la piel*. Río Piedras: qease, 1982.

_____ *Poemas de la muerte*. San Juan: Terranova, 2009.

_____ *Rendijas*. San Juan: Universidad de Puerto Rico, 2001.

López Gradolí, Alfonso. *La escritura mirada: Una aproximación a la poesía experimental española*. Madrid: Calambur, 2008.

Martínez, Jan. "José María Lima, poeta surrealista". *Revista del Instituto de Cultura Puertorriqueña* (enero-junio 2002): 18-25.

Oquendo de Amat, Carlos. *Cinco metros de poemas*. 1925. Madrid: Orígenes, 1985.

Ortiz, Fernando. *El Huracán: su mitología y sus símbolos*. 2ª ed. México, DF: Fondo de Cultura Económica, 2005.

Ramos, Lilliana. "Sobre José María Lima, 'La sílaba en la piel'". *Sin nombre* (julio-sept 1983): 88-91.

Rosado, Marina, *Pedro Albizu Campos: Las llamas de la aurora*. San Juan: Ediciones Puerto, 2006.

Santarcangeli, Paolo. *El libro de los laberintos*. Madrid: Siruela, 1998.

"shell collecting." *Encyclopaedia Britannica*. 14va. Edición Revisada. 1969.

Sotomayor, Áurea María. *Hilo de Aracne: Literatura puertorriqueña hoy*. San Juan: Editorial de la Universidad de Puerto Rico, 1995. 161-77.

_____ "Las tácticas de la sorpresa". *Revista Plural* 1/3 (enero-junio 1983): 217-26.

Tomé, Jesús. "Sobre José María Lima, *La sílaba en la piel*". *Mairena* 5/14 (1983): 112-14.

Valdés, Esteban. *Fuera de trabajo*. Río Piedras: qease, 1977.

La casilla vacía

FRANCISCO JOSÉ RAMOS

A la memoria de José María Lima, poeta, matemático y ajedrecista

Hay un lugar remoto en el mundo del ajedrez, cuyo horizonte se aproxima a medida que se contemplan, al inicio de una partida, las piezas sobre el tablero. Sesenta y cuatro rectángulos: treinta y dos blancos, treinta y dos negros. Los rectángulos son casillas habitadas por el tiempo de cada pieza del tablero. Un conjunto de vida en el umbral de la muerte. Y tres grandes líneas que definen las coordenadas espacio-temporales del conjunto: horizontal, vertical y diagonal. De esa manera el lugar remoto se torna cada vez más íntimo a medida en que se piensa el movimiento de las piezas y se dibuja el trazo de cada uno de sus desplazamientos, a la manera de una danza y la fuga musical de los colores. Por esta razón el asunto fundamental no es el combate y la aniquilación, sino la belleza, la poesía y la acción del pensamiento. De esta manera, más que el jaque mate, lo elegante y digno es crear las condiciones para la rendición del adversario.

Surge así el borde de una topología de la inteligencia, el amor y el deseo. Y junto a ese borde el desfiladero de un campo abierto e indefinido, por más precisas y definidas que sean las jugadas. La muerte ronda el espacio y el tiempo del juego, pero siempre enmascarada con los nombres de lo innombrable. No hay manera de asir la huella de una ausencia que, sin embargo, no deja nunca de estar ahí, como si la ausencia se hiciese presente:

> aquí vive una sombra,
> aquí vive un recuerdo,
> aquí vive un abismo.
> pasen, señores, pasen
> les aguarda un cadáver
> con ojos en la carne,
> les espera una tumba
> con niños plegadizos acurrucados,
> les espera un silencio de túnel
> amarrado a un ombligo.
> ("aquí vive una sombra" 79)[1]

Nada como la muerte para hacer hablar la vida. Nada como un ombligo para pensar el destino del mundo. Téngase en cuenta, sin embargo, que mundo significa pureza y perfección. Lo inmundo es lo que atenta contra ella. Todo se juega, pues, en la belleza de los mundos, por más terrible, triste y dolorosa que sea la siempre fugaz y transitoria vida:

> adentro, en un rincón oscuro,
> en cada cráneo recubierto de oro
> inicia la tristeza sin raíces
> su largo viaje, eterno
> tránsito por entre constelaciones
> de huesos disgustados.
> ("aquí vive una sombra" 79)

La muerte no se roba la vida; es la vida la que acaba con la muerte. Por eso la existencia ni empieza ni termina con cada uno que es vida y que es muerte.

Cada partida de ajedrez, como cada poema o cada ser, animado o inanimado, es la revelación de un mundo. Las reglas del juego establecen el sentido del límite por el que se asoman los contornos de lo ilimitado. Son, en efecto, las reglas de la composición y, por

---

[1] Los versos citados de aquí en adelante son de José María Lima. Están tomados de las siguientes ediciones: *La sílaba en la piel. Obra poética 1952-1982.* queAse, San Juan, 1982. Edición a cargo de José Ramón Meléndez; *Poemas de la muerte.* San Juan, Terranova, 2009. Edición a cargo de Margarita Rodríguez Freire.

ende, de la poesía. Puede hablarse de una gramática del ajedrez por la que se actualiza la memoria ancestral del Juego. Colocadas las piezas, con la casilla blanca siempre a la derecha de cada jugador, se nombran las piezas, la misma cantidad para cada adversario: ocho peones en una primera línea horizontal; dos torres, dos caballos, dos alfiles, una Dama y un Rey, en una segunda. Son dieciséis piezas blancas y dieciséis piezas negras, que hacen un total de treinta y dos piezas en un rectángulo de sesenta y cuatro casillas. Operan así dos conjuntos que componen el conjunto del Juego. Sean el total de las piezas el conjunto P; y sea el total de las casillas el conjunto C; y sea el concepto del Juego de ajedrez el conjunto A. Podríamos afirmar de esta manera que A = P + C. Para tan solo insinuar la complejidad de este asunto adoptemos la definición clásica de conjunto dada por Cantor, y que reza así en su versión original en alemán: *Unter einer 'Menge' verstehen wir jede Zusammenfassung M von Bestimmung wohlunterschiedenen Objekten m unserer Anschauung oder unseres Denkens (welche die Elemente von M gennant werden) zu einem Ganzen.* Traducimos: "Entendemos por 'conjunto' una totalidad M de objetos definidos m, distintos de nuestra intuición o nuestro pensamiento; donde los objetos de M son llamados elementos del conjunto" (Fraenkel 36).[2]

Tiene entonces sentido pensar el conjunto A como aquello que nombra el Juego del ajedrez en tanto que fenómeno que no cabe confundir con los jugadores. Pero dado que P y C son inseparables de A, cabe también afirmar que la actualización de la memoria ancestral del ajedrez es inconcebible sin la puesta en juego de los conjuntos P y C, es decir, sin las piezas que forman dicho conjunto y las casillas que ocupan las blancas y las negras. Y dado que P y C son conjuntos cuyos elementos pertenecen a A; y que el *sentido* del conjunto A –aunque no así su existencia– depende de la *puesta en juego*, tenemos entonces que si bien el Juego no se confunde con los jugadores, no es menos evidente que sin la intuición y el pensamiento no hay *actualización* del Juego.

---

[2] Debo esta referencia a Eduardo Forastieri.

La relación que se establece entre el Juego y los jugadores no es ya matemática sino lógica, y puede formularse así: si hay Juego entonces hay jugadores (p → q). De tal manera que la gramática o reglas del Juego es siempre la misma, virtual e infinita, por más diversa, actual y finita que sea la puesta en juego de su memoria ancestral. Pero esta inferencia no es ya sólo lógica sino ontológica; y que no es sólo ontológica sino poética. Por *ser* así, ella atañe a la vida y a la muerte, es decir, a la existencia:

> les espera, señores,
> un largo camino
> alfombrado de nervios imperfectos,
> desechados, apenas germinando
> de nuevo, más torcidos
> que antes de nacer
> comenzando la angustia prometida
> y revelando la muerte vislumbrada
> en crepúsculos de polvo y ceniza. ("aquí vive una sombra" 80)

Digamos con Mallarmé que la Poesía es la Fuente única (*unique Source*) creadora de sentido. Digamos también que esa creación de sentido nada tiene que ver con la presencia ni con la ausencia de lo que como realidad se imagina. Digamos, finalmente, que la Poesía, por no estar presente ni ausente, es más real que la propia realidad. Así, pues, nada más real que la Poesía y nada más poético que lo Real.

Cada uno de los elementos o miembros del conjunto (P y C) que forma el Juego (A) está definido por su aspecto, por su posición y por su movimiento. Definido significa determinado, y la determinación implica la distinción de los elementos entre sí. Así, por ejemplo, aunque haya ocho peones blancos y ocho negros con igual aspecto, ninguno es idéntico a otro en virtud de su posición y movimiento. Lo mismo vale decir de las cuatro torres, los cuatro caballos y los cuatro alfiles con sus respectivos colores. Y dado que se trata de un juego aristocrático, la Dama y el Rey –uno para cada color– alcanzan el grado mayor de distinción en virtud, no ya sólo de su aspecto, posición y movimiento, sino además de su *valor*. Hay que destacar aquí, en primer lugar, la versátil movilidad de la Dama y, con ello, su *velocidad*. La Dama se puede mover en las tres direcciones vectoriales del Juego: horizontal, vertical y diagonal, siempre y cuando las casillas estén *vacías*. Su valor depende, pues, del alcance de su movilidad en una determinada posición. A diferencia de la rapidez, que depende de la aceleración, la velocidad depende de la travesía del movimiento. Así, por ejemplo, la velocidad de la luz es siempre la misma, es decir, finita y constante, a pesar de la infinita diversidad de su recorrido. La inversa sucede con la *velocidad del pensamiento* –asunto fundamental en el ajedrez, las matemáticas, en la composición poética y en la práctica de *zazen*. En efecto, puesto que no hay manera de medir aquello que, precisamente, permite toda medición, podría afirmarse que la velocidad del pensamiento es infinita, si por "infinito" se entiende algo indefinido e indeterminado, por más determinadas y finitas que sean sus manifestaciones. Pero al decir esto, nos encontramos con el hecho siguiente. La actualización del Juego depende del pensamiento y de la experiencia en tanto que fuerza común e impersonal por la que se despliega la energía singular, el vigor intelectual y la potencia creadora de los jugadores. Se explica así la importancia que tiene en el ajedrez lo que el gran maestro José Raúl Capablanca llama *la enseñanza por la práctica*: "El libro, como el maestro, sólo puede ayudar y señalar la ruta a seguir. El estudiante tiene que poner de su parte todo el esfuerzo y atención posible. La práctica y la experiencia harán lo demás" (Capablanca 31).

En contraste con la Dama, el movimiento del Rey se caracteriza por su *lentitud*. El Rey puede moverse en todas las direcciones señaladas pero con el alcance mínimo de una casilla vacía. La lentitud del Rey está ligada, obviamente, al hecho de que sobre él recae el peso y la gravedad del Juego. Toda la capacidad del Rey está ligada a esta lentitud que adquiere una fuerza ofensiva en los finales. Una responsabilidad tan vital como mortal, y cuyo índice es la *altura de miras*. Debilitar el flanco del Rey adversario y fortalecer el propio son los imperativos básicos del combate. Pero si se llega a finales se torna evidente el poder del Soberano. Ahora la lentitud se transforma en prodigio.

Todo depende en grado sumo del olfato:

> El rey no huele.
> La reina huele a París.
> Los alfiles huelen a incienso.
> Los caballos huelen a sudor.
> Las torres huelen a pólvora.
> Los peones huelen a sangre.
> Juguemos al ajedrez con la nariz,
> olfateando la muerte en cada uno
> de los sesenta y cuatro recuadros,
> para luego morir en blanco o negro;
> da igual, siempre que se muera sonriendo.
> (*A Waldo Rodríguez* 129-30)

El olfato es la orientación básica del Juego por la que se orienta el sendero de la belleza. En tanto que potencia sensorial espiritualizada, el olfato deviene perspicacia.

El olor del "sudor de los caballos" se debe a la peculiaridad de sus movimientos. Es la única pieza que puede saltar por encima de las otras y, con ello, poner en perspectiva la maniobra del asecho. Y dado que en el ajedrez —como en el poema, como en el sueño— toda muerte es efectivamente simbólica, lo que *realmente* importa, lo que conmueve el pensamiento es la belleza del Juego. Hay que aclarar que la belleza no es sólo una idea; ni el fruto de una percepción. La belleza es una experiencia ingénita a la fuerza del pensamiento, es decir, a su intensidad. Si la intensidad es la cualidad de una fuerza, la belleza consiste en el despliegue *evidente* de esa cualidad. Evidente no sólo porque salta a la vista sino porque resulta obvio para el espíritu o intelecto. La experiencia de la que hablamos no es, pues, algo que pueda traducirse en términos de los criterios modernos y occidentales de "subjetividad" y "objetividad". La experiencia de la belleza es un acontecimiento poético que se ofrece y se da –en el sentido más dadivoso de una entrega– siempre en medio de determinadas condiciones que la posibilitan. Si la Poesía es la fuente de la vida y de la muerte y, por lo tanto, el *horizonte* de la existencia, entonces la belleza es esa experiencia por la que sale a relucir aquel acontecimiento poético fundamental. La evidencia de un tal acontecimiento es un fulgor aún más primordial que el "yo" en tanto que cosa pensante. Se diría que puesto que hay experiencia del pensamiento, surge un yo que piensa; y puesto que la belleza es una experiencia, hay acción y creación –es decir: *poíesis*– del pensamiento. De esta manera, *cada momento*, no importa cuán ordinarias o extraordinarias sean sus condiciones, es una *oportunidad* para percatarse de la belleza. Puede que, al decir del poeta, la belleza no sea más que el comienzo de lo terrible. Pero puede muy bien suceder que de las condiciones más terribles surja la experiencia de la belleza. Basta con escuchar el Cuarteto para cuerdas número ocho en C menor de Dimitri Schostakovich, compuesto a raíz de la devastación de la Segunda Guerra Mundial.

El olor del "incienso de los alfiles", también conocidos en el ajedrez popular como "obispos", invita a precisar el sentido de la diagonal. Para ello es indispensable tomar en cuenta la anotación algebraica. Son cuatro los ángulos del tablero. A partir del ángulo izquierdo, desde la óptica de las blancas, se nombran en línea horizontal hasta el extremo del ángulo derecho, las primeras ocho casillas o recuadros con las primeras ocho letras del alfabeto: a, b, c, d, e, f, g, h. Desde el mismo ángulo, pero en línea ascendente o vertical, se nombran las casillas con los números 1, 2, 3, 4, 5, 6, 7 y 8. Se conforma así un *vector*, es decir, una línea de fuerza de cantidad y cualidad variable que apunta al centro del tablero, al punto de encuentro de los otros tres vectores angulares. La posición del alfil en la casilla b2 puede llegar a ser muy poderosa, y se anota así: **Ab2**. De la misma manera, cada pieza es nombrada con su inicial (C, T, D, R) menos los peones, cuyo movimiento se anota sin nombrarse, como para resaltar el anonimato del guerrero, su "olor a sangre". Así, por ejemplo, **d4** indica el movimiento del peón de la Dama a la casilla cuatro. La óptica de las blancas, por ser las que inician el juego, establece el criterio de la anotación. Incienso, incendio, polvo, pólvora, sangre y ceniza...

> Pero, sobre todo, silencio, porque va dar comienzo la partida: aquí vive la sangre, señores,
> inmóvil y cansada.
> avergonzada de transitar
> en monedas, de llenar agujeros,
> de agolparse en gargantas sin sonido.
> pasen, señores, pasen.
> la mesa está servida.
> hay promesas, hay libros,
> hay oro en abundancia
> y, sobre todo, risas como tabiques
> que esconden el dolor del hermano
> y una muerte con franjas
> bailando en los combates.
> el dedo del silencio
> ya señaló la ruta
> y ya todos siguieron la ruta señalada.
> ("aquí vive una sombra" 80)

El *dedo del silencio*, podríamos añadir, indica las reglas del Juego; del juego de la vida y del ajedrez. El ajedrez es un callado campo de batalla. Lo que se juega en definitiva es el esfuerzo y la capacidad de la inteligencia y de la sensibilidad para lidiar con la creación de las formas, el sentido de los límites y el alcance de las percepciones. A este respecto en nada difiere el ajedrez de la composición de un poema, de toda obra de arte y del pensamiento, o del propio arte de vivir.

La inteligencia y la sensibilidad suelen entenderse como facultades distintas y separadas. Pero no es así. De la misma manera que la mente no está separada del cuerpo, ni el pensamiento del deseo, así tampoco la sensibilidad de la inteligencia. De ahí la importancia de repensar el concepto de *estética*. Para ello es crucial tener en cuenta la antigua cultura presocrática; pero también la tradición asiática, particularmente, la tradición *Zen* (*Chan'g*), que se nutre del encuentro del budismo indio y el ancestral legado del *Daoismo*. No es este el lugar para elaborar este rico, fecundo y complejo entramado. Pero sí conviene sacar a la luz algunos planteamientos importantes.

Téngase en cuenta que el concepto de estética nos remite a la palabra griega *aisthesis*, la cual suele traducirse por sensibilidad, sensación y percepción. Sin embargo, este elocuente vocablo significa también pensamiento e inteligibilidad de aquello que se percibe. De ahí que pueda traducirse por percatarse o caer en cuenta. Puesto que no hay en griego antiguo ninguna palabra equivalente al término "conciencia" o "ser consciente", lo más próximo a ese significado es, precisamente, *aisthesis*. Llama la atención, en este sentido, de que tampoco haya en esa misma lengua antigua –tan lejana y tan nuestra– un término específico para la palabra "significado", aunque sí lo haya para el acto o acción de significar. *Sémanein*, en efecto, puede traducirse por "indicar", "expresar", "mostrar", "significar". En este sentido, *sémanein* está emparentado con *deloum-deloma*, es decir, "mostrar", de-mostración; aunque también se traduce por "expresar", "representar", "expresión" o "representación", respectivamente. Tenemos así, por ejemplo, el célebre fragmento de Heráclito: "El señor, cuyo oráculo está en Delfos, ni oculta ni declara, [sino que] señala (*sémainai*)". He ahí el *dedo del silencio*. Es el *silencio indicador y contradictorio de la Poesía*, es decir, de lo innombrable que se expone a lo que se nombra y a lo que antecede a toda nominación. Interesantemente, el término que podría traducirse por "significado" es *dynamis*, que significa también fuerza, potencia, cualidad, capacidad. Y puesto que tampoco hay en el griego clásico un término específico para "palabra", cualquier "palabra" puede ser designada como "nombre" (*onóma*). Es así como los nombres (*ónomata*) contienen el significado, esto es, la fuerza o potencia (*dynamis*) de aquello que indican, denominan o significan.

En este breve y rudimentario repaso de la antigua lengua griega nos podemos encontrar con otro término que es *rhema*. Siguiendo las observaciones de Ute Schmidt Osmanczik en su excelente traducción del *Cratilo*, «*rhema* a veces es sinónimo de *onoma*; además en el Cratilo significa "expresión", "término", "unidad" o "componente" de palabras o letras.» Y añade la distinguida filóloga: "La mera yuxtaposición de *onomata* y *rhemata* [nombres y expresiones] no es un *logos* (Sofista 262 a-b)". *Logos* es una expresión difícil de precisar, y que según el contexto, suele traducirse por razón, concepto, discurso, proposición, argumento, palabra, oración, lenguaje, tesis, etc.[3]

En medio de esa diversidad de significados, el sentido del *logos*, sin embargo, es siempre el mismo: *logos* es el recurso de la inteligencia humana que da forma y permite ceñir el pensamiento. Y es aquí a donde queríamos llegar. Como es bien sabido –o como cualquier lector o lectora avisada debería saber– en la concepción platónica del *logos* está inscrita toda la historia del pensamiento occidental, y no sólo de la filosofía. Ello implica un dualismo fundamental, metafísico y crítico –en el sentido de una *separación originaria*– entre el *significado* estrictamente intelectual del *logos* y el *sentido* indefinido, corpóreo y sensorial de la experiencia. Si el *logos* es lo que da forma al pensamiento, esta forma no puede ser otra que el *eidos* o la *idea* del pensamiento. De esta manera la *aisthesis* que es lo propio del sentir no debe nunca confundirse, metafísicamente hablando, con la *noesis* que es lo propio del pensar. De esta manera, además, el pensamiento tiende a substancializarse por medio de una hipóstasis; es decir, a identificarse con una esencia (*ousía*) abstracta y suprasensible, independiente del lenguaje. Es así como la función del *logos* consiste en afinar, por medio del ejercicio dialéctico, el rigor inapelable del pensamiento.

En lo que a Aristóteles respecta, puede leerse en su tratado *Acerca del alma* el siguiente pasaje:

---

[3] La explicación de los términos griegos mencionados está tomada de la versión del *Cratilo* de Platón.

El inteligir y el pensar, por su parte, presentan una gran afinidad con la percepción sensible: en uno y en otro caso, en efecto, el alma discierne y reconoce alguna realidad. De ahí que los antiguos lleguen a afirmar que pensar (*to phronein*) y percibir sensiblemente (*to aisthánesthai*) sean lo mismo (*tauto einaí phasin*).

Sin embargo, lo que "los antiguos" (*archaioi*) –entiéndase: los pensadores presocráticos– sostienen no es tanto una confusa identificación del acto de pensar con la percepción como el hecho de que ambos remiten a una misma experiencia por la que se distingue, pero sin que ello implique separación real alguna, el intelecto de las percepciones sensibles. Bien podría hablarse aquí de una *estética del pensamiento*, válida también para la composición poética, el ajedrez y las matemáticas. Tomás Calvo Martínez resume perfectamente lo que es, en realidad, una limitación del propio pensamiento de Aristóteles, la cual no deja de transpirarse en todas sus obras:

> Nos parece que en este caso Aristóteles los enjuicia [a los presocráticos] desde sus propias clasificaciones del conocimiento y desde el significado que para él adquieren palabras como *nous* [pensamiento]. Ahora bien, ni *nous* significa en los presocráticos lo que en el siglo IV ni en estos autores existe aún una distinción entre conocimiento intelectual y conocimiento sensible.

Nótese de que todo este asunto va mucho más allá del lugar común con el que se suele identificar el platonismo, es decir, la simple oposición del alma y del cuerpo, de lo inteligible y lo sensible. En lo que toca a Platón, su grandeza estriba, entre otras cosas, en que nunca pierde de vista la naturaleza problemática del *logos* y la manera en que la *idea* del pensamiento ha de lidiar en todo momento con la experiencia insoslayable del devenir. En el caso de Aristóteles, la cosa se vuelve aún más interesante, ya que para el Estagirita el alma es la vida del cuerpo, pero resulta tan mortal como la carne que vivifica. La inmortalidad y eternidad le corresponde al pensamiento, no al alma.

Sea como sea, el *vértigo del logos* no puede ser otro que el abismo de lo Real. Un abismo que está impreso, por así decirlo, en la piel, en la carne, en el cuerpo de todo lo que sale a la luz, es decir, de todo lo que nace, vive y muere. De ese abismo –que los antiguos, siguiendo a Hesíodo, llamaban *Xáos*– surge la Poesía y, con ella, la creación artística.

La poesía, como toda experiencia artística, emerge de las sensaciones y de la sensibilidad. Por más intelectual que sea el arte de su composición, la palabra poética es la recuperación de la experiencia primordial del lenguaje y, por lo tanto, la puesta en juego de la condición de posibilidad del pensamiento. La poesía es la articulación de lo impensable, pero no por ello inconcebible, en virtud de la *rectitud* de la palabra poética, es decir, la palabra justa y oportuna que habita el lenguaje. Lo que hay que destacar, por lo tanto, no es ya lo indecible o lo inefable, sino la potencia infinita de la creación, es decir, de la actividad *poiética*, por la que las palabras se liberan de las barreras que el propio lenguaje impone. Todo poeta digno o digna de ese nombre –o mejor, de ese oficio ancestral que es el la poesía– *obliga* a pensar esa potencia que es en lo cual consiste la *significación* del lenguaje poético. La significación no es ya únicamente la unidad del signo lingüístico, es decir, del significante y del significado. La significación es la *creación de sentido* inherente a la palabra y a la función primordial del lenguaje. Hay que precisar que la mencionada "obligación" no es un simple deber heterónomo ni tampoco algo sujeto a la autonomía de la voluntad. La obligación es aquello que nos compromete con la decisión tomada, nacida del deseo y la necesidad de crear. De ahí que sea apropiado pensar en términos de un *imperativo poético* como propone Paul Valèry en sus reflexiones sobre Mallarmé. Le toca a cada poeta dar forma con la palabra al imperativo poético, al llamado de su propia voz, que es el de la *incorporación* de una voz propia, inconfundible y singular.

El lenguaje antes de decir, hacía. Esta sentencia de José María Lima obliga a pensar en la Poesía. Escribimos Poesía con mayúsculas para distinguir la *actividad* indefinida que emerge del caos –o, si se prefiere, del vacío– y el *acto* de la composición poética. En este contexto, "caos" no es desorden; y "vacío" no implica carencia. El caos es la abertura primigenia de lo indeterminado en virtud de la cual hay actividad creadora. El vacío es el trasfondo abismal del acto creador, el fondo sin fondo de lo que brota, persiste y se desvanece. En términos gramaticales, lo interesante de la mencionada sentencia es la manera en que se conjuga el infinitivo del presente indicativo *decir* y el pretérito imperfecto de la acción del lenguaje, *hacía*. En este tiempo verbal el énfasis está en la duración y no en la consumación del acto. En el infinitivo el énfasis reside en la acción, y no en su duración. Pero la fusión de ambos tiempos verbales en la construcción sintagmática de la frase a partir de la partícula adverbial *antes*, despliega ante nuestra consideración la perenne jovialidad de la Poesía, no importa cuán tristes o incluso atormentados sean sus motivos. *El lenguaje antes de decir, hacía*: el *hacía* persiste en su acción (*poíesis*) mientras se afirma lo propio del lenguaje que es el *decir*. Son los ecos del caracol que habita el lenguaje. Los efectos de resonancia de la palabra poética que alienta el corazón del poema, el follaje de las cosas cuando se nombran sin querer decir nada, tan sólo *indicando* lo que se deja decir.

Con *la sílaba en la piel* se abren (SESENTAICUATRO) **caracolas**. Son seis poemas visuales de José María Lima y con los que se dibuja la letra en las casillas rectangulares del tablero. El Juego de ajedrez se transforma en un Juego de lenguaje. En cada casilla aparece un grafema. La composición de las palabras se realiza siguiendo las líneas horizontales y verticales, o buscando el centro de lo que se pierde en el sin sentido del movimiento. Se forman y se deforman palabras, siguiendo la lógica de lo que se *piensa de espaldas al mundo*, sin más preámbulo ni instrucción que aquello que el lenguaje hacía antes de decir. Son seis tableros en total, uno en cada página, y en cada uno de los tableros las sesenta y cuatro caracolas, como les llama el poeta. Se escucha el sonido silente de las letras que evoca, justamente, la gramática del ajedrez. Nos podemos adentrar en el Juego descifrando las palabras, la secuencia rítmica de los grafemas, o identificando las letras sin más, en tanto que inscripciones en la superficie del tablero impreso en la página, las cuales también pueden tomarse como tatuajes en la piel del poema. Las casillas tienen la disposición normativa del ajedrez: blancas y negras, con la casilla blanca siempre a la derecha de cada tablero.

Es así como el Juego del lenguaje puede transformarse a su vez en un Juego de ajedrez. Hagámoslo así con el ejemplo de una partida histórica. La tomamos de las anotaciones del maestro español Leontxo García, en sus colaboraciones habituales del diario madrileño El País. Las Blancas son el gran maestro polaco Alexander Rubinstein, y las Negras el gran maestro Otto Duras, del imperio austro-húngaro. Es el año 1908, y estamos en Viena. Pero antes de resaltar el momento crucial de esta partida advertimos que quien desconozca o no esté interesado o interesada en el ajedrez podría, al menos, considerar lo siguiente. Un genuino jugador de ajedrez es un *artista de las percepciones*. Es precisamente esta reveladora vocación lo que el ajedrecista comparte con el poeta (y el artista en general, incluyendo por cierto la dimensión *estética* de las matemáticas —en el sentido justo que hemos ofrecido de la *aisthesis*.) Se podría argumentar que dicha característica está también presente en la mayoría de las actividades deportivas. Sin embargo, la peculiaridad del ajedrez consiste en el hecho evidente de que no es un deporte sino un arte con una lógica propia o sui géneris de juego que no se reduce a la de un pasatiempo, un mero entretenimiento o diversión.

La posición que nos interesa destacar del mencionado partido puede transcribirse de la siguiente manera. *Blancas*: a3, b4, e3, f2, g2, h2; Ta1, Ab2, Dd1, Re1 Af1, Cf3, Th1. *Negras*: a7, b5, e7, f7, g7, h7; Ta1, Dc7, R81, Ce5, Af8, Cf6, Ag4, Th1. Juegan las Blancas, y lo hacen con una movida sorprendente y a primera vista desconcertante, pero cuyo talante es, sencillamente, brillante: Cxe5!! Con lo cual las Negras no puede resistir la tentación de tomar la dama con el alfil: Axd1. ¿Qué es lo que las Blancas perciben y que las conduce a esa movida audaz y decisiva?

(Decimos bien las Blancas, y no Rubinstein, para descartar todo sesgo personalista y psicológico.) La invitación es a observar el Juego, no a quien juega. Lo cual en lugar de obliterar la potencia singular de los jugadores, la pone en evidencia pero en función del campo de fuerzas que ahí se despliega, que es lo que realmente importa. ¡Qué más seductor que sacar de juego —"comérsela" se dice en la jerga ajedrecística— a la Dama del adversario! Como irónicamente comenta el maestro español: "la excesiva alegría en el juego negro va a ser inmortalizada".

Digamos, en primer lugar, que las Blancas han pensado con rectitud. Esto no sólo implica haber hecho un buen cálculo sino, sobre todo, haber calibrado correctamente la posición en el tablero y las líneas vectoriales de sus movimientos. En segundo lugar, para ejercitar ese recto pensar es indispensable haber vislumbrado las posibilidades de la partida a lo largo del desarrollo de la apertura, en el umbral del medio juego y con vista a un final consecuente con un tal vislumbre. Y en tercer lugar, las condiciones para lo que se vislumbra depende a su vez de un *método de la intuición* (la expresión es de Henri Bergson), el cual es inseparable de la práctica y de una disciplina o ascesis lúdica que no difiere en términos experimentales de la *poiésis* o acción creadora inherente a las artes, las ciencias o la filosofía. Nada casualmente el personaje medular de ese gran poema narrativo que es *Paradiso* se llama Frónesis, nombre que evoca el concepto griego del acto de pensar (*to phrónein*) y el cual apunta, como veremos más adelante, a la idea del pensar vidente, sabio e intuitivo. «El sexo era para él, como la poesía, materia concluyente, no problemática», escribe Lezama refiriéndose a Frónesis (263). Y en las últimas páginas de la obra aparece como por arte de magia literaria un tablero de ajedrez con el siguiente señalamiento: "Recordó que en el ajedrez los alfiles son llamados *fous*, locos, y que están representados en trajes de bufones. [...] *Les fous son aux échecs, les plus proches des rois*, los locos en el ajedrez son los más inmediatos a los reyes" (486).[4]

---

[4] Citamos de la primera edición en España de *Paradiso*.

En una época como la nuestra en la que a escala planetaria se vive en pleno deslumbramiento con nuestras uniformes fantasmagorías tecnológicas, no puede perderse de vista la pertinencia de la *aisthesis*. Lejos de todo esteticismo, la experiencia de la belleza nos remite al *kairós*, al momento oportuno de una creatividad que es tan urgente para las artes como para las ciencias, la filosofía y, en definitiva, para el libre ejercicio del pensamiento. El sentido de la belleza implica, en última instancia, una dimensión ética y ontológica: el reconocimiento de la *perfección del mundo* y, por ende, de lo real. Con lo cual habría un estrecho vínculo entre este concepto de perfección y lo que podría llamarse la *íntima pulcritud de la poesía*.

Ha de estar claro que al pensar en la "perfección" nos alejamos de todo juicio de valor o criterio antropocéntrico acerca de la vida y de la muerte, es decir, de la existencia —asunto sin duda extremadamente difícil— y constatamos simplemente el *factum* de que no hay nada ni nadie en condiciones de juzgar lo que realmente hay, más allá de la necesidad humana de ordenar y dar forma a sus padecimientos. Nietzsche le llama a este concepto de la perfección, que es tanto una concepción poética como una forma de vivir, la Inocencia del devenir (*die Unschuld des Werdens*). En definitiva, puesto que el mundo es perfecto (*vollkommen*), como se dice en el Zaratustra, la peripecia consiste en percatarse de que lo propio de la perfección reside, justamente, en el *factum* del *facere*; en el *perficere* o perfeccionamiento; en el *quehacer* ineludible del Juego.

Puesto que la belleza, en este contexto, antes de ser una experiencia individual o colectiva, es una experiencia radical de lo común en la que se pone en juego la desmedida de lo real, es decir, aquello completamente indeterminado que incesantemente nos sobrecoge, el libre ejercicio del pensamiento ha de entenderse como la *vigorosa fragancia* —la expresión es también de Nietzsche— que nos devuelve la jovialidad del acto de pensar y nos libera del pesado anhelo fáustico de conocimiento y del no menos lapidario afán de desconocimiento, también denominado por el Dr. Jacques Lacan como la *pasión de la ignorancia*.

Explicado lo anterior debe de entenderse mejor el significado de la frase *artista de las percepciones*. La frase la traducimos del griego *aisthéseon demíuorgós*, la cual aparece en *La República* de Platón (507c). Pongamos esta frase en relación con la *noesis* o actividad del pensamiento. Prescindamos del referente dualista y el fundamento metafísico que comprende la sensibilidad y el pensamiento como dos mundos o esferas distintas, independientes y separadas. Situémonos de lleno, más bien, en una concepción unificadora de la experiencia –ya destacada al comienzo de este ensayo– por la que el acto de pensar y sentir son inseparables, aunque de ninguna manera identificables. De cara a ello, rescatemos del vocabulario filosófico, el término *phrónein*, el cual es clave para la lectura de los fragmentos de Heráclito. Podríamos traducir *phrónein* por "pensar sabiamente", ya que se trata, en efecto, de un pensar con rectitud, esto es, de un pensar que ocurre en virtud de la naturaleza de las cosas, de lo que las cosas realmente son. Un pensar, por lo tanto, mucho más radical que el *cogito* o "yo pienso" cartesiano, pues *se ofrece* en *sintonía* con el persistente flujo del devenir y en medio de una vasta e ilimitada experiencia que no es de nadie ni a nadie pertenece. Una vasta experiencia que es al mismo tiempo de una extrema simplicidad como estos versos del poeta:

> Tengo a mi haber, decía,
> un dibujo de tintas
> donde ocurren verdades.
> (poema número 41, 123)

El término *phrónein* nos remite al vocablo *phrén* que puede traducirse por "diafragma, membrana envolvente; envoltura del corazón; pericardio; vísceras torácicas, entrañas". En otras palabras: allí donde ocurren las verdades del corazón, el cual contiene, al decir de Pascal, las íntimas razones que la razón desconoce. Nos interesa, pues, retener lo de la *envoltura del corazón* por aquello de lo que en nuestra lengua significa la *corazonada*. Nos podemos remitir, además, a *phrónesis*, que puede traducirse por "espíritu, mente, inteligencia, sabiduría, pensamiento, manera de pensar, razón, sentimientos elevados (nobleza, magnanimidad, valor); sensatez, cordura, buen juicio, presencia de espíritu; temple, ánimo; confianza en sí mismo". Y, finalmente, tenemos la partícula verbal *phreonéo* que significa "tener entendimiento, pensar y sentir, ser sensato, prudente, cuerdo, tener buen sentido".[5]

No hay que insistir en la riqueza semántica del término en cuestión. Sin embargo no podemos pasar por alto el hecho de que ese caudal de significados que acarrea consigo el concepto de *phrónein* implica que mente y cuerpo no han de entenderse ya de manera separada, pero tampoco idéntica. Por esto, y otras razones que no viene al caso ventilar aquí, nos hemos dado a la tarea de desarrollar, desde hace casi veinticinco años el proyecto filosófico de una "estética del pensamiento".[6]

A tenor con esto también "un artista de las percepciones" implica una actitud poética fundamental por la que el acto de pensar y la experiencia de la belleza se funden para sacar a la luz el lado noble del deseo y la álgida potencia del entendimiento. Pensar no es lo mismo que conocer; mientras que el entendimiento es el fruto más preciado del pensar sabiamente, es decir, de la *rectitud del pensar*. Quede claro que lo recto, bien entendido, no se opone a lo torcido sino que lo envuelve, ya que de la práctica de la sabiduría nada está excluido, ni siquiera, o menos aun, la ignorancia. Con razón se ha hablado desde 1440 de la *docta ignorancia*. Lo incierto está, pues, inscrito en el fondo abismal de toda certidumbre:

> Creemos que es portento la muerte
> que la vida en esta calle
> tiene sólo una carta de triunfo,
> una moneda exacta,
> un rótulo imantado que la guía
> y que no se equivoca:
> entonces alguien hala la cuerda

---

[5] Consúltese con respecto a todo lo anterior el Diccionario Manual Vox de griego clásico-español).

[6] Nos referimos a la trilogía de la *Estética del pensamiento*.

y se nos muere la calle
y nos morimos.
(poema número 34, 104-105)

Como creadora de sentido, la palabra poética ocupa una casilla *vacía*. Ella se inserta de *lleno* en lo abierto e indeterminado de una lengua poética, es decir, en el recorrido ancestral de una persistente recreación. Los límites de la casilla vacía son los bordes de lo ilimitado. Estos límites son la preñez de las formas, el esplendor de las imágenes de lo que un mundo poético saca a la luz. Los bordes son el umbral de las palabras por el que se descubre lo real y el lenguaje cede al silencio que lo habita. El silencio es el vacío. Lo ilimitado es la oscuridad que ya nada tiene que ver con el sentido o el sin sentido. De lo que se trata no es de sentir las palabras sino de hacerlas sentir. Hacer sentir, crear sentido –asentir. *Un mismo camino de luz y oscuridad por el cual todo va y viene.*[7]

En el poema
escribir
lo que todavía
no ha sido pensado
Como un sueño
que se disuelve
en la mañana
y vuelve
al clamor
de la memoria.

---

[7] Esta frase está tomada del libro *Zen y filosofía* de Shizuteru Ueda, específicamente de la reproducción que allí se hace de *El buey y el boyero*, Episodio 2, "Halladas la huellas del buey", Comentario 3. Se trata éste de un texto chino de la tradición del budismo Zen. Los versos de cierre son del autor de este escrito.

Bibliografía

Calvo Martínez, Tomás. *Sobre el alma*. Madrid: Gredos, 2002.
Capablanca, J. R. *Lecciones elementales de ajedrez*. Madrid: Fundamentos, 1999.
Fraenkel, Abraham A. *Teoría de los conjuntos y lógica*. México: UNAM, 1979.
Lezama Lima, José. *Paradiso*. Madrid: Fundamentos, 1973.
Lima, José María. *La sílaba en la piel*. joserramón melendes, ed. Río Piedras: quease, 1982.
_____ *Los poemas de la muerte*. Margarita Rodríguez Freire, ed. San Juan: Terrranova, 2009.
Platón. *Cratilo*. México: UNAM, 2008.
Ramos, Francisco José. *Estética del pensamiento (trilogía)*. Madrid: Fundamentos, 1998, 2003, 2008.
Ueda, Shizuteru. *Zen y filosofía*. Barcelona: Herder, 2004.

Nombres que dicen lo justo en *La sílaba en la piel* de José María Lima

Mara Pastor

> ¿La vocación de la poesía y el teatro no es acaso decir lo que no se dice, lo que la política lleva a la práctica sin confesarlo verdaderamente?
>
> Alain Badiou, *El siglo*

Introducción

Existen estudios importantes que valoran la obra del poeta, matemático y dibujante José María Lima (1934-2009). Sin embargo, no es hasta este momento que comienza a configurarse un corpus cuantioso de crítica y de estudios sobre el escritor en Latinoamérica. Esto gracias, mayormente, al envío de manuscritos fotocopiados y vía email de sus primeros libros, ediciones artesanales y agotadas tales como *Homenaje al ombligo*, publicado junto a la poeta Ángela María Dávila y *La sílaba en la piel*. Otra compilación es *Rendijas* y la publicación póstuma de una breve recopilación de textos con algunos inéditos en *Poemas de la muerte* y a la reciente publicación del estudio monográfico y enumerativo *Lógicas del extravío* de Zoé Jiménez Corretjer. A pesar de este renovado interés por la obra de Lima, hasta el momento ningún estudio ha examinado con detenimiento la relación que existe en su poesía entre las constantes referencias a los nombres propios.

En *La sílaba en la piel* se observan múltiples alusiones a los nombres propios. Editado por el poeta y editor Joserramón

Melendes para la editorial Qease en el 1982, este libro está compuesto por dibujos y poemas de Lima y está dividido en seis partes tituladas "Hacia el olor del pan (Poemas de guerra)", "Transición", "Viajes al interior (Poemas personales)", "Los óleos esenciales (Arte amatoria)", "Atrechos por el extravío (Manifiestos)" y "Complemento". En la primera y tercera parte del poemario hay versos que hablan de "un nombre dividido" escapado del rostro "nombres acercándose a la orilla", hay un nombre "que se arrastra por siglos sobre todas las cosas", y que "se confunde a veces con el nombre de la ola y la estrecha" y hay una gran huella "que desde mi interior va imprimiendo con dolor sobre todos los nombres de las cosas/sobre todas las penas de las cosas/sobre las cosas mismas/sobre mí".

Cuando nombramos dividimos la materia a través de la voz. Dentro del torrente indiscriminado de cosmos, el mundo humano se va configurando en el acto de nombrar al ir delineando objetos y así dotándoles de una identidad fija. Nombrar es también la primera intervención de la comunidad en la vida de un nuevo individuo y el nombre propio es también su último remanente. Propongo que la poesía de Lima ayuda a pensar cómo las tecnologías de poder se aprovechan de la cualidad humana de otorgarnos nombres propios. También, en la poesía de Lima el acto de nombrar viene acompañado de la denuncia del olvido del nombre, de la lucha porque no se olviden algunos nombres esenciales, nombres de pensadores y luchadores con los que su poesía va articulando una tesis específica sobre la histora y la justicia. Así, en estos poemas el nombre aparece repetidamente en tramas que también abordan una reflexión sobre la acción, la lucha y lo político. La poesía de Lima reflexiona acerca de la emancipación a través del lenguaje poético, proveyendo ideas claves que cumplen eficazmente la tarea de ir definiendo lo que es justo e injusto dentro de una colectividad, por ende, una forma de política. Su lenguaje poético cuestiona la discursividad policial y el proyecto de modernidad desarrollista en Puerto Rico. Me concentro en los poemas de *La sílaba en la piel* escritos, en su mayoría, entre las décadas del cincuenta al setenta, porque me parece relevante visitar la producción poética de las décadas que sucedieron a la creación del Estado Libre Asociado de Puerto Rico –periodo conocido también como muñocismo–, en coyuntura con el fenómeno de la Guerra Fría.

Esto es relevante en el contexto puertorriqueño porque señala un cambio notable en su producción poética del siglo XX que durante los primeros cincuenta años estuvo estrechamente ligada a la lucha por la independencia. Muchas de las voces más originales de la época –Juan Antonio Corretjer, Clemente Soto Vélez, Francisco Matos Paoli, Julia de Burgos y Hugo Margenat– cuyas prácticas políticas iban de la mano de un discurso estético emancipador y anticolonial, militaban en las filas del Partido Nacionalista liderado por Pedro Albizu Campos. Las siguientes generaciones de poetas leerán a estos autores con admiración y júbilo. En gran medida la poesía del poeta José María Lima conversa con las causas y procesos de estas poéticas. Lima es heredero de esta tradición, así como muchos poetas de las décadas del 60 y 70 (como por ejemplo, los miembros del grupo Guajana en la década del 70). Joserramón Melendes, editor del texto de 1982, dirá en la contraportada del libro que la poesía de Lima sucede a "la alta Jenerasión del '30 licuada su secuela por 20 años de muñosismo, i la dura espresión sesentista qe cunde asta nosotros". Melendes piensa a Lima como una bisagra. Su pensamiento poético traza un hilo sobre lo histórico durante la médula misma del siglo. Sin embargo, como señala Áurea María Sotomayor en el texto crítico, "Las tácticas de la sorpresa", fue en la década del 60 que la poesía lírico-social de Lima pudo haber tenido resonancia pero esta posibilidad quedó opacada por los problemas políticos que, en aquel entonces, tenía el escritor (163). Me interesa regresar a la dimensión histórica de estos poemas, pensando la experiencia política de Lima como aquello que le da una precisión diferente a su pensamiento poético. Lima es el primero que pensó consistentemente algunas de las preguntas más relevantes de la teoría política y del materialismo histórico desde el lenguaje poético, tales como ¿qué es lo justo? ¿qué es lo retributivo? ¿qué es lo político? ¿qué entendemos por historia?

Estas preguntas también resuenan en su propia biografía. Además de ser poeta, Lima ejerció la docencia como profesor de matemáticas en la Universidad de Puerto Rico, Río Piedras. En la década del 50 comenzó a publicar poemas en revistas, antologías y periódicos. Hizo estudios de posgrado en la Universidad de Harvard y en la Universidad de California, Berkeley. Según Lima, su actividad política de izquierda comenzó en el Socialist Workers Party y el Fair Play for Cuba Committee (FPCC), mientras estudiaba en Boston y California (Acevedo, 16). En el 1963, Lima regresa a Puerto Rico, tras haber ido a Cuba junto con estudiantes americanos del FPCC en protesta por el embargo recién impuesto durante la Guerra Fría. A su regreso, Lima hace declaraciones públicas en solidaridad con el gobierno cubano. A raíz de estas declaraciones, grupos de estudiantes de la Universidad de Puerto Rico comenzaron a pedir el despido de Lima de la Universidad, apoyados por la presión mediática, editoriales en los periódicos más leídos reclamando su despido y propaganda anti-comunista en contra del entonces joven profesor.

Según señala Jiménez Corretjer en *Lógicas del extravío*, Lima piensa el poder "como algo que circula" (202). Con esto la autora señala que "su palabra va a representar el dolor de aquéllos que no tienen poder al mismo tiempo que va a significar y convertirse en instrumento de su voluntad" (202). Jiménez Corretjer señala que la poesía de Lima es el resultado de "una representación colectiva" y que su arte "es símbolo de la creación artística del puertorriqueño y tiene una función política, además de una función estética" (203). Sin embargo, considero que la obra de Lima toma distancia de caer "en representaciones colectivas" y en separar lo político de lo estético. Si bien como señala Jiménez Corretjer en la poesía de Lima "el mundo se verá ajusticiado por su palabra" (205), no se trata de una poesía sentenciosa y signada por un discurso ideologizado sino por una reflexión profunda que va imaginando las posiblidades de actuar sin las presunciones de una utopía libre de tensiones y antagonismos o un estado de inocencia no tocado por las pérdidas psíquicas del sujeto.

La poesía de Lima ayuda a pensar un idea del sujeto como cuerpo biográfico de su actuar en la histora. En su ensayo "Sobre José María Lima, La sílaba en la piel", Lilliana Ramos Collado lee la poesía de Lima como una teoría de la esperanza trazada por la guía de la ascensión material (89). Ramos Collado señala que la ruta sube a la comunidad, a la amada, al pan, al canto o a la poesía:

> Se trata de una teoría de la esperanza basada en la asención material del hombre por la vía de la evolución, apartándose, por recurrir a la termodinámica, de la entropía que desordena y confunde los nombres de las cosas con la etiqueta convencional de las mismas, que tergiversa la relación entre las cosas por la paridad o disparidad de sus facsímiles no razonables o etiquetas, que fija las cosas en la eternidad falsa de la ideología y que le niega a los objetos lo que tienen de proceso, y de meta y de origen de interrelaciones. (89)

El acto de nombrar posee entonces un fin específico dentro de su poética que tiene que ver con subrayar cómo estamos interrelacionados a los procesos históricos del pasado. La poesía de Lima goza de un gran sentido de comunidad, pero cuestiona las representaciones estables y las generalizaciones históricas, provocando que las nociones fijas del sujeto estén siempre en tensión, como sucede con el tratamiento de los nombre propios en su poesía. Existe una correlación entre poetizar el nombre y el deseo del autor de pensar a un sujeto político con un lenguaje que a la vez intente definir la justicia. En este sentido, la poesía de Lima es la primera que hace una teorización amplia, a manera de poema de largo aliento, sobre algunos de los conceptos que constituyen la teoría política moderna.

II. "Su dura pesadilla anudando destinos": los nombres, la lucha y la justicia histórica

En la poesía de Lima las injusticias históricas siguen siendo pensadas en presente. Para ello se vale de la personificación de nombres propios como en el poema "El sueño de los justos", en el que se mencionan lugares como Guernica (pueblo vasco bombardeado por las tropas germanas e italianas, 1937), Numancia (población celtíbera que luchó incansablemente en contra de invasores rumanos en el siglo I), Guánica (pueblo por el que entraron las tropas americanas a Puerto Rico, 1898), Quisqueya (nombre que tenía la isla que hoy conforma Haití y República Dominicana antes de la colonización española), Lares (pueblo en Puerto Rico en donde hubo un intento de insurrección en 1868) y Vietnam (país en guerra con EE.UU. 1968-1973); así como al grupo guerrillero del Che Guevara en Bolivia, Ñancahuazú (1966). Estos lugares actúan como metonimia de las comunidades que representan. Los justos en el poema, entonces, son aquéllos que han luchado en contra de invasiones o que han sido víctimas de invasores. Los justos nunca dejan de ser justos, como las injusticias no dejan de ser injusticias.

Personificar estos lugares crea el efecto de convertirlos en actores del presente, a manera de hiatos temporales. Además, la mención de escritores en el poema juega un papel importante pues aunque "Guernica duerme" el poema continúa: "Si algún dique se afloja/ Vallejo lo compone; Cervantes, que aunque manco no es tonto, también puede ayudar". Entonces, la presencia de estos escritores en el poema ayuda a sostener con diques la esperanza, pues entre estos eventos hay, según el poema, "un hilo" y "las pequeñas, insalvables distancias" que los separan "esbozan la sonrisa venidera", es decir, una especie de fidelidad presente en el espacio síquico del poema (51).

Al personificar eventos del pasado se articula un lenguaje que ata ciertos elementos al de los eventos y los caracteriza desde la singularidad emocional que los acompaña. Con esto, "El sueño de los justos", escrito en 1972, esboza una noción de la historia parecida a la que propone Walter Benjamin en las *Tesis sobre filosofía de la historia* publicadas por primera vez en 1955. Este escrito, cifrado en el pensamiento del materialismo histórico que defiende la idea de que todas las luchas son inherentemente luchas de clase, es un texto clave a la hora de pensar "la tradición de los oprimidos". Para Benjamin, las luchas de clase que han ocurrido a lo largo de la historia de la humanidad no hacen sentir su presencia espiritual a través de la derrota, sino que se manifiestan, "como coraje, como humor, como astucia, como denuedo" (179). La fuerza de estos elementos "actúa retroactivamente en la lejanía de los tiempos" e irá poniendo en tela de juicio "toda nueva victoria que logren los que dominan" (179). En la sexta tesis, Benjamin discute que articular el pasado de manera histórica no significa reconocerlo como realmente fue sino "adueñarse de un recuerdo tal y como relumbra en el instante de peligro" (180). Es decir, este momento de peligro genera como reacción la producción de manifestaciones que retoman las causas espirituales de estas luchas. Esta misma idea es la que luego retoma Jacques Derrida en *Los espectros de Marx* cuando habla del fantasma:

> Somos herederos, eso no quiere decir que tengamos o que recibamos esto o aquello, que tal herencia nos enriquezca un día con esto o aquello, sino que el ser de lo que somos es, ante todo herencia, lo queramos y lo sepamos o no. (68)

Se habla de los fantasmas "en nombre de la justicia" (12). Conjurar al espectro implica una política y ser con los espectros es "una política de la memoria, de la herencia y de las generaciones" (12). Al fantasma no se le pide "solo que hable (...) sino que llame, le interpele, le interrogue, más exactamente, que pregunte a la cosa que todavía es" (26). ¿Cómo hablarle al espectro del pasado? En presente, pues su presencia nunca se ha ido.

El uso de nombres propios en este poema cumple con la función de imaginar una idea de justicia que supera las limitaciones temporales del Estado moderno por hacer justicia. Uno de los conceptos más importantes de la teoría política en el materalismo histórico es sin duda el de la imaginación. En el Capítulo V de *El Capital*, "Proceso de trabajo y proceso de valorización", Karl Marx hace una reflexión sobre la naturaleza del trabajo humano. Marx comienza por decir que en la relación del ser humano con el entorno siempre hay mediación. El hombre usa instrumentos, pero esto no es lo que diferencia el trabajo del hombre del de los animales. La diferencia radica en la imaginación, que guía la voluntad del hombre. Es decir, el hombre elabora primero en la imaginación lo que va a hacer en el actuar. La voluntad se constriñe, pues, a ese objetivo. El lenguaje es desde esta perspectiva el espacio en donde se puede imaginar un actuar diferente, así como el espacio en el que simultáneamente se gesta una noción de la historia que recupere ciertas prácticas políticas más allá de la relación entre lucha y fracaso.

En el poema "El sueño de los justos" existe una solidaridad que no caduca y hay injusticias que se acumulan como una gran pesadilla "anudando destinos" (32). Esta gran pesadilla recuerda, sin duda, la visión del pasado que tiene el ángel de Klee según lo lee Benjamin en la novena tesis que ve la historia como una única catástrofe. Más allá de las nociones de victoria y derrota, la poesía de Lima propone que la lucha de las causas justas va generando una cadena entre un hacer con el ser. La historia hegemónica hace que estos nombres "sean" sin la vigencia de los "hechos". Su poesía restablece el vínculo entre los hechos y lo que los nombres son en el presente. Esto permite comprender cómo la politización de su lenguaje poético no aspira a una toma de poder, sino a otro tipo de emancipación que viene acompañada de una honda tristeza reflexiva. Los rostros de las ilustraciones que acompañan *La sílaba en la piel* dan cuenta de esa tristeza descompuesta también presente desde el primer poema de Lima publicado el 31 de agosto de 1954 y que lleva por título "¡Luchar, luchar!". [Apéndice 1]

En el poema, el sujeto poético busca hacerse desde una experiencia que reflexiona sobre la perseverancia de la metáfora y la transformación del lenguaje como lucha inútil. En esta prosa poética publicada en la revista de verso y prosa de estudiantes de la publicación *Universidad*, una serie de imágenes metafóricas actúan movidas por intenciones contradictorias que cuestionan la relación entre deseo, tiempo y verdad:[2]

> La mañana quiere derretirse sobre el mediodía. Pero las doce se han ido con el tiempo. Sólo queda en su lugar un cristal roto (antes espejo de sueños) sobre cuyas grietas se acumula sucio metal de una mentira.
> –¿Y el limpio? ¿el verdadero?
> –Resiste el tiempo. No lo detiene el musgo ni el polvo ni la niebla. Cuando el frío quiere endurecerlo, se levanta en átomos y escapa.
> –Las sombras dominan el espacio.
> –¿Qué pueden mil sombras contra un sueño? (1)

A pesar de que la mañana desea "derretirse sobre el mediodía", el tiempo ganará la batalla. El poema narra una trama en la que se producen simultáneamente varias dinámicas de poder. Si bien hay "un cristal roto (antes espejo de sueños)" existe otro que "resiste el tiempo", es decir, atemporal, que cuando se ve amenazado "se levanta en átomos y escapa". La naturaleza de lo que resiste es escapar en átomos. Esto parecería atribuirle voluntad al átomo como cuerpo pensado en su autonomía absoluta. Hablar del átomo, dotar al átomo de una posibilidad de lucha, es hablar sobre la independencia de un punto en el espacio contra el movimiento de la caída a la que nos somete la gravedad inevitable. Lo que sucede cuando la apariencia subjetiva de la forma se "levanta en átomos y escapa" es que su naturaleza pasa a conformar un fenómeno sensible y, sin embargo, como el movimiento de los

---

[1] Juan Ramón Jiménez editaba el suplemento literario de la revista *Universidad* en la década del 50.

Algunos de los rostros que ilustran el poemario *La sílaba en la piel*[2]

---

[2] Los rostros dibujados por Lima conectan los poemas en la composición del poemario *LSP* y corresponden de izquierda a derecha comenzando en la primera fila a las páginas 55, 109, 124, 65, 170, 163, 181, portada y 87.

átomos, indeterminable. Hay una fragmentación que también significa aquello de lo que no se debe confiar, el "sucio metal de una mentira", que se contrapone a aquéllo que cancela su apariencia subjetiva en la realidad sensible, aquéllo que "se levanta en átomos y escapa". Lo que se escapa es simultáneamente lo soñado (el pasado, como en "El sueño de los justos"), la palabra que está fugitiva y que se resiste a la omnipotencia de la caída.

En este poema, el pensamiento lucha contra el tiempo. El cerebro no se torna sombrío porque el pensamiento sostiene la idea del atardecer. La certeza del poder que posee este modo de percepción lleva a la esperanza del final:

> Viene bajando un torrente de sol sobre la aurora.
> ¡Polvo de oro sobre el camino!
> ¡Gotas de plata sobre la flor!
> ¡Esperanza sobre los corazones fuertes!
> ¡Luchar! ¡Luchar! (1)

La lucha radica en sostener una idea más allá del momento finito en que se origina, en el modo persistente en que el sujeto concentra sus capacidades conscientes para perpetuar aquello que desea. La soledad se convierte en un estado necesario para esta lucha. Mientras la noche se disuelve en el horizonte, la lucha se juega con lo que cae como la luz, las gotas, el polvo. Estas imágenes deberían ser capaces de "levantarse en átomos y escapar", es decir, contrarrestar el movimiento de la caída. Estos poemas nos dicen que no hay lucha inútil cuando se es consciente de la caída y se mantiene la voluntad de querer escapar "como en átomos".

En su poesía la experiencia de la lucha siempre está en tensión con la del fracaso. En esta contraposición hay una estrategia retórica que toma lugar a partir de un modo de ser del lenguaje poético. La poesía de Lima vacía ciertas definiciones de contenido y les ata otro sentido para que emerjan nuevas definiciones que ayuden a rectificar injusticias y a alcanzar otro nivel de conciencia en el que se promete la justicia y la igualdad.

Su uso del anagrama en el poema "Ai más miel roja", sexto poema de la sección "Hacia el olor del pan: poemas de guerra" del poemario *La sílaba en la piel*, es posiblemente uno de los mejores ejemplos de esto. En el poema la "miel roja", remedio común homeopático usado para las aftas bucales y los herpes labiales, se homologa primero a un grito y después a una punta de lanza, cosas relacionadas a expresar o defenderse del dolor: "Ai más miel roja,/grito o punta de lanza /como quieran" (23). "Ai más miel roja" es también anagrama del nombre del autor José María Lima. Al ser la "miel roja" un remedio para el afta bucal se crea una interesante relación entre el nombre y lo dicho. El poema reordena las letras del nombre y las vuelve remedio, las vuelve también sinécdoque primera de una cadena de silogismos. Que el anagrama adquiera sentido como anagrama es una acción que depende de la curiosidad del lector. Este verso corre incluso la posibilidad de pasar completamente desapercibido como anagrama. Lima, amante de lo hermético, deja la primera sílaba como pista de la subjetividad lírica. La acción del anagrama des-nombra, desarma las palabras, re-acomoda lo subjetivo. Este silogismo es también "aviso de luceros escondidos/o recuerdos desnudos/ si prefieren", es decir, a la vez, premonición y pasado. Todo se une a través de la letra, como savia, "firme, tenaz, articulado nexo" que actúa a "despecho del orden infecundo" (23).

La poética de Lima devela una semántica sobre las funciones de los objetos con sus relaciones a la vez que politiza la tristeza del "canto" como lucha inútil que no deja de ser potencia de acontecimiento. Por eso todo "brote muerto", como dice el poema sigue siendo "empeño de ascensión":

> Y no vale tronchar,
> entérense las hachas
> y sus manejadores
> pues cada brote muerto
> (si la palabra cabe)
> fue empeño de ascensión

> y no hay filo que taje
> las promesas. (23)

El lenguaje de este sujeto lírico visibiliza las prácticas que buscan repartir, nominar, dividir, por ende, controlar los modos de ser de los cuerpos. Simultáneamente su poesía da remedios, como anagramas que a la vez son interjecciones, para defenderse de las "hachas y sus manejadores", a quienes interpela y sentencia. La promesa está en el futuro, como nos dice en el poema anterior "Edificamos a golpes":

> Edificamos a gritos
>   a dolor
>   a dolor hecho grito
>   a gritos dolorosos de rabia
> decimos el futuro para la nueva carne
> para que tenga su camino
> sin más hoyos que aquellos
> que precise para forjar su vuelo
> en nuestra huella. (22)

La relevación de las signaturas en las cosas va develando una teoría sobre la lectura. Se propone que leer es captar la huella, signo que nos habla de lo sensible, y de cómo el lenguaje se relaciona con las estructuras del tiempo, la historia y la economía. Entonces, ya sabiendo las herramientas, ¿contra qué luchan estos poemas de guerra? Algunas de las prácticas que denuncia la poesía de Lima en estos primeros textos son la división de clases, el proselitismo de las profesiones, la desigualdad de servicios que reciben los sujetos, como en el poema "Estoy unido a la extensión del cielo", uno de los primeros del libro. El poema expresa lo que se quiere a partir de describir lo que no se quiere:

> porque no quiero ayes que se gasten,
> quiero un ay que madure y vuelva a ser,
> del péndulo no quiero sino el ruido,
> del círculo la interminable redondez. (20)

Parte de la faena del sujeto poético es identificar lo que busca, los motivos de su guerra. Pluralizar el "ay" tiene una doble función, la de ser aquello que existe y aquello que se anhela, fragmentando incluso las posibilidades del sentido, un "ay" que también es frustración y sufrimiento, un "ay" como la primera sílaba de "Ay más miel roja". Aquí, como en el poema "El sueño de los justos" el reclamo por justicia trasciende las limitaciones temporales. Más allá del reclamo que sugiere la interjección, este "ay" se transforma y retoma la vigencia de su quejido. Lo que quiere del tiempo y la circularidad son propiedades de estos elementos y no la imposición de sus formas, a la vez que desea de los objetos aquello que los hace ventajosos o útiles al otro y rechaza las propiedades que producen desventaja y daño. El mensaje comunicado por el poema va gestando una idea de la justicia que consiste en que el sujeto no tome más de la distribución de las ventajas que necesita:

> quiero la piedra sin honda,
> la pólvora sin plomo,
> la sonrisa sin muros,
> y de la muerte quiero
> lo que tiene de paz.
> que no perturbe nadie los rugidos,
> que no pongan sus uñas en la luna
> lo que compran y venden realidades;
> que los que tengan bolsillos en la sangre
> se mueran
> y no asusten a los niños
> con sus precios;
> que todo vuelva a ser
> y que se gasten todas las monedas
> porque el metal está cansado de retratos. (21)

Se quieren ciertas cosas —"de la muerte quiero lo que tiene de paz"—, enumeradas en algunos casos por su negatividad —"la pólvora sin plomo"—, signadas por el reclamo de la desventaja común ocasionada por los que tienen "bolsillos en la sangre".

Este pensamiento poético produce un juego interesante entre dos acciones. Por un lado, el hablante expresa lo que desea de las cosas haciendo hincapié en que rechaza aquellos elementos que puedan dañar al otro —"la honda", "el muro"–, pero también argumenta contra "los que compran", "los que tienen bolsillos en la sangre", es decir, aquéllos que abusan de su poder provocando la desventaja del más débil. Lo dañino se relaciona con el exceso producido por el lenguaje de la economía: la compra, venta y gasto desmedido de las cosas. Se recupera el metal en su cualidad artesanal y se opone a la moneda. Se defiende la enunciación del disenso (los rugidos) como necesarias para la justicia en el orden poético.

Ambos planos, el de la búsqueda utópica y el de aquello contra lo que se lucha, van de la mano, evocando el título de la sección del primer capítulo "Hacia el olor del pan: poemas de guerra". Luego de comunicar lo deseable y lo indeseable, la voz poética cuestiona la falta de ecuanimidad, la injusticia y la desigualdad a través de una serie de preguntas retóricas que interpelan formas de injusticia y desigualdad:

> ¿por qué tiene la duda
> que ser siempre mía o tuya o del otro
> y siempre en una misma dirección
> aullando?
> ¿por qué parir tinieblas
> para dejarlas luego a la intemperie?
> ¿por qué esas quemaduras
> en la piel de los niños?
> ¿por qué las alcancías? (21)

Una distinción importante es que la ventaja que uno recibe no es correlativa o equivalente a la desventaja sufrida por otro, es decir "que cada cual pueda hacer con su nariz lo que quiera" y que esto no quiere decir que alguien pueda "beber la sangre de los otros" (21). A través de la noción de daño se presenta el pensamiento de la desigualdad. La semejanza entre las cosas es el daño:

> y si alguien quiere orinar sobre su sombra
> que lo haga.
> que cada cual haga con su nariz lo que quiera
> porque es suya,
> pero que nadie beba
> la sangre de los otros.
> que si alguien quiere tener
> las nalgas grandes
> que las tenga,
> pero que no le robe al vecino
> su mejilla,
> ni arrebate los pies al caminante. (21)

Estos cuestionamientos sirven de preludio a un llamado que dicte las condiciones para restablecer la igualdad. Se puede "orinar sobre su sombra" pero no "robarle al vecino su mejilla". Existe una relación directa entre el bien que el sujeto quiere para sí con el que quiere para los demás. Es así que se establece una relación importante entre la ventaja individual y el bien común. Se desea como ventaja individual aquello que no propicia daño relativo a los demás.

En estos poemas el discurso poético va definiendo las nociones de lo justo y lo injusto. Esto visibiliza un retorno al lenguaje como lugar en que se genera la verdad política. La poesía se vuelve la forma de ser del lenguaje que protege el mensaje extraviado: el de la igualdad. Además, la poesía de Lima propone la noción de la historia como "única catástrofe" y al poeta visionario como aquél que esboza la sonrisa (acaso justicia) venidera (51).

III. ¿POR DÓNDE ANDA MI NOMBRE?:
ESTÉTICA DE LA PARTICIÓN Y EL CASO LIMA

Hasta ahora he escogido lecturas de poemas de la primera sección "Hacia el olor del pan (poemas de guerra)", sección en la cual se consigna el logro de la justicia y la libertad. Esta otra sección del libro contiene poemas de corte metafísico, de introspección existencial, de búsqueda, que mantienen la posición ética y social de la primera sección. Sin embargo, en vez de epicidad hay una reflexión póstuma pues se trata de "la historia de un laberinto asesinado" (87) vigente en preguntas como, "¿qué trueno, maldito de antemano,/acosó al silencio en su guarida/hasta hacerle estallar en estridencias?" (87); "¿por dónde anda la duda prometida/ y el fuego aquel/ que se entregó a los hombres/después que regresaron, cansadas, las palomas?" (93); "¿qué culpa tengo yo, peregrinando con esta boca amarga?" (101); "¿Por qué caminos? ¿En qué lugar oculto he visto tus ojos envueltos en cristales de lejana frontera?" (112); "Tal vez tu nombre es simplemente/ la sombra de una hormiga alborotada./¿Es inútil acaso compararte?" (114).

El poema "¿Por dónde anda mi nombre?" escrito entre 1957 y 1960 e incluido en la sección "Viajes al interior (poemas personales)" narra los sucesos y accidentes que le acontecen sorpresivamente a una entidad denominada "nombre" que parece extraviado. El poema, narrado por una voz poética que habla de su nombre como si éste fuese una tercera persona, intercala, a manera de estribillo, la pregunta inicial. Las descripciones del nombre —"con sangre de palomas en el pecho", "el rostro atravesado", "una arruga en la frente", "un ojo antiguo" y "la mejilla cubierta de musgo", entre otras— van conformando un cuerpo desencajado y asimétrico cercano a los rostros que ilustra el poemario *La sílaba en la piel*.

Las dimensiones espaciales de este nombre se transforman y lo mismo "se sostiene peligrosamente en la nariz de un obispo" que "tirita de frío bajo la planta de un coloso indigestado" (104-105). Esta operación descriptiva, a su vez, hace de la representación una transformación permanente. La primera persona en el poema fabula el tránsito de su "nombre" —cuyos bordes parecen sustraerse, dividirse o multiplicarse— y presenta la conceptualización de un espacio metafórico para transitar. Se trata del proceso de un nombre descarnado que se configura, más bien, como tránsito.

Pueden pensarse en este texto de Lima dos procesos simultáneos. Por un lado, se traza el recorrido del nombre una vez éste es insertado en la esfera del lenguaje de la ley. En el entramado ideológico del Estado moderno, con su fuerte raigambre legal, el nombre le da reconocimiento jurídico al individuo dentro de los distintos órdenes institucionales. En este sentido, el nombre es reconocido en el poema dentro de la esfera del lenguaje del campo económico y jurídico en la que se inscriben las formas de representación que someten lo individual a los intereses de un régimen que, a su vez, distribuye las formas de ser y hacer de una comunidad. En segundo lugar, en el texto también se presenta la desidentificación radical del yo poético con su nombre. Exploraré estos aspectos enfocando en el uso de lo que llamo una "estética de la partición". El término "partición" en español remite a la acción de dividir o distribuir, mientras que en francés *partage* no sólo apela a la división, sino a la parte dada o asignada, a la participación.

El poema comienza con la pregunta que se repetirá a lo largo del texto y que irá enmarcando otras tramas. Lo primero que se sabe del nombre es que este "desgarraba penas arrugadas" (104). Aquí se pone en escena nuevamente la dinámica de la "única catástrofe", pues se trata de una entidad sensible a la pena plural. Acto seguido, un juego de repeticiones a nivel sintáctico presenta el artificio de una forma que se rellena, acaso similar a la que nos presenta una operación matemática con sus variables. Se establece desde este punto la idea de que el poema es una operación, una forma que se atraviesa. Se piensa con el poema. Al cambiar los circunstanciales de tiempo y espacio ("en medio del camino"/ "en medio de la noche"), los detonadores de la sorpresa ("el viento"/ "el tiempo") y dos conjuntos que apelan a la sensibilidad auditiva ("un ruido de gendarmes"/ "un coro de medios-niños") se va generando la melodía interna del poema. Estas partes coinciden no sólo en género sino en número. Esta arquitectura sintáctica coloca al nombre ante dos particiones de sensibilidad distintas. En una, el nombre es expuesto involuntariamente a la materialización de un sonido desarticulado (un ruido) y autoritario (de gendarmes) y en la otra se le señala una ruta, también a raíz de una posibilidad auditiva (el coro) proveniente de una imagen mítica (los medios-niños).

Este primer accidente que le acontece al nombre marca significativamente la narrativa poética. Al nombre se le divide el rostro en el momento en que éste es atravesado por el "ruido de gendarmes" lo que también dramatiza a efectos del poema su primer encuentro con la representación social de la ley en los versos que dicen: "Un ruido de gendarmes/le atravesó la cara/ que traía sostenida en la diestra" (104). A pesar de que los medios-niños señalan la ruta –hacia el "dolor de las fieras hambrientas", acaso la finalidad de un viaje más afín a la primera acción del personaje ("desgarrar penas arrugadas")– a partir del contacto

con lo policial, el poema prescribe los lugares del nombre, según éste se encuentra con agentes del orden social y las instituciones —como los gendarmes, el juez, el abogado, el soldado, el contador público, el magistrado y el obispo.[3]

No se puede perder de vista toda la retórica social que gira en torno al rostro como lugar desde el cual se articulan las expresiones de placer y displacer, una de las partes del cuerpo desde la cual los seres humanos comunican lo que en la esfera de la comunidad se define como bueno o malo. Controlar lo que comunica el rostro ha sido una de las tácticas usadas por distintos aparatos de poder para evitar el disenso y perpetuar los intereses de una mayoría opresora. Para hacer una crítica sobre estas estrategias de control hay que entender que el efecto político pasa por la distancia estética, es decir, que el consenso se da como resultado de la adherencia a un régimen específico de lo sensible que organiza modos de hacer, producir, ver y juzgar. Además, un rostro dividido lleva sin remedio una cicatriz enorme y visible, como la de los rostros que ilustran el poemario.

Esta gran escisión se visibiliza no sólo en el rostro (los rostros) sino en los espacios sociales a partir de una estética de la partición que se pone en escena en el lenguaje por medio de las preposiciones que restan (*sin* carne) y los adjetivos que reducen y dividen ("*pequeños* abogados" y "*mitad* del cuerpo"). En esta gesta divisoria el nombre está en "*mitad* del camino", el ruido de gendarmes "*atraviesa* el rostro" dividiéndolo, "en *medio* de la noche", sorprendido por los "*medios*-niños". Los cuerpos divididos de estas entidades son, a la vez, atravesados por el nombre cuando este pasa "entre pequeños abogados" y "entre soldados".

La obsesión retórica con la partición visibiliza la inserción del "individuo-nombre" en la lógica de una discursividad dominante.

---

[3] Lo "policial" refiere al concepto desarrollado por Jacques Rancière, en consonancia con el pensamiento de Michel Foucault, y no remite a la acepción tradicional de cuerpo que vela por el orden público —sino que se refiere a un orden más general que preordena las maneras de ser y hacer, define los grupos y reparte posiciones sociales, que se definen desde la autoridad para imponer orden y su distribución. Ver Rancière, *Disagreement* 25.

Con esto el poema ayuda a pensar cómo se regula la idea de individuo por las clases dominantes. La singularidad de este yo poético radica en un gesto de des-identificación o desplazamiento del "nombre". El nombre es exterioridad para el "yo" que narra, aunque se mantiene un vínculo tan sólo a partir del pronombre posesivo: *mi* nombre. El *mi*, sin embargo, se devela en la trama poética como huella distante de la entidad llamada nombre, mientras éste genera dinámicas con agentes de la ley, el mercado y la religión. En todas las instancias destaca la imagen del nombre como una especie de títere o motivo de entretenimiento de los personajes que menciona el poema. La caracterización de los representantes de las instituciones de la ley da cuenta de la violencia de las relaciones sociales y del cinismo desigualitario. Por ejemplo, el pasaje entre paréntesis que presenta la doble moral del obispo visibiliza la forma disimulada en la cual el poder religioso continúa arraigado dentro de la misma narrativa económica de la ley del Estado:

> ¿Por dónde anda mi nombre?
> Por entre las piernas rígidas
> de un esqueleto musical
> y la barriga sonora
> de un contador público.
> Mi nombre anda por entre
> las estepas cerebrales
> de un magistrado
> hecho de manteca celeste.
> Mi nombre baila en la cabellera
> de un ángel
> hecho de plomo y pólvora.
> (Mi nombre se sostiene peligrosamente en
> la nariz de un obispo honrado que estudia
> el movimiento de la bolsa cuando le
> queda tiempo después de comer niños.) (105)

Esta transformación del lenguaje en uno obsesionado con la partición y la sustracción puede ser pensada junto con las teorías de Jacques Derrida en *Dar (el) tiempo*, en donde el autor analiza la figura del círculo dentro de la problemática de la *oikonomia*, partiendo de la noción de "don".[4] El "don", aquello que se da sin retorno ni deuda, interrumpe la ley de la economía que inscrita dentro de la figura del círculo puede ser entendida como "intercambio circular, circulación de los bienes, de los productos, de los signos monetarios o de las mercancías, amortización de los gastos, ganancias, sustitución de los valores de uso y de los valores de cambio" (16). Dice Derrida que "en cuanto hay ley, hay partición: en cuanto hay nomia, hay economía"(16). El "don" debe darse bajo unas condiciones específicas, por ejemplo, la de "arriesgarse a entrar dentro del círculo destructor", lo que Derrida califica también como "(compro)meternos en dicho esfuerzo"(38). La narrativa poética de "¿Por dónde anda mi nombre?" introduce a los lectores en el círculo, dentro de las varias arquitecturas que prediseñan la errancia de este "nombre-individuo". El relato regido por la lógica del círculo económico –la historia de las clases dominantes– llama a una especie de locura puesta en escena en la partición del lenguaje y la retórica del poema.

> Mi nombre tiene una arruga
> en la frente
> y tirita de frío
> bajo la planta de un coloso indigestado.
> Mi nombre tiene un ojo antiguo
> que parpadea de vergüenza
> frente a la nalgas
> del odio empaquetado,
> envuelto en papel de regalo, transparente. (105)

Tras la euforia del nombre errante, hay una especie de vaciamiento del significante, una devaluación moral transformada en mercancía "envuelta en papel de regalo". Aquí se introduce la

---

[4] *Oikonomia*, del griego "oikos", casa, y "nomos", ley. Señala literalmente la "ley o manejo de la casa".

noción de "regalo" vinculada a "las nalgas del odio empaquetado". En la poesía de Lima, las nalgas son una imagen que visibiliza el daño que emerge de las dinámicas en las que hay excedentes, plusvalías y devoluciones con usura.[5] Se trata de una imagen que signa paródicamente las formas de cinismo desigualitario ya mencionadas.

El poema propone eficazmente una idea de lo injusto que se presenta cuando los agentes que representan la ley en el poema toman más de la partición de las ventajas que necesitan, como el "coloso indigestado", "el magistrado hecho de manteca", "el obispo que come niños". A consecuencia, el nombre se ha avejentado y sus condiciones de movilidad se han transformado en la experiencia del oprimido, en el retrato de un objeto cosificado y solitario que "tirita de frío" y "parpadea de vergüenza".

El nombre envuelto en papel de regalo en su dinámica de intercambio con "el odio empaquetado" es también el "don que se anula" en cuanto se significa como tal, ése que realmente nos habla de la ausencia de "lógica del don", pues reproduce la odisea económica del círculo. Aunque la presencia de la voz poética sienta las condiciones para el don, no puede sino visibilizar la ausencia de éste. Según este nombre genera sus propios atributos, se transforma la función de la primera persona que preguntaba su paradero. La función retórica de esta pregunta es añadir fluidez a un argumento en el que se afianza otra cuestión: mientras más presencia tiene el nombre en la esfera social, menor parece ser la posibilidad de que éste sea restituido al yo poético, o de que este último llegue a reunirse o identificarse con aquello que lo nombra:

> Pero mi nombre es nombre
> y nada más.

---

[5] Algunos ejemplos pueden verse en los poemas "Estoy unido a la extensión del cielo" ["que si alguien quiere tener/ las nalgas grandes/que las tenga,/pero que no le robe al vecino/su mejilla/ni arrebate los pies al caminante.": *La sílaba en la piel*, 22] y "Avecinada ya la sangre todavía" ["Allí orondos todavía,/ césar y mercader,/ sus blandas nalgas disponiendo la ordenación del músculo/intercambian eructos, pero imaginan/ genuflexiones frías": *LSP*, 28].

> Se gasta.
> Se va consumiendo poco a poco
> en la moneda.
> Mi nombre no resiste
> la avalancha de sombra
> que inventó el abuelo
> o quién sabe si antes
> cuando alguien golpeaba la piedra
> y hacía los templos
> que después le cayeron encima. (105-106)

La conjunción adversativa "pero mi nombre es nombre" responde a un acto monológico de subjetivación, que presenta las estructuras con las cuales el biopoder ordena el lenguaje de los cuerpos. De agente activo, que "bailaba en la cabellera de un ángel" y "se escurría entre las piernas de un esqueleto musical", en esta parte del poema, el nombre entra en una fase de degradación consumiéndose "en la moneda". Se interrumpe la estructura inicial del poema que respondía a la repetición del estribillo. El efecto de esta pregunta no es dar cuenta de su búsqueda. Al formular repetidamente la pregunta, el yo poético presenta la tragedia que le acontece al nombre: la de haber sido atravesado por el ruido de gendarmes y no haber podido resistir "la avalancha de sombra que inventó el abuelo", la explotación de ese "alguien" que construyó los templos, "que después le cayeron encima" (106). El nombre ocupa el cuerpo que acumula y consume en la esfera pública. Carece de generosidad, no pondría la otra mejilla –pues está "cubierta de musgo"– y duerme ajeno a la trama histórica que lo ha llevado hasta donde está, porque "tiene hábito de dormir/debajo del dolor congelado/que heredó de los siglos" (106). La genealogía que se le atribuye al nombre y que lo coloca en la esfera de esta fabulación de lo simbólico lo ha llevado a un desenlace adverso de cosa que ha sido puesta en lugares de objeto dispensable y en desuso:

> Muy oscuro, dormido,
> enmohecido, disuelto en cigarrillos
> de larga longitud,
> en estandarte rígido,
> en copa de árbol ciego,
> en inodoros de plata centelleante. (106)

El poema visibiliza la simbolicidad que atraviesa la sinrazón económica. Lo que tiene lugar en el nombre es su inserción en el lenguaje del consumo. Algo que tiene lugar a condición de no tener lugar. El nombre, explotado por la "avalancha de sombra que heredó de los siglos", oprimido "por el coloso indigestado" y "las nalgas del odio", termina en el escaparate donde "venden penas" en una especie de retorno circular al origen del poema:

> Mi nombre dividido
> se me cayó del rostro
> y después de un largo
> proceso de evolución
> apareció redondo e inútil
> en el escaparate de una tienda
> adonde venden penas por docena. (106)

El retorno es el resultado de una operación, "un largo proceso de evolución", que comienza con el nombre como agente divisor y activo de la partición "desgarrar penas" y que concluye con la transformación del nombre en objeto "redondo e inútil". Es también el tránsito de la acción a la inacción, de desgarrar las penas a serlas.

Esta circularidad es exagerada a múltiples niveles. Uno de los niveles sería el juego sintáctico que repite una estructura cambiando sus componentes tal como argumenté previamente. Además, la circularidad es llevada constantemente a la desmesura de sus bordes a través de una retórica repetitiva, una poética del relato rica en imágenes de objetos redondos como "los inodoros de plata centelleante". Al final se homologan las penas al nombre que parpadea de vergüenza ante "las nalgas del odio empaquetado" (105). No solamente se produce un efecto circular, sino que el nombre termina siendo un objeto arruinado tras el proceso de mercantilización que lo vende de la manera más ruin, transformado en aquello que desgarraba, tal como está determinado por la economía.

Se podría decir que estos versos resuenan increíblemente en el andar del propio nombre de Lima, que en cierto momento apareció en las paredes e incluso en las señales mismas de la autoridad de autobuses de la zona metropolitana de su isla natal.[6] En enero del 1964 se publica en el periódico puertorriqueño *El Mundo* una imagen en la que se ve un letrero que lee "Exit and Park", según informa el calce de la foto, en el garaje de algún estacionamiento de la parada 18 en Santurce. Entre la palabra "Park" y la flecha direccional se aprecia una interjección adherida que lee "Fuera Lima y el comunismo". La calcomanía hace referencia a lo que se conoció como el "Caso Lima".[7]

En un debate que llevó a la discusión pública el derecho a suscribir y defender las ideas políticas, Lima, quien en aquel momento fungía como profesor de matemáticas en la Universidad de Puerto Rico, Recinto de Río Piedras, era acusado de ser una amenaza para la democracia y para la Universidad por ser partidario del marxismo-leninismo, razón por la cual querían expulsarlo de la institución educativa. Cuando se interrogó al poeta sobre las acusaciones que se le imputaban, expresó con lucidez no saber "cómo relacionar el marxismo-leninismo con el cálculo integral" (Cruz, 383). Se conjuntaron en la esfera pública

---

[6] Cabe señalar que en la poesía de Lima también hay una retórica librada en torno al "apellido" que lo vinculan a la injusticia en la economía, el autoritarismo y la clase. Por ejemplo en el poema "Porque la mina, el campo, el río" ["Porque a la célula dieron apellido/y a las manchas/ (los cofres más antiguos)/ le ordenaron decires tan distintos/ de su propia inclinación de ala/y hasta el eructo las encaminaron": *LSP* 19] y "Si solo limpia garra de hambre me asediara", ["Hablaba de gabanes y en su lugar si quieren y lo espero/ escríbase "apellido", "título" o "pedestal": *LSP* 25].

[7] Ver el ensayo de Martín Cruz Santos, "Jaime Benítez y el caso del profesor José María Lima en la vorágine universitaria de 1963".

agendas que buscaban nominar, controlar y repartir las maneras de ser y hacer de una comunidad plural. Este momento da cuenta de la polarización ideológica de la Guerra Fría y visibiliza el paso de la política al espectáculo partidista. Las protestas acapararon la primera plana de los diarios isleños durante los últimos meses del 1963 y principios del 1964. Lima, quien además había sido columnista del periódico *El Mundo* del '58 al '62, se vio expuesto a un fuerte acoso mediático.

La imagen sobrepone dos lenguajes, el del letrero y el de la calcomanía, que se fusionan en un mismo registro discursivo que da órdenes. Ambos mensajes están dirigidos al ciudadano que transita el espacio urbano en la década del sesenta. La selección de este espacio de autoridad motorizada para colocar la pegatina nos habla también de una cultura para la cual la vida urbana se configuraba a la par que la mentalidad desarrollista moderna. El lugar de inscripción del orden motorizado se traduce en tablón de expresión de la ideologización anti-comunista propia de la polarización teleológica que caracterizó los discursos de la Guerra Fría.

Aunque el poema "¿Por dónde anda mi nombre?" fue escrito antes de los sucesos a los que remite la imagen, varias cosas pueden ser señaladas a partir del análisis de estas dos instancias. Jacques Rancière plantea que las artes prestan a las empresas de dominación o de emancipación "solamente aquello que pueden prestarles, es decir, pura y simplemente, lo que tienen en común con ellas: posiciones y movimientos de cuerpos, funciones de la palabra, divisiones de lo sensible y lo invisible" (*División*, 28).

Tanto en el poema como en el análisis de la imagen se visibilizan las prácticas que buscan repartir, nominar, dividir, por ende, controlar los modos de ser de los cuerpos. Mientras la estética de la imagen da órdenes y divide los bordes del afuera y el adentro que identifican identidades fijas, la estética de la partición del poema, por el contrario, remite a un proceso inverso en el cual la voz que enuncia carece de cualquier localidad o identidad fija,

que a la vez se asocia con los rostros asimétricos y desencajados presentes en el poemario.

En el poema de Lima, la errancia del nombre impuesta a raíz de su entrada al lenguaje del consumo demarca radicalmente la singularidad del yo poético en torno a la distribución de estos códigos que inscriben los cuerpos en la estructura del Estado. El lenguaje producido a partir de esta estética visibiliza la parte que no tiene parte, acaso la del yo poético, que pretende rendir cuentas y simultáneamente dar razones, reflejándose oblicuamente en la misma naturaleza de su "nombre dividido".

Si bien el nombre no puede escapar "del dolor congelado/que heredó de los siglos", la voz poética hace visibles los mecanismos de opresión al presentar la idea de un sujeto des-individualizado y describir el proceso de vejación y cosificación del nombre tras las interacciones con lo policial. Es precisamente este acto de subjetivación lo que sienta las condiciones para lo político, al interrumpir la lógica circular, lanzándose en ella.

IV. COMENTARIOS FINALES

La poesía de Lima reflexiona sobre la emancipación a través del lenguaje poético, proveyendo ideas claves que cumplen eficazmente la tarea de ir definiendo lo que es justo e injusto dentro de una colectividad, por ende, una forma de política. Su poesía piensa consistentemente las preguntas importantes de la teoría política como qué es lo justo y qué es lo político. La poetización del nombre, ya sea mediante la mención literal de nombres o su personificación ayuda a pensar un sujeto político que sea agente de cambios históricos.

Su lenguaje poético también habla sobre un punto de exceso de la representación estable que cuestiona la discursividad policial y el proyecto de modernidad desarrollista en Puerto Rico. En la poesía puertorriqueña, Lima es el primero que hace una teorización amplia sobre las definiciones claves para entender la experiencia del sujeto político. Esta teoría –afín al materialismo histórico pero única y novedosa en su poeticidad– se visibiliza a partir de la articulación de una retórica cifrada cuidadosamente. Esta lectura que resalta sólo algunos pasajes y poemas es un atisbo de lo que podría ser un estudio más amplio que examine los modos en que la poesía propone rectificar injusticias visibilizando los mecanismos usados en las tecnologías de poder para oprimir y controlar a los sujetos. La poesía de Lima muestra que el lenguaje poético sigue siendo el lugar en el que suceden acontecimientos y cambios de orden estéticos que aspiran a dejar huella en las estructuras sociales del mundo en que vivimos y en la historia.

Obras citadas

Acevedo, Rafael. "Quiero pistas, Señora, no sea que me asuste" (Entrevista a José María Lima). *Claridad* (San Juan, 22-28 noviembre 1996): 15-17.

Badiou, Alain. *El Siglo.* Madrid: Manantial, 2005.

Benjamin, Walter. *Discursos interumpidos I.* Madrid: Tauros Ediciones, 1982.

Cruz Santos, Martín. "Jaime Benítez y el caso del profesor José María Lima en la vorágine universitaria de 1963". *Don Jaime Benítez entre la Universidad y la política.* San Juan: Universidad Interamericana, 2008. 367-402.

Derrida, Jacques. *Dar (el) tiempo.* Madrid: Tecnos, 1998.

_____ *Los espectros de Marx.* José Miguel Alarcón y Cristina de Peretti, trads. Madrid: Trotta, 2003.

Figueroa, Eddie. "En un edificio de Santurce desconocido fija marbetes pide salida de Profesor Lima". Santurce: Archivo fotográfico *El Mundo.* 28 enero 1964.

Jiménez Corretjer, Zoé. *Lógicas del extravío.* Río Piedras: Ediciones Puerto, 2010.

Lima, José María. *La sílaba en la piel.* Río Piedras: Qease, 1982.

_____ "¡Luchar, luchar!". Río Piedras: *Universidad* 92 (31 agosto 1954): 5.

Marx, Karl. *El capital.* Ciudad de México: Siglo Veintiuno, 1975.

Ramos Collado, Lilliana. "Sobre José María Lima, 'La sílaba en la piel'". *Sin nombre* (San Juan, julio-sept. 1983): 88-91.

Rancière, Jacques. *La división de lo sensible. Estética y política.* Salamanca: Centro de Arte de Salamanca, 2002.

_____ *Disagreement.* Minneapolis: U of Minnesota P, 2005.

Sotomayor, Áurea María. "Las tácticas de la sorpresa". *Hilo de Aracne: Literatura puertorriqueña hoy.* Río Piedras: Universidad de Puerto Rico, 1995. 161-77.

"La vida de la muerte": Lenguaje, materialidad y poética en José María Lima

Juan Carlos Quintero Herencia

> *Ninguna producción es posible sin un instrumento de producción, aunque este instrumento sea sólo la mano; ninguna, sin trabajo pasado, acumulado, aunque este trabajo sea sólo la destreza que el ejercicio repetido ha desarrollado y concentrado en la mano del salvaje.*
> Karl Marx, "Introducción general a la crítica de la economía política" (1857)

Excurso del yo

Este ensayo es la borradura de otro ensayo imaginado, un ensayo más intuido que cierto, más deseo de lectura que experiencia desplegada sobre alguna página. Alguna vez hilvané, dentro de un proyecto teórico sobre el sensorio y el archipiélago caribeños (sobre el cual aún trabajo), la reunión en un mismo texto de problemas suscitados por la obra del cubano José Lezama Lima (1910-1976) y la del puertorriqueño José María Lima (1934-2009). Con ese ensayo intentaba relacionar sus lógicas metafóricas al interior de una meditación mayor sobre un moderno *sensorium* caribeño. De entrada son poetas disímiles, en más de un nivel, pero existen (o fabricaba) puntos de contacto que podrían enarcarse. Ambos poetas, por dar un ejemplo, trabajaron a su modo las metáforas del cuerpo, la intemperie y la sombra. Ambos responden políticamente a sus entornos de una manera que rebasa la obviedad o la decoración ideológica.

Dicho esto, mi deseo de lectura compartida enfrentó un dilema. Reunir a estos dos poetas en dicha reflexión, de algún modo condicionaría las páginas dedicadas a Lima. La singularidad de cada obra, como las demandas de especificidad que se levantan ante ambas producciones añadirían páginas a la copiosa e importante literatura crítica sobre el cubano, restándole, de alguna manera, las mismas páginas a la de un puertorriqueño invisible para la crítica latinoamericana. Este ensayo que ahora entrego difiere, por el momento, este deseo de vínculos entre los poetas isleños. Quizás (no lo dudo) bajo el afán de enlazarlos se agazapaba una ansiedad dialógica ante la poesía del puertorriqueño que me alejaba de las diferencias palmarias que existen entre ambas poéticas.

Los textos de Lima podrían servir de escenario para la exposición de esa incómoda alegoría política que despierta la dificultad hermenéutica e histórica la literatura puertorriqueña entre la crítica latinoamericanista dentro y fuera de América Latina. Lima es (cómo podía no serlo) otra imposible moneda de cambio literario-cultural puertorriqueña tanto en los campos intelectuales latinoamericanos y estadounidenses como en sus respectivas academias.[1] Subrayo, muy rápidamente, un hechizo de doble rostro que, me parece, da cuenta de la dificultad que contribuyó a apartarme del proyecto inicial con los dos poetas como también pensar en otro registro esta situación de "lo puertorriqueño" en el archivo latinoamericano. Soy, además, consciente de esta

---

[1] Arcadio Díaz Quiñones ha esbozado el "desdén" que recubre el temario de "lo puertorriqueño" en ciertos círculos intelectuales y académicos fuera de la isla. Díaz Quiñones lee las maneras en que lo puertorriqueño se ha vuelto instantánea de la desintegración cultural o la subordinación colonial: "Salta a la vista, por ejemplo, en la carta de un francés publicada no hace mucho en el diario *El País* de España. En ella se afirma que Puerto Rico, en contraste con Cuba, es 'un objeto nacional no identificado'. En muchas partes, aun en los Estados Unidos, y en círculos de 'hispanistas' profesionales, despierta más rechazo que admiración. Por supuesto, el desdén puede mezclarse con una ambigua admiración al estereotipo. En esa dirección apunta lo declarado por un integrante del grupo rock mexicano Café Tacuba en el diario *Página 12* de Buenos Aires. Hablaba sobre las posibilidades que tienen los rockeros latinoamericanos de entrar al mercado norteamericano y global. [...]: 'En Puerto Rico, de donde vienen Ricky Martin y Jennifer López, no sólo hablan inglés desde pequeños: son finalmente como un híbrido norteamericano-latino, o latino-norteamericano, que quien sabe qué, en realidad. Esas son las personas que están teniendo éxito'." Díaz Quiñones, "De cómo y cuándo bregar" (63).

demasía de la primera persona con la que ha comenzado este ensayo. Es una manera de lidiar con esta "contrariedad" que para la crítica representan los textos de José María Lima, además de contextualizar un deseo de lectura puertorriqueño.

La salida en 1982 de *La sílaba en la piel* me encuentra con mis amigos en la Universidad de Puerto Rico, recinto de Río Piedras. Los poemas de Lima fueron a integrarse a un núcleo de lecturas poéticas que, en lo personal, mezclaban entonces a Vicente Huidobro, Luis Palés Matos, San Juan de la Cruz, Luis de Góngora, Charles Baudelaire, T.S. Eliot, Lezama Lima, César Vallejo, Carlos Martínez Rivas, Roque Dalton, Angelamaría Dávila, entre otros. Uno de los rostros de ese hechizo –ese proyecto de doble lectura que hoy no escribo (Lezama y Lima)–, cual frontis, se asoma precariamente en el textillo que cierra la contratapa de *La sílaba en la piel* donde el poeta (y editor) Joserramón Melendes invitaba del siguiente modo al lector: "Estamos frente a un poeta deslumbrante, poderoso i sierto, qe casi se yama Lezama".[2] El casi-Lezama que sería Lima se amparaba en ese compartir los poetas un mismo nombre, "José", y en el participar con el primero del puertorriqueño y el segundo del cubano, del apellido "Lima". Pero Melendes (otro José convocado por su mano) inscribía además con el adverbio, con el "por poco" lezamiano del puertorriqueño, la condición (in)visible y la demanda de lectura que ameritaba la poesía de José María Lima. La lectura que entre amigos, en su mayoría poetas, hiciéramos entonces de *La sílaba en la piel* encontraba una caja de resonancia para la oración de Melendes,

---

[2] Se respeta la escritura de Melendes. De ahora en adelante manejaré tanto la edición de *La sílaba en la piel (LSP)* como *Poemas de la muerte (PDM)*. Por otra parte, Mara Pastor anotaba en 2009 con su "*La luna sumergida*: recuento crítico sobre la poesía de José María Lima" los nombres de lectores y comentaristas que han hecho pública su lectura de la obra de Lima, entre ellos se encuentran Vanessa Droz, José Emilio González, Lilliana Ramos, Áurea María Sotomayor, Rafael Acevedo y Jan Martínez. En 2010, Zoé Jiménez Corretjer publica su *Lógicas del extravío: Anatomía existencial en la poesía de José María Lima*, trabajo que debe sumarse a esta peculiar paradoja, que entre el inventario de temas y el elogio adjetival, todavía no parece rebasar el reto conceptual y político que supone pensar la obra de Lima como un nudo de problemas que expone la condición política de una escritura materialista (y su recepción) en Puerto Rico.

ya que nuestra conversación revoltosa recalaba, con regularidad, en los modos de la invisibilidad de la literatura puertorriqueña dentro y fuera de la isla.

El segundo rostro que, cual intuición, hechizara mi lectura conjunta de Lima y Lezama, lo levantaba mi empeño en colocarlos junto a otros poemas producidos en América Latina durante los años sesenta y setenta del pasado siglo. Esta lectura de poesía producida en dichas décadas la acicatea una experiencia teórica donde lo político y lo literario escapa de los modos dominantes de pensar ambas experiencias. La complejidad de esta constelación también hubiera requerido su espacio, sus palabras, por lo que preferí dedicarlas al "efecto" Lima como condición que posibilitaría una lectura o des-lectura de algunos de sus poemas.

En otra dirección podría investigarse en qué momentos ha surgido entre las galerías de archivo crítico latinoamericano estos "por pocos" para calificar textos y circunstancias literarias puertorriqueños. Esta situación posee también un registro en la isla. De alguna manera la "Notisia Editorial" de Joserramón Melendes, que abre *La sílaba en la piel*, representaba, a su modo, las posposiciones de la crítica académica ante las poéticas puertorriqueñas:

> La esperansa de que un amigo dogtorándose agtualmente en literatura elijiera la obra de José María Lima como tema de tesis, abía atrasado el intento de recopilar este material fundamental para nuestra istoria literaria más resiente. Por rasones académicas (de la academia, del amigo o de ambos) se cayó en la consabida repetisión de lo trabajado, el culto a las fichas, estudiar lo estudiado; seguro importante siempre, pero qe proibió en este caso la posibilidá de aportar un estudio original. Aora nos paresió que la legtura del público i la crítica son desisibos para las conclusiones de un estudio personal que pensamos orijinalmente incluir como prólogo a esta obra. Con la posibilidad así abierta a otros prólogos posibles, nos parese además tiránica su inclusión; por lo que dejamos esta escueta ficha material en su lugar. (*LSP* viii)

La incomodidad, la dificultad o la escasez de reflexión sostenida es inversamente proporcional a lo que ya entonces y todavía se proclama sobre la irrefutable importancia de Lima y su condición de "secreto mejor guardado de la poesía en la lengua española" (Luna, contratapa *PDM*). ¿Hasta qué punto la condición secreta o desconocida de una literatura puede ser remediada con el elogio o la re-edición de sus textos? Esta incomodidad (siempre con notabilísimas excepciones) de la crítica para pensar la producción literaria puertorriqueña, fuera de los consabidos protocolos identitarios, narcisistas, condescendientes o simplemente abocados a la proclama de la penuria colonial puertorriqueña encuentra en el "caso" Lima otra estación para sortear algunas de sus imposibilidades. Anótese como melendes (en 1982) hacia pausa, nos evitaba su estudio, en espera de las lecturas de la crítica y del público en general.

Asediar la particularidad de la dificultad-Lima o la escasez de trabajos críticos sobre su obra, es la posibilidad de reflexionar sobre esta no-lectura sistemática de poetas y textos importantes de la literatura puertorriqueña. Pero interesa repensar esta condición no como falla moral o intelectual de la crítica sino como una manifestación de sus hábitos históricos y de su postración hermenéutica. Ante aquellos textos que rebasan el perímetro de sus rituales de propagación o de sus poéticas administrables, ¿qué ha desatado el texto-Lima cuando sus lectores o "anotadores" difícilmente escapan del registro de influencias, del elogio o raudos instrumentalizan —por la vía de la ideología— lo que supuestamente dicen sus textos? Contestar esta pregunta es, por igual, una manera de observar de cerca el salón de genuflexiones de la crítica puertorriqueña, como asimismo pensar el tejido contemporáneo y la potencialidad de la cultura crítica en la isla.

La dificultad-Lima es emblemática de una condición compartida por más de una escritura literaria caribeña: su anhelada opacidad sensorial, su oscuridad múltiple (lúdica y metafórica) y la coyuntura que exhibe esta oscuridad para pivotear una reflexión sobre lo contemporáneo.³ "Pez, dame todas tus direcciones y déjame besar las algas un instante cuando todo sea sombra alrededor de tus mágicas escamas y tu cuerpo ópalo viscoso" (*LSP* 213). En específico, hay demasiadas páginas en la obra de Lima donde alguna promesa teleológica de futuro auroral carece de existencia, de repertorio. Junto a su recurrente convicción lúdica y conceptual, en la obra de Lima hay una insistente meditación sobre la aparente "sencillez" de las cosas como antesala sensorial ante un posible "orden" del tiempo, o alguna comprensión de la materialidad histórica del presente.

> Convengamos en que "mañana" no existe. Sólo existe "hoy" y un poco (sin exagerar de "ayer"). No nos mueve el egoísmo personal de aceptar este supuesto. Sencillamente así resultan más sencillas las cosas y, como hemos dicho, somos sencillistas.
> Resumiendo:
> "Hoy" se escribe con mayúscula.
> "Mañana" no se escribe.
> "Ayer" unas veces se escribe y otras no, dependiendo de las condiciones del tiempo y tomando en consideración las disposiciones contenidas en cierto horóscopo que nos ha sido confeccionado conforme a un poco nuestra voluntad y toda la voluntad de los dioses y sus intermediarios. ("Los héroes" *LSP* 47)

---

³ En su conferencia-contestación a "¿Qué es lo contemporáneo?", Giorgio Agamben, echa mano de la neurofisiología para precisar (ya que no es su deseo "aclarar") el sentido de "oscuridad" que su pensamiento trabaja: "Qué nos pasa cuando nos encontramos en un ambiente en el que no hay luz, o cuando cerramos los ojos? ¿Qué es la oscuridad que vemos en ese momento? Los neurofisiólogos nos dicen que la ausencia de luz desinhibe una serie de células periféricas de la retina, llamadas justamente *off-cells*, que entran en actividad y producen esa particular especie de visión que llamamos oscuridad. Por lo tanto, la oscuridad no es un concepto exclusivo, la simple ausencia de luz, algo como una no-visión, sino el resultado de la actividad de las *off-cells*, un producto de nuestra retina. Esto significa, si regresamos ahora a nuestra tesis sobre la oscuridad de la contemporaneidad, que percibir esta oscuridad no es una forma de inercia o de pasividad, sino implica una actividad y una habilidad particular, que, en nuestro caso, corresponden a neutralizar las luces que provienen de la época para descubrir sus tinieblas, su oscuridad especial, que, sin embargo, no se puede separar de esas luces" G. Agamben, "¿Qué es lo contemporáneo?" Este texto fue leído en el curso de Filosofía Teorética que se llevó a cabo en la Facultad de Artes y Diseño de Venecia entre 2006 y 2007. Hay traducción al inglés, G. Agamben, *What is an Apparatus?*

El asedio y parodia del "sencillismo" en Lima no es una respuesta que reproduce la simpleza ética o política, mucho menos realista, del orden social puertorriqueño. Esta actividad poética de juego y contaminación con dicho orden (el humor en Lima, como todo humor, por ejemplo, es inaudible sin su participación en alguna tonalidad comunitaria) opera en sus textos para hacer sensible lo que podría denominarse la otra comunidad de resonancias que inscribe y demanda la crítica política del sujeto poético de Lima. En la obra de Lima las imágenes de lo común son siempre parte de una heterogeneidad, de algún haber común que también incluye, en el orden de sus imágenes, a sus enemigos. Este imaginario comunitario, los actos de habla e inclusive los juegos verbales que pululan en su obra son momentos dedicados a figurar su propia escritura poética y pueden ser productivos en una meditación sobre la relación constitutiva del sujeto poético con la muerte.

> Yo recojo mis vidrios
> los junto,
> se me enredan,
> forman una pelota
> de color tan distinto
> del previsto
> que me asusto
> y me parece haber visto
> a la flaca
> hacerme guiños. ("8" *PDM* 39)

Esta posible "comunicación" con la forma o las "apariciones" de la muerte es parte de una epistemología política en Lima, un modo de poner sobre la mesa la potencialidad de un saber para la vida que comenzaría con una reposición del sensorio del lector:

> Si supiéramos el traje de la muerte,
> cuántas horquillas lleva,
> en qué taller afila su guadaña,
> trocaríamos ojo por piel.

> Al oído daríamos vacaciones.
> Las falanges cansadas de sujetar
> tanto tallo de flor amortiguada,
> volverían como pez al agua. ("18" *PDM* 69)

El sujeto poético en Lima trabaja sostenidamente la significación medular de la muerte en cualquier imaginario para lo común y de lo que nos es común. Los modos de presentar la muerte en Lima siempre se graban como una condición *sin después*, sin *telos* metafísico. Percibir la muerte no se logra a través de algún esfuerzo físico que maximice algún sentido, (la vista, el olfato, el tacto), sino un cambio de lugar de los mismos para poder *localizar* su superficie, y sobre todo el taller donde ha manufacturado su textura y su quehacer material. Esta obstinada no-trascendencia espiritual en Lima es de una coherencia extraordinaria. En otras palabras, lo trascendente (del latín *trascendere*, rebasar o saltarse un obstáculo) en Lima no es una experiencia moral o espiritual entendida como superación de los límites que pone la experiencia sensible, en tanto realidad tangible, a través de la elevación o sublimación de otro orden de experiencias. La trascendencia poética de Lima insiste en subrayar la materialidad y el esfuerzo somático que comporta cualquier rebasar los obstáculos, sobrepasar las vallas perceptivas del cuerpo. En Lima se trasciende los límites de comprensión habituales padecidos por el cuerpo para reencontrárselo de otro modo. La diferencia materialista en Lima estriba en que ese más allá que existiría tras el *salto* perceptivo no figura como una realidad religiosa, metafísica, una abstracción espiritual sino que diseña otros modos y figuras de lo corporal. Este sobresalto sensorial altera y desfigura la naturaleza del cuerpo y su *hábitat*. Este traslado de órdenes perceptivos no sólo reconfigura la "funcionalidad" del cuerpo, sino que permitiría recordar las formas perdidas del cuerpo y activar sus capacidades políticas en el presente:

> Estamos detenidos en la muerte;
> conjunción de deshielos.
> Hay un mensaje
> escrito en la ceniza.
> El músculo, la sangre, detenidos
> fabrican un adiós
> de manecilla inmóvil
> cada vez más pequeña.
> Una casa de aire levantado
> atesora los huecos
> en que un día se alzaron los rumores.
> Se atisba que hubo túneles
> desde el ojo
> hasta la blanda médula
> que construyera el tiempo;
> también esos espacios curvos
> que a su hora
> albergaron los ojos y las lágrimas. (PDM 68)

El poema se monta como un reto perceptivo; en él Lima depone, además un contrasentido, una lógica oximorónica que firma la materialidad poética de su obra como la revelación profana de una carne des-espiritualizada. En tanto detención, si se detiene, la vida fluye a partir de la solidez perdida de la muerte. La facultad sensorial en Lima es una facultad política en tanto permite hallar el soporte material de las cosas y el sentido que yace en nuestra complexión somática. Esta naturaleza casi siempre se ha retirado del orden de sensibilidades de la realidad. La vida es muerte derretida que se aloja en una estructura corporal. El cuerpo tiene, además, la capacidad de recordarse desde una perspectiva que podría percibir las inscripciones de un pasado entre sus formas anatómicas. La muerte es un elemento en movimiento, agua que logra detenerse en la figura. La metáfora en Lima no traba con las cosas una relación ontológica, la suya es una trabazón espacial, material. Este trabajo de la metáfora en Lima reta cualquier *sensorium* reglamentado que desee percibir la otredad e inmediatez de la muerte que lo habita. En Lima, la muerte no es el negativo orgánico de la vida. Así en este poema, la muerte o la vida es convergencia de hielos en vías de derretirse; se han tornado indistintas en el deshielo. La des-cristalización, el derretirse, la permutabilidad le da forma a la vida como consecuencia de la materialización primera, del endurecimiento inapelable que efectuara "antes" la muerte. Este punto de partida, esta solidez opaca, anterior de la muerte es lo que declina las pretensiones trascendentales de la metáfora en Lima. No se trata de una relación de opuestos o de causalidades simples sino de estructuras compartidas.

La escritura, la fabricación, la *hermeneusis* es posible; comenzaría con los despojos y durante los momentos de "inactividad" verosímiles del cuerpo. Las cavidades, entonces, las oquedades recuerdan una arquitectura negativa, una red de pasadizos que metaforizara el cuerpo. Esa "casa de aire levantado" es la arquitectura invisible que anhela volver sensible el sujeto poético de Lima. En este sentido, su emblemático poema en homenaje a los héroes y mártires del nacionalismo albizuista, Elías Beauchamp e Hiram Rosado, figura la muerte de "los míos" no como la transformación anímica de los preclaros, sino como la separación de sus cuerpos de los objetos y hábitos que conformaban el sentido de su cotidianidad. Los mártires reciben una segunda muerte precisamente porque ya no se encuentran entre sus objetos y seres queridos. Sin aspiraciones redentoras, rebuscamientos o espiritualizaciones, el homenaje a Beauchamp y Rosado es la inscripción poética de la muerte como el procedimiento de una "normalidad" sorda que desocupa, en este caso, la posesión y la dignidad de la tristeza:

> He visto a los míos deshabitar espejos
> plegados a paredes que ya nadie frecuenta
> desplomándose, duros, encima de su sombra
> y morir, rodar.
> [...]

> He visto a los míos siempre en el extremo angosto
> tiñendo filos
> enfriando plomos
> albergando cuchillos extraviados
> pasto de deliberados "accidentes"
> de "fortuitas" maquinaciones
> siempre
> > del lado equivocado de la sorpresa
> > del doloroso lado del misterio
> > del repugnante lado de la duda
> > (pues son como monedas estas cosas)
> nunca dueños de su dolor
> siempre ajenos a su pena
> > extraños a su angustia
> > (pues ignoran, los míos, su tesoro). (*LSP* 41)

El asesinato colonial, sus des-habitaciones, además de su horror ético y jurídico, comportan para Lima una redundancia del poder agujereada por la nada, una doble escritura de la inescapable muerte. En tanto *desplome sobre la sombra* la comunidad que reclama como suya la voz poética, ("los míos") cae fulminada al quedar sus cuerpos fuera del registro de lo perceptible. Un cuerpo que se desploma sobre su propia sombra, la colma y la imposibilita en tanto deja de ser mancha en la luz, bulto que ya no se opone a la luz literal de sus días. Los héroes de Lima, la comunidad de sus muertos, no mueren meramente porque el espíritu los abandona, o porque el aliento de vida los deja. Mueren porque repiten, cual subrayado, el vaciado espacial de los objetos, la inercia que genera un espacio desocupado de formas, afectos o contornos. Un objeto –una bala, un espejo, un cuchillo– nunca está vivo, es la forma misma de lo inerte ante ese bulto viviente que lo sujeta. La muerte terrible de estos héroes reduplica la desposesión material del espacio y los afectos comunes que un orden político dictaminara como sentencia fatal.

Justo en ese espacio destituido de sentidos, el poema de Lima levanta su sensorio político en intensa relación con la negatividad mortal. Este espacio que el poema inscribe es la emanación poética una creencia política, pero dicho acto de dar por cierto algo no lo recoge un programa de liberación, sino la posibilidad sensible de una sensorialidad emancipatoria donde un cuerpo aderece y reúna sus afectos. Es la forma misma de una ilusión sensorial, una pasión habitando un constante presente y orientada hacia una otredad irrecusable:

> Pero tengo además, siempre he tenido,
> siempre tendré otros ojos
> y un oído atento a otro redoble
> y puedo ver
> junto a la muerte de la vida ya descrita
> la vida de la muerte
>   en la preñada pena que sostengo
>   en el odio con luces que me asiste
>   en la ilusión terrible que me anima. (*LSP* 41-42)

El poema en Lima *comienza* donde terminan las *descripciones* del sentido común y la comunalidad de los consensos coloniales. El gesto de Lima, su apuesta poemática, por excelencia ante la muerte es, diría Lezama, habilitar el *potens* de su *hipertelia* para facilitar allí una conversación con los muertos. Es en este espacio donde "los caídos conversan/ desde el final de la tumba" ("*A Elías Beauchamp e Hiram Rosado*" *LSP* 40); es allí donde, además, el cuerpo poético de Lima ejercita sus haberes y capacidades para percibir la supervivencia material básica de aquellos sin-parte en el orden de las visibilidades coloniales:

> atento,
> su enamorada sangre encuentro
> en la feliz mirada
> de los vivos;
> en el músculo tenso
> del que dice su sed
> a boca llena
> y reclama

> el agua que le fue robada,
> en el odio con luces
> del hambriento
> inderrotado, (*LSP* 40)

La mimesis colonial, la representación imperial es aquella que liquida la posibilidad de lo heterogéneo, la libertad en delirio de lo silenciado y tachado por sus administraciones y colaboradores. La peor muerte en "ese mosaico abierto y ordenado/ que me tendieron" (*LSP* 40) sería la conversión del incalculable de la comunidad (la propiedad, uso y disfrute de sus experiencias afectivas, corporales) en una moneda más. La peor muerte, la perfecta, es la que aliena los objetos en monedas para un eterno intercambio desigual. La condición colonial que pone al descubierto la mirada política-poética de Lima es una máquina para la fundición y el vaciamiento de aquellas experiencias soberanas que le dan forma a la materia en común: el sustento, el derroche, el afecto, el abrazo de las otras verdades que sólo el cuerpo puede exhibir. Esta moneda y su cuño, además, refrendan la repetición de la nada cotidiana, esa normalidad que insiste en organizar los días de la colonia a través de una festiva procesión de inequidades en serie. Esta temporalidad mortífera que desdibuja y reproduce la fiesta colonial es el mañana, el futuro cuya existencia la voz poética niega aquí y allá. Más aún el "mañana" que cree posible el sujeto poético de Lima es contiguo al sentido del tiempo presente poético cuando el "hoy-o abierto avanza", "desde la tumba de mi tumba" ("24" *PDM* 86). Este "mañana" anunciaría malas nuevas para las figuraciones del mal que dominan la escena política del tiempo histórico:

> perseguidor-ayer orondo
> carraspea
> persecución-mañana,
> pero mañana es fruto
> de distantes ladridos
> de ayer-hermano-madre

>   hoy-o inmenso
>   verdeado,
>   montaña con dos caras
>   y el dujo del altísimo*. ("24" *PDM* 88-89)⁴

Rodeado del verdor isleño, el regreso de este tiempo perforado por la muerte lo recama el cemí indígena y el asiento misterioso de los taínos, objetos ¿ceremoniales? de un mundo irremediablemente perdido.

En efecto, la comunidad (incluida la literaria) desaparece, en los textos de Lima una vez la palabra no se ocupa de los "detalles" políticos de su "hoy" material. La comunidad deja de ser en la poesía de Lima si ésta desatiende el llamado que proviene de su cuerpo. De la misma forma, el sentido del "canto" ante la comunidad no es promesa de sentido, no es visión de futuro, sino agitación por el arribo perceptivo del juego tropológico que demanda y sostiene invisible el "hoy", recuerdo de un ayer fuera de la cronología, de una palabra que se recoge en el presente básico del cuerpo, en el sinsentido que enjambra lo vivo y el presente niega con sus convenios de comprensibilidad:

> canto aunque me lo pregunte mil veces, sorprendido o sereno y diga: "si no es nada", "nada hay", "nada fue" o "llego sin saberlo y entonces es igual no cantar". porque el destino es otro –si comprenden–, empieza por la piel y los dedos y el diente, mientras ríe la célula temblando y la neurona impaciente que nunca dice "basta" y no puede decirlo aunque quisiera, pues es sino de abejas el que empuja.
> [...]
> ... canto, porque cantar –si me permiten un poco de memoria– es el recuerdo obstinado que llama de lejos y no admite disculpas, explicaciones, dudas, balbuceos; como tampoco promete, ni regala, ni ofrece llanuras más mullidas o lagos de miel o tierras de promisión. (*LSP* 215)

---

[4] Al pie del poema se lee: *"La palabra altísimo puede dar lugar a equivocaciones. El autor es ateo, pero también radical en el sentido martiano"* (*PDM* 89). Nota del editor: La nota es de JRM; el poema se publica originalmente en *LSP*.

Por una comunidad material donde escuchar a José María Lima

La condición de cualquier literatura es indistinguible e impensable, sin esa comunidad que constituye un presente a través o alrededor de sus textos. Una literatura existe sólo a partir de los intercambios que genere: éticos, políticos, estéticos, filosóficos. ¿Dónde se avista esta comunidad? ¿Cuál es la verdad de su aparecer en la historia? ¿Por qué se reúne alrededor de esta o aquella obra? Una comunidad verdadera (verdadera por la insistencia material que se inscribe en sus ficciones, voces y creencias) se aglomera allí donde se ha decidido pensar de otro modo, gozar de otro modo, exponerse a la abertura insondable de lo que aún no se entiende del todo. También podría ser que se presenta ante esos textos que, de algún manera, ofrecen signos, ante los cuales imagina asomos de sentido en torno a la singularidad de su existencia en la historia. Se trata, en el mejor de los casos, de una comunidad abocada a reconsiderar sin cortapisas la compleja multiplicidad y límites del pensamiento. La singularidad de esta comunidad, por el momento, literaria radicaría en su negativa a reconfigurar alguna jerarquía moral, subjetiva o espacial que de cuenta del descampado o el desierto significante donde se ensamblan sus escrituras.

En los días que corren, mientras esto se escribe, la ansiedad puertorriqueña por hacerse visible en la pasarela de las coreadas instancias institucionales (siempre hay anomalías) encuentra en los *templates* del homenaje, la escolarización o la simplificación, modos de cifrar ideológicamente la eternidad de lo predecible. Por lo tanto, la emergencia de una escritura que ocurra más allá o más acá de lo esperado por esta escena quizás presagie su propio desalojo como posible experiencia de lectura en la comunidad. De igual manera, el poderoso pacto realista, las retóricas morales de la autenticidad que el discurso crítico y escolar dominante le ha adosado al *ethos* literario puertorriqueño hace de la heterogénea condición metafórica puertorriqueña un punto ciego, un mero asunto de estilo, una mera figura útil para comparar realidades e identidades. Una literatura que devenga experiencia de salida, del exponer(se) subjetivo ante una sociabilidad dañada por su in-transitividad discursiva también escribiría el testimonio del abandono y la desertización del espacio familiar que firma la contemporaneidad colonial. Preguntar por la verdadera condición de esta sociabilidad, escucharla, es inseparable de una mirada sobre sí. Lima recoge en su libro póstumo *Poemas de la muerte* una serie de poemas que denomino "cámaras de escucha" pues su escritura es la conformación de un espacio donde el sujeto anota lo que ha escuchado en su contemporaneidad. El largo poema "9", igual que el "8" y el "10" trabajan con lo escuchado como con la experiencia misma de la escucha, la lectura de los otros materiales que forman ese espacio in-mediato que es el cuerpo.

> A este lado del inexacto lado
> yo con mis cosas:
> mi paraguas,
> mi pañuelo,
> mi cristal azogado,
> mis otros accesorios: el bicho, las costillas y las trompas de Eustaquio.
> Dejo que allá se entiendan los demás,
> Que maúllen.
> [...]
> Vuelvo a decir
> que archivo medios días
> frases incoherentes
> versos sin el debido comienzo
> ni final,
> vírgenes silenciosas
> y licenciosas
> que saben, sin hacerlo
> que sin hacerlo lo hacen. ("8" *PDM* 38)

Con el sensorio dispuesto en la intemperie, el sujeto poético de Lima aunque se acompañe de muertos, héroes o paseantes suprimidos por el orden colonial puertorriqueño; aunque este sujeto se reconozca en esos "camaradas del sueño", "que ganan sin ganar/ y aun perdiendo" (*LSP* 77) dicho sujeto es un sujeto perceptivo en continua soledad, desencontrado con la temporalidad convencional. Los demás son en Lima más una condición temporal desencontrada que una singularidad personal con la cual se comunica. El desencuentro se origina allí donde los demás "desconocen" la realidad de su pobreza, la intemperie de su carencia en todos los órdenes donde, para colmo, insisten en buscárselas:

> Quiso Pascual un día
> regalarle a Tomasa
> un jueves
> con su escritura en orden;
> y, en la tarde, una esquina
> de avenida mayor,
> en donde, con frecuencia,
> los decanos se hincan
> para orientarse
> porque hace mucho frío
> y no saben leer.
> También va el presidente
> en su mercedes blanco
> de tres puertas,
> y un empresario
> que opera por su cuenta,
> solito
> y que hace muchas cosas sin ayuda.
> [...]
>
> "Aquello no es un chavo,
> negrita.
> Ya lo miré de cerca,
> es de cartón,
> no sirve ni pa'jugar
> rayita,
> pero a lo mejor, hoy llegue
> la mujer del Salbeichon

> con emparedadas
> o silverio
> con un consejo útil.
> Vamos hasta la mueblería,
> me gusta
> como se sienta Carmen Jovet
> y las cosas que dice.
> Allí están los muchachos
> que salieron con vida
> de aquel martes oscuro". ("9", *PDM* 47-48)

En ese desencuentro sensorial se revuelcan las pasiones políticas, las pasiones poéticas Lima. Por lo tanto, la soledad del hablante poético habilita mejor los momentos cuando la voz pueda calibrar la naturaleza de sus cosas, el mapa oculto del cuerpo y "ajustar" luego cuentas con su presente. La historia con mayúsculas no ha preparado una caja de resonancia que permita la comunicación. Cuando el presente del poema es dispuesto por el sujeto, la soledad de la amada (compañía imposible) deviene, presto, combustible para la venganza y rastreo de otro tiempo por venir:

> los ojos de mi amada me miran desde su soledad y los siglos no me dan una escala para llegar hasta su cuerpo. siglos inútiles, de pueriles lucubraciones. sintética emoción de siglos. secular traición.
>
> por senderos ocultos deben andar mis alegrías.
>
> siglos, indicadme los senderos del corazón antes que reviente de furia y escupa.
> [...]
> cuando no tenga horas el reloj y las estadísticas viscosas y malolientes se pudran de inutilidad yo encontraré a mi amada y, os juro siglos, que mi venganza será terrible y mi saliva caerá como fuego sobre vuestros engañosos, históricos semblantes. (*LSP* 213-14)

Preguntar, entonces, por la singularidad histórica de una comunidad que logre relacionarse, de algún modo, con este discurso poético, implica interrogar también por los circuitos que escogen esas estéticas invisibles que se saben en la periferia de las "utilidades" históricas puertorriqueñas. Preguntar por el desquicie perceptivo de esta poética, en específico, es habilitar el terreno de desacuerdos, polémicas y tensiones que conforman un diálogo democrático, una subjetivación política plural en la isla.[5] Lima, por su parte, registra, entre algunos de sus poemas, lo que se ha ausentado del orden de naturalidades sensibles puertorriqueñas, como un espacio donde liberar su deseo por otro poema, por otra lógica de sentido que desborde las ceremonias coloniales. El humor y el insulto son parte de esta poética-política para el trastorno de las regimentaciones puertorriqueñas; una manera de exhibir la espesura política del dolor que ha sido ocultado por la poquedad espiritual del presente:

> A veces, con frecuencia,
> Me cago en dios
> y sigo construyendo.
> Es un ardid que sirve
> porque, vean:
> la garganta reseca,
> un picor en las bolas,
> un extraño zumbido en los oídos,
> mis banderas flotando a media asta;
> ¿qué otra cosa podía hacer?
> ¿Consultar las epístolas de Pablo?

---

[5] La cualidad de lo estético es una condición de posibilidades para lo político en tanto lo político, al decir de Jacques Rancière, es inseparable de la aparición de una polémica que descoloque los repartos sensibles -las partes- que constituyen y le dan cuerpo, le otorgan un orden sensorial, una perceptiva a una comunidad dada (*Disagreement* 57-59). La política comienza cuando pone en evidencia su paradoja constitutiva: la exposición de los que no tienen parte (tanto como poseedores de su voz, como parte en la discusión política), la exposición esa parte *dañada, agraviada*, la puesta en perspectiva de los que no han sido vistos o contados con propiedad hasta ese momento en la distribución de justicias y libertades. Esta exposición en lo sensible no debe aspirar a domesticar la opacidad inconmensurable de "esa parte de los que no tienen parte", de esos que no han llegado a percibirse siquiera. Por el contrario, se trata de movilizar sujetos y objetos más allá de sus naturalizaciones y de su estabilización como identidades reconocibles y administrables. Lo que hasta ese momento estaba ausente de un régimen de sensibilidad dado no puede cristalizar un modo único, absoluto de lo político, sino más bien transformar ese "orden natural de repartos y funciones" en instancias comunicantes donde experimentar una disputa (*Disagreement* 35-37). Ver también su *Le partage du sensible*.

> Gracias, pero hace falta
> una vía más corta,
> fórmulas más sencillas.
> Por ejemplo:
> "ser o no ser",
> "cojones",
> "la puta de tu madre,
> so cabrón";
> algo venido al caso,
> necesario.
> Al carajo con Pablo
> y sus consejos.
> El cadáver de un joven
> en la acera.
> "siete impactos de bala",
> dice el parte,
> me sugiere un poema –
> éste que escribo.
> Vuelvo a cagarme en dios
> y sufro menos. ("8" *PDM* 40-41)

En ocasiones entre los textos de Lima, el espacio de lo cotidiano es una *natura* amenazante, atroz, donde se agitan celajes, animales y signos para activar la mejor de las paranoias. Lo que no se ha dicho o hecho sensible entre las lógicas de los días, su invisibilidad, su insensibilidad es resultado de los desarrollos de esta temible naturaleza. En ella Lima percibe una ordenación de lo real a manos del capital y del Estado. En efecto, el espacio que el poema busca no desea fugarse de este espacio natural, ni fabular uno idílico, modélico, sino abrir en él una zona para esta percepción delirante, desquiciada precisamente porque ha *sentido* el dominio de ese otro Orden. Esta búsqueda, en Lima, moviliza un deseo perceptivo a través de un doble movimiento con el cual la voz, primero, deviene el cuerpo del poema y con este devenir somático parecería cancelar, a través "re-encuentros" ya sea con la amada o con su cuerpo mismo, el sin-sentido de la normatividad cotidiana. En "Los héroes" se lee:

> Siempre es más importante un hola bien dicho, porque hay gusanos atentos detrás de cada oreja. Los canarios se visten de gala y un inocente terror con cola de oro se pasea por las calles más humildes sin mirar hacia atrás. Es que llegó la moneda, llegó el embajador y llegó un pedazo de tiempo futuro (más una gota) envuelto, a manera de crisálida en sucia risa de marineros ebrios, para gloria de dueños, satisfacción de mercaderes y desgracia de tontos.
> Ni siquiera suspiran las hormigas. (*LSP* 45-46)

Un paulatino cambio de sentido del cuerpo se sacude en la poesía de Lima como un modo de manifestar un desacuerdo con la experiencia moderna que ha definido el "cuerpo social" en Puerto Rico. Me refiero a la modelización del cuerpo social, económico y de sus atributos, espiritualizados o convertidos en valor didáctico por un régimen de sensibilidades coloniales gobernado por una terapéutica social, al parecer, incapaz de imaginar otro horizonte de salidas o respuestas. La colonialidad puertorriqueña que reproduce este cuerpo, tanto en la brega cotidiana (instituciones y laboreo diario básicos), como en la espectacularización de su mentira económica, se sostiene a través de una extensa red de actos de mismidad, negación y chatura que garantizan la imposibilidad de percibir otra realidad diferente más allá de las invariables manías de identidad con las que goza el orden discursivo puertorriqueño. En el correr de los días, Lima se topa los usos y efectos políticos de la sencillez; la programación higiénica, la administración de la no-complejidad como dogma social que elimine cualquier vestigio de negatividad:

> [...] Más suelo. Proscribamos las alas. Adoremos el plano (horizontal por supuesto). ¡Tan sencillo, tan claro, tan limpio!
> Sencillez, esa es la palabra. Pero sencillez heroica y heroicidad sencilla. Sin heridas, sin sangre, sin angustia. Con muchas medallas y más monedas.
> Conjuguemos:
> Yo soy héroe
> Tú eres héroe
> Él no es héroe

> Nosotros somos héroes (O
> estamos en camino de serlo)
> Vosotros sois héroes
> Ellos no son héroes
> Porque él y ellos no existen. Solamente existimos, heroicos por supuesto, o próximos a serlo, yo, tú, nosotros y vosotros.
> Pero ¡mirad! ¡No hay tumbas, ni lágrimas! Somos todos socios en la dulzura general, por fortuna hecha historia en un tipo de imprenta uniforme y sin mayúsculas. (*"Los héroes" LSP* 46)

El materialismo poético de José María Lima

¿Cómo leer críticamente y con suerte polemizar, en la cultura puertorriqueña, sin caer en el dogma de las espiritualizaciones (incluidas las del mercado) o en la que parece obligada garata, perdurable alharaca moral que acaba con los diálogos puertorriqueños? La crítica literaria y cultural puertorriqueña, por su parte, ya ha exhibido la historia y ramificaciones del poderío de la metáfora familiar, de la gran familia y de la familiaridad (en el doble sentido del término) puertorriqueñas como preceptiva política y comunitaria.[6] Sin embargo, apenas ha movido un dedo para cuestionar el tinglado de buenas costumbres, genuflexiones y bregas retóricas que han cristalizado los modos de dirigirse al otro, de dirigirse hacia lo otro y de polemizar con las otras posiciones. Si nos desplazamos veloces a través de la esfera pública puertorriqueña que ha alojado algunas de sus proposiciones críticas en los últimos treinta años es posible rastrear la aparición de categorías como creador, literatura, homonormatividad, maricón, negro, diaspórico, queer, caribeño, colonial, poder, imperialismo, racismo, profesionalización, intelectual, privatización, cultura, calidad, provincianismo, homosexual, fantasma, izquierda, lacaniano o síntoma. Al leerlos, en demasiadas ocasiones, no se sabe a ciencia cierta qué significa esto, ni cómo lo han definido

---

[6] Véase Flores, *Insularismo e ideología burguesa en Antonio Pedreira;* Gelpí, *Literatura y paternalismo en Puerto Rico;* Ríos Ávila, *La raza cómica.*

y, peor aún, parecería que quienes lo vocean participan, con la sola enunciación del término, de una suerte de ritual que nos hará olvidar que han sido colaboradores a sueldo de la mediocracia institucional puertorriqueña. Repiten estas y otras palabras cual mantra utópico que borrará su subordinación al mercado o a las institucionalidades y discursos que no sólo han abaratado la experiencia social en la isla, sino que además les ha permitido enriquecerse (real o simbólicamente) con (y en medio) de la postración discursiva de la isla.[7]

Materialistas de la boca o de la foto para afuera, espiritualizan todo lo que tocan, rociando con la caca de una repetición vacía de nada-conceptuales, mal digeridas y mal citadas, la terapéutica moral que supuestamente constituiría (y desea) desde siempre nuestro *ethos* comunitario. En Puerto Rico, el sujeto puede flagelarse de un modo *chic* o de modo patético, lo importante es que lo vean los demás. Los genuflexos se acomodan también teatralizando su mortificación por la heroica o humilde carne nacional. Nadie se extrañe si se los escucha o se los lee (hasta en Facebook) ensalzando votos de pobreza, invitaciones al sacrificio o a echarle ganas al país. De igual modo ensayan múltiples *yo acuso*, se amarran a postes y vociferan abnegaciones. En entrevistas y artículos muestran su sensibilidad atormentada ante la debacle de la "calidad de vida" insular pero guisan, comen aquí y allá, colaboran con los que antes despreciaban, cosa de aplacar la ansiedad del amo que los sigue regentando con un rumor interno: *queremos hacer algo con lo que somos, estamos bregando con y por el país.* La labor creativa de estos "trabajadores de la cultura" se extiende a través de las agencias de publicidad, el periodismo, programas de radio, televisión, videos, peliculitas, plazas, revistas académicas e instancias estatales. Esta producción rara vez abandona el

---

[7] En el orden discursivo colonial puertorriqueño, el final del siglo XX y el comienzo del XXI se caracteriza por un re-acomodar consensual del neo-nacionalismo y la glorificación de un nuevo conservadurismo que ha suscitado lectores críticos en Carlos Pabón, *Nación Postmortem*, Arturo Torrecilla, *La ansiedad de ser puertorriqueño* y Juan Duchesne Winter, *Ciudadano insano y otros ensayos bestiales sobre cultura y literatura* y *Fugas incomunistas.*

color local, la retórica moral, el tranco operático o el exotismo etnográfico. La mediocridad en el tejido social se sostiene así gracias a las "ejecutorias" de cínicos vulgares conscientes de los manjares que se perdieron, no hace mucho tiempo atrás, por practicar un ascetismo sin congregación, *practicing a religion without a roof* dice un verso del *Puerto Rican Obituary*, el extraordinario poema del puertorriqueño Pedro Pietri. La obligatoriedad de la poética y política del elogio, la ideología que sostiene esa didáctica que supuestamente arrastra toda producción cultural, es el decorado que naturalizó la mutación de una cultura crítica en protocolo promocional. Es la exhibición obscena de la condición del capital hoy y de nuestra rimbombante minoridad colonial.

Dicho esto, detrás de la escasez de bibliografía crítica ante la obra de Lima se agita también la dificultad política de paladear el soporte poético de una proposición materialista puertorriqueña. Una promesa materialista que no se despliega a través de poéticas realistas o de consignas refritas es cosa rara e insensible en ese mundo que siempre lo hace mejor. Es fascinante y más que revelador que la obra de Lima haya sido escrita, editada y olvidada durante las mismas décadas del siglo veinte que en Puerto Rico presenciaron la lectura y discusión (canónica), sin excluir tropiezos y conflictos, de las obras de autores como René Marqués, José Luis González, Emilio Díaz Valcárcel, Pedro Juan Soto, Edgardo Rodríguez Juliá, las obras puntuales de las narradoras de las décadas de los años setenta, Ana Lydia Vega, Magali García Ramis, Carmen Lugo Filippi, Rosario Ferré y sobre todo la refundición singular del *ethos* palesiano en zonas de la obra pivote de Luis Rafael Sánchez. Sobre todo cuando más de uno de estos autores o textos pasearon declaraciones de claro corte político y hasta marxista dentro y fuera de sus performances literarias. Este es el trasfondo que rubrica la contemporaneidad urgente de la poética de José María Lima. Su modo de hacer sensible un sentido de lo contemporáneo es asimismo parte de su abandono hermenéutico en tanto estamos frente a una escritura cuya opacidad parece no distinguirla entre las demás pero su "ausencia" facilita, de algún modo, el brillo de lo acostumbrado.

La persecución y silenciamiento que padeciera el poeta durante los años sesenta y setenta han sido establecidos en varios intercambios y entrevistas del autor con sus lectores.[8] Nunca habría que subestimar la eficacia sigilosa del ninguneo colonial puertorriqueño y sus repercusiones de larga duración. No obstante, no se trata de insinuar que la escasez de lecturas críticas de su obra sea consecuencia directa o diferida de los protocolos represivos del Estado Libre Asociado de Puerto Rico. De igual manera, la declarada convicción marxista del poeta o las múltiples dedicatorias y homenajes a los héroes del nacionalismo albizuista que recorren su obra han imantado una lectura política de sus textos en ocasiones predecible, en otras más bien desafortunada. La revisión crítica de los motivos religiosos y autoritarios del nacionalismo puertorriqueño, como la glorificación de la obligatoriedad sacrificial del mismo han ocultado, un tanto, la reinvención de dicho imaginario y de sus héroes llevada a cabo por diversos autores y discursos. Sin caer en idealizaciones o en los salmos de la nueva trova, la marginalidad impuesta a los nacionalistas y comunistas en los años cincuenta y sesenta puertorriqueños fue un escarmiento público en tanto eran cuerpos y voces que hicieron política cuestionando frontalmente los dogmas discursivos e históricos del estadolibrismo y el populismo colonial. Anunciar incluso el derrumbe, evidenciar además la ineptitud ética y política de ese avatar moderno en la isla era (y en ocasiones sigue siendo) un irrepresentable entre el

---

[8] "Del 1958 al '62, se destaca como prosista del diario *El Mundo*. Durante esta época, partió para Estados Unidos, donde realizó un año de estudios en arquitectura, otra de sus pasiones, en Harvard, pero se traslada a Berkeley, finalizando estudios de maestría en matemáticas. Cuando en el 1963 el Gobierno norteamericano prohíbe los viajes a Cuba, la Federación de Estudiantes Cubanos invita a todos los estudiantes norteamericanos que quieran ir, y Lima fue uno de ellos. Uno, entre 57 reclutados en toda la nación. "La cuestión era desafiar la ley", explica el poeta. Mara Pastor, "José María Lima, ignoto". Véase también de Rafael Acevedo, "Quiero pistas, Señora, no sea que me asuste (Entrevista a José María Lima)".

demos colonial puertorriqueño.[9] La responsabilidad política que los textos de Lima solicitan no sólo apunta a la peculiaridad colonial puertorriqueña, también a los fracasos imprevistos por su siempre celebrada modernidad. Cómo olvidar que la apología de lo moderno en el Puerto Rico de los años cincuenta y sesenta haría equivalentes la tríada democracia, capitalismo e industrialización.

Sin duda, la escena política que iniciaría la "extrañeza" o dificultad de Lima en el imaginario crítico guarda cierta distancia de la que aparece en el Puerto Rico de finales de siglo XX, más cercana a los días que corren. Algunas constantes, sin embargo, se podrían trazar. Los años sesenta y setenta puertorriqueños comparten con el presente el inconveniente político de enunciar la verdad autoritaria y provinciana que firmaba las políticas públicas del orden institucional puertorriqueño. El materialismo poético, para decirlo de algún modo, de José María Lima, en tanto interpone, en el horizonte perceptivo de su lector, la materialidad básica que permite contemplar la figura de su cuerpo y de su realidad inmediata, desacomoda el tejido de expectativas de sentido y de historicidad que naturalizan un relato del presente. El presente del poema en Lima es histórico, ya que su materialidad no se presta a las eternizaciones del historicismo o al fetiche de lo auténtico que comparten algunos de sus lectores o contemporáneos. El "delirio" sensorial que se percibe en algunos de sus poemas posee una lógica eminentemente constructiva cuando se trata de articular

---

[9] "Pero los nacionalistas muertos y presos eran ya parte de los ríos que corren sin secarse. ¿Cómo se transmite la tradición política, de los vencidos? Durante unos años se creyó que los nacionalistas habían sido desterrados, sombras, cada vez menos turbadoras. Aparecían como figuras remotas, de otro tiempo y otro espacio. Pero con el tiempo ganaban contemporaneidad, una actualidad dada por los grupos que a partir de los años sesenta buscaban otras tradiciones, y otras versiones de la historia. Para algunos grupos en los años setenta y ochenta sólo importaría, políticamente, la obra heroica y la tradición profética de Albizu Campos. Esa tradición, que fue vista como una 'herejía' por la intransigencia del poder populista, fue asumida, por el contrario, por quienes se consideraron herederos de ella. Se convirtió, para algunos opositores al populismo y a la colonia, en la verdadera 'religión', con sus santos lugares y sus dogmas. Algunos, en los años sesenta y setenta, años de nueva fe en la lucha armada, le rendirían culto a la violencia en sí, a la violencia como emancipación, e invocarían a los nacionalistas puertorriqueños como precursores". Arcadio Díaz Quiñones, *La memoria rota* (57-8).

una imagen de la historicidad perceptiva del sujeto poético. El materialismo poético de Lima diseña una experiencia poemática que intenta dar cuenta de las fuerzas reales y la conflictividad básica de todo orden social y cómo éstas son registradas en el tejido de afectos, cuerpos y el caos mismo del presente.

La poemática materialista en Lima no desdeña sortear el "ser" de las cosas; sus itinerarios imaginarios simplemente carecen de resabios o anclajes metafísicos. Un materialista no se hace preguntas religiosas en torno al origen o ejemplaridad moral del sentido de la realidad y sus personajes. Lejos de pretender decidir quién es el materialista o el mejor de ellos entre las escritores puertorriqueños y proceder a erigir otra galería de varones ilustres, importa pensar cuáles escrituras trabajan un *con-texto* histórico que permite, en parte, la *producción* de una materialidad y su simbolización cultural en los textos: "Ancha es esta reunión de lianas en los ojos,/ imperiosa la red, los poros en su sitio" ("20" *PDM* 73). La poética materialista de José María Lima comienza por el principio, no el origen de las cosas: el sensorio que coordina toda percepción de la lucha constitutiva que materializan las comunidades políticas. Lima pivotea su materialismo desde este *sensorium* entendido como metaforicidad y heterogéneo umbral del cuerpo que inscribe en el lenguaje, con él, la situación material que experimentamos con los sentidos. Toda sensorialidad, toda capacidad sensual humana, siempre está mediada por elementos materiales, géneros, máquinas, instituciones, intervenciones llamadas en ocasiones, estéticas, en la medida que generan efectos para el cuerpo, trajinan excitaciones desde un saber siempre específico del mismo.

> Al aire le perdono sus hoyos;
> al agua, esas concavidades
> amenazantes y el perenne
> peligro de perderla;
> a la tierra haber sido el asiento
> de ciudades eternas

> de eternos cementerios;
> al fuego haber llegado tarde,
> en ocasiones,
> a ciertos vertederos
> y haber sido puntual
> para dolerme.
> Mientras tanto
> fabrico un enojo rotundo
> con que mirar de frente
> los carimbos,
> el lodazal,
> el ciego vendaval,
> y los derrumbes. ("5" *PDM* 34)

A los elementos –aire, agua, tierra y fuego, mediaciones de todo aparato sensorial– se les "perdona" su propensión a confundirse con los protocolos de exactitud, con las utopías de la perfección, con las eternidades de la historia. Los elementos han permitido mediar el cuerpo poemático como espacio para la construcción de una afectividad, de una rabia enfilada hacia el daño y los "derrumbes" de la historia. En la poética materialista de Lima, la potencialidad de un sujeto para experimentar y relacionarse con la diversidad de signos y sensaciones que recorren el cuerpo de su historia, la habilidad de una incisión estética para incluso transformar este sensorio histórico, es siempre un sitio a las pretensiones de eternidad, a la soberbia trascendente de un relato que niegue el no irreparable de la muerte.

> Hoy veo cementerios cuadrados
> y perfectos,
> cuadriculados, orientados al norte.
> Como si la madre del viento
> y los tomates
> no supiera que están toditos muertos
> y en su oreja derecha se aposenta
> una araña peluda, oronda ella.
> Están toditos muertos;
> pequeños, grandecitos, más grandes

> y hasta inmensos.
> Con un baile de hormigas
> allí donde hubo sombra.
> Cangrejitos (¿cangrejos?)
> reptando hasta el ombligo
> y por la costurita, quién sabe
> qué andanada de insectos,
> ensayando su grisáceo concierto.
> El festival no va; ("13" *PDM* 60)

Una poética materialista es una poética basal, sintonizada subjetivamente con los procesos de producción del mundo, con sus pelos y sus señas, atada al cuerpo que lo hace posible. Estas poéticas agilizan hermenéuticas post-metafísicas ancladas en la opacidad constitutiva de lo real. Es por esto que desde ellas son difíciles los idealismos fofos o las buenas intenciones adjetivales de los programadores morales para el advenimiento de la aurora del séptimo día. Para estas poéticas no se trata de cifrar modos de lo inmortal, variaciones del dios de los cielos o de alguna deidad *encarnada* en algún sujeto social, o en la trascendencia de la roca, la acera, la lluvia o el desconcierto del presente. Son poéticas del no, dios no es, la eternidad no es. Poéticas de la perdurabilidad de un tiempo agujereado, de un tiempo roto que avanza entre y por los vacíos:

> desde la tumba de mi tumba
> un hoy-o abierto avanza;
> mi amada, su escalera,
> sus insignias
> avanzan por igual. (*LSP* 63)

Lo que trasciende poéticamente en Lima, lo que se rebasa no es el sensorio, sino los límites que impone cualquier relato empeñado en negar la caducidad. Lo que rebasa, lo que se salta, cual obstáculo es la eternidad de lo mismo que hegemoniza las formas de aceptar el estado de las cosas. En Lima lo que trasciende "es imagen sencilla;

por ejemplo, /la sábana,/ la sal,/ el pétalo,/ la espuma" (*LSP* 64). Un poema materialista, con apetencias descolonizadoras, no parte o termina en una concepción metafísica por más floreada que parezca estar de marxismo o ateísmo.

> los culos (si me dejan),
> no descansan;
> carecen de frontera y plegaria.
> aquí y allá se sienten
> casi como en casa
> cosa casual en ellos
> de importancia y perenne
> perseguidor-ayer
> ingodtrostea
> con indignos retratos
> y artificios discos
> en relieve.
> la imagen de la imagen
> de la imagen
> no pare más;
> sus muros no adivinan
> la gotera,
> ni la sienten,
> ni la esperan. ("24" *PDM* 88)

La poemática materialista de José María Lima cree en la condición básica a la que adviene el sujeto humano, expulsado del vientre, venido al mundo, venido al lenguaje con un itinerario donde se agolpan los días pero nunca los principios absolutos, indistinguibles, de un relato metafísico que sostendría el sentido de todo. El poema en Lima es una banda para el trabajo de la imagen y el lenguaje donde transvasar las condiciones de vida material del sujeto poético a la página. En sus poemas se excita una teoría del lenguaje, su sensorialidad y una teoría poética.

> 1. El lenguaje es antes que nada algo como un cuchillo o una soga.
> 1.*i* Aplicado a una porción de la realidad la transforma para nuestro beneficio. La guía hacia el sujeto.

1.*ii* Se hace llegar a algo para transformarlo conforme a un deseo o necesidad.
1.*iii* El lenguaje antes de decir, hacía.
[…]
2. *i* El lenguaje me separa de las cosas y al mismo tiempo me permite caminar entre ellas. (*LSP* 222, 225)

De igual forma, las apropiaciones, lecturas del poeta, son parte de ese traslado y de esa labor metamórfica. En el poema de Lima, este ejercicio de movilización material implica una compleja alteración sensorial de las premisas adocenadas que sostienen el orden gubernamental de las lecturas puertorriqueñas.

OBRAS CITADAS

Acevedo, Rafael. "Quiero pistas, Señora, no sea que me asuste. (Entrevista a José María Lima)". *Claridad* (San Juan, 22-28 de noviembre de 1996): 15-17.
Agamben, Giorgio. "¿Qué es lo contemporáneo?" Verónica Nájera, trad. <http://impreso.milenio.com/node/8132526>.
_____ *What is an Apparatus? And Other Essays.* David Kishik y Stefan Pedatella, trads. Stanford: Stanford UP, 2009.
Díaz Quiñones, Arcadio. "De cómo y cuándo bregar". *El arte de bregar. Ensayos.* San Juan: Callejón, 2000. 19-87.
_____ *La memoria rota.* Río Piedras: Huracán, 1993.
Duchesne-Winter, Juan. *Ciudadano insano y otros ensayos bestiales sobre cultura y literatura.* San Juan: Callejón 2001.
_____ *Fugas incomunistas.* San Juan: Vértigo, 2005.
Flores, Juan. *Insularismo e ideología burguesa en Antonio Pedreira.* La Habana: Casa de las Américas, 1979.
Gelpí, Juan G. *Literatura y paternalismo en Puerto Rico.* Río Piedras: Universidad de Puerto Rico, 1993.
Jiménez Corretjer, Zoé. *Lógicas del extravío: Anatomía existencial en la poesía de José María Lima.* San Juan: Puerto, 2010.

Lima, José María. *La sílaba en la piel. (Obra poética 1952).* joserramón Melendes, ed. Río Piedras: qease, 1982.

_____ *Poemas de la muerte.* Margarita Rodríguez Freire, ed. San Juan: Terranova, 2009.

Marx, Karl. *Introducción general a la crítica de la economía política/ 1857.* José Aricó y Jorge Tula, trads. México: Pasado y Presente, 1982.

Pabón, Carlos. *Nación Postmortem. Ensayos sobre los tiempos de insoportable ambigüedad.* San Juan: Callejón, 2002.

Pastor, Mara. "La luna sumergida: recuento crítico sobre la poesía de José María Lima". <http://ohdiosarantza.blogspot.com/2009/05/la-luna-sumergida-recuento-critico.html>. (Publicado originalmente en la sección *En rojo* del periódico *Claridad*).

Pietri, Pedro. *Puerto Rican Obituary/ Obituario Puertorriqueño.* Alfredo Matilla Rivas, trad. y prólogo. San Juan, Puerto Rico: Instituto de Cultura Puertorriqueña, 1977.

Rancière, Jacques. *Disagreement. Politics and Philosophy.* Julie Rose, trad. Minneapolis: U of Minnesota P, 1999.

_____ *Le partage du sensible: Esthétique et politique.* Paris: La Fabrique, 2000.

Ríos Ávila, Rubén. *La raza cómica: del sujeto en Puerto Rico.* San Juan: Callejón, 2002.

Las caracolas de José María Lima en relación a la poesía concreta y el arte conceptual

Elizam Escobar

> Yo no sé si duermo.
> No sé si me despierta a veces
> esta estridente realidad de mi tumba
> pero el sonido del caracol es como un sueño,
> como un sueño la presencia de las hormigas y los pájaros
> las horas como un gran lago en calma,
> mejor, como la fotografía de un gran lago en calma,
> o mejor aun, como el recuerdo remoto de la fotografía
> de un gran lago en calma.
> (..)
> El caracol se duerme un día y no suena más cuando se
>   duerme el mar
> y las hormigas se cansan
> y los pájaros voltean la cabeza cuando llueve
> y abren el ojo que da al cielo.
> (..)
>   José María Lima, *La sílaba en la piel* (130-32)

    La intención de este escrito estriba en un acercamiento polémico en el cruce entre la poesía concreta y el arte conceptual partiendo de las *caracolas* de José María Lima. Las *caracolas* fluctúan entre su obra poética principal y sus dibujos. Pertenecen al circuito de la poesía concreta pero llama la atención el carácter algo hermético y secreto de estas formaciones en bloque que a primera vista podrían interpretarse como obras conceptuales sin ninguna intención poética. Las *caracolas* surgen del primer contacto con el poeta concreto puertorriqueño Esteban Valdés en el 1969, cuando los primeros poemas concretos de Esteban se publican con poemas de Lima en la revista universitaria *Cara y Cruz*. De estos poemas parte su libro, *Fuera de trabajo*, publicado por Che Melendes en 1977. Las *caracolas* constan de una estructura cuadriculada tipo tabla de ajedrez (Lima era ajedrecista), blanco y negro, de 8 cuadrículas horizontales por 8 verticales para un total de 64. Las letras, blancas y negras, están localizadas en cada cuadrícula (escaque=cada una de las casillas del tablero de ajedrez) del color contrario y forman una serie de oraciones o versos intercalados que el lector tiene que organizar. La clave consiste en leerlas comenzando en la esquina izquierda arriba (del lector) y siguiendo hacia la derecha y hasta abajo por todo el borde hasta llegar nuevamente a la segunda columna y repetir el movimiento espiral hasta llegar al centro. Es el movimiento espiral de un caracol.

La percepción de las *caracolas* como poesía concreta o arte conceptual dependería no sólo de su contexto sino de la familiaridad del lector con ambos "géneros". La pregunta significativa sería, entonces, ¿qué hace que puedan ser ambos o, específicamente, uno de éstos? ¿Qué en su estructura y su intención no nos ofrece suficiente información o data para distinguir inequívocamente su identidad como forma específica dentro de la poesía y el arte?

Para comenzar, toda letra es una imagen pero no toda imagen es una letra. El alfabeto no es sino la abstracción ulterior de los jeroglíficos y otras imágenes que eran, ya de por sí, otra abstracción de la realidad concreta (o lo concreto real) que comenzaron la travesía complejísima de visualizarnos concretamente (o lo concreto abstracto) el habla. Del naturalismo estilizado de los jeroglíficos a la forma que llamamos –correctamente o no– *abstracta*. Podría también entenderse como la "huida" del reflejo de la realidad. O, como otra tendencia de la fobia a la imagen: lo iconoclasta. Pero este proceso de "refinamiento" de la imagen visual-concreta entra en escena como la necesidad o deseo de simplificar: el alfabeto como la simplificación del jeroglífico (y sus análogos culturales). El signo como la continuación o extensión del símbolo. Ambos, manifestaciones de lo concreto abstracto. El alfabeto es el camino del símbolo al signo. Su codificación más perfecta. Y lo cierto es que la imagen visual es el vehículo tanto del jeroglífico como del alfabeto. La imagen es lo que concretiza visualmente ambos códigos.

Segundo, lo conceptual es un aspecto del proceso y la obra de arte. Sólo cuando lo conceptual deviene como el aspecto principal y dominante de la obra surge lo que llamamos hoy, el arte conceptual. Por otro lado, en la poesía "tradicional" siempre ha estado presente, *visible*, lo concreto de la letra, la palabra, el lenguaje. Mientras *lo matérico* en el arte refiere al aspecto concreto-real (el predominio o el énfasis en el material, el medio, el soporte, etc.), en la poesía concreta referiría a lo concreto-abstracto. Tanto el objeto real como lo abstracto del concepto son concretos. Lo concreto es lo que existe, sea ya hecho de conceptos, de imágenes o de materia. Desde este punto de vista, podríamos decir que en la poesía concreta lo que importa como material de construcción no es el concepto en sí sino lo matérico del lenguaje. En el arte conceptual, en cambio, el énfasis es en la idea, el concepto. El objeto de arte o la obra son sólo su sombra, su coartada, su documento, el ser falso del concepto. Es decir, los papeles se han invertido. El sentido se ha extraviado, pero a la misma vez que se han invertido las especificidades, se ha llevado a cabo cierta fundición entre la poesía y el arte.

De nuevo, en la poesía concreta, la imagen concreta de la palabra es más importante que la palabra como un vehículo abstracto de ideas o de emociones. En el arte conceptual, por el contrario, la idea o el concepto es más importante que la obra real-concreta. Las *caracolas* tienen, pues, a primera vista, ambas características: un poema contenido en una estructura visual (la cuadrícula, el tablero) que no es lenguaje y una obra de arte que consiste en las imágenes de letras que aluden a su vez al tablero de ajedrez como concepto de una palestra de la vida. *Como arte conceptual*, la idea que existe detrás de esta estructura visible importa más que el arreglo de las letras. La idea de un tablero de ajedrez lleno de letras en vez de las piezas reales del juego. Por lo tanto, la forma en que está construida la estructura y la organización de las imágenes-letras es menos significativo que la idea o la intención detrás de la obra. La obra apela más al pensamiento que al aprecio y la fuerza visual de las formas. *Como poesía concreta*, podría interpretarse como que la letra en sí contiene ya un sentido mayor que su función y que sólo es otra forma más en el universo de las formas. La letra en sí siendo más real que la idea de una letra. O mejor dicho, el arreglo visual de las formas (las letras) contribuyen radicalmente al sentido del poema, a su lectura. Añadiendo otro nivel (formal, plástico, matérico) al poema.

Entonces, si una misma estructura puede resultar dos cosas distintas, ¿que las hace igual? Su presencia es la misma. La imagen visual es la misma. El arreglo, la composición, igual. Los componentes, los elementos, los mismos. Lo que sucede es que se han dado los mismos rasgos para dos diferentes exigencias. Yo pedí una poesía concreta y me dieron una obra conceptual. Pedí un concepto de la tabla de ajedrez y me ponen al frente un poema oculto dentro de una cuadrícula. Así, el poema de Apollinaire *L' HORLOGE DE DEMAIN* de 1915 parece más un dibujo (conceptual) que un poema (concreto). Es ambos, pero está consignado como uno. Yo (Duchamp) decido qué es: poema concreto. Pero si el poema aparece en una exposición de dibujos, el contexto (Che Melendes) determinará su identidad: dibujo conceptual. Si no hay intención poética en el arreglo del poema visual (Esteban Valdés), no es poesía, no es poesía concreta.

La identificación de una obra dependerá de muchos factores. En este caso, las *Caracolas*, para un lector o un espectador cultivado pero desconocedor de la obra de Lima, todo dependería de su percepción y su experiencia individual. Veo algo que tiene las características de una obra conceptual parecida a otras que he visto antes y que consisten de un juego de letras. Ella nota que el

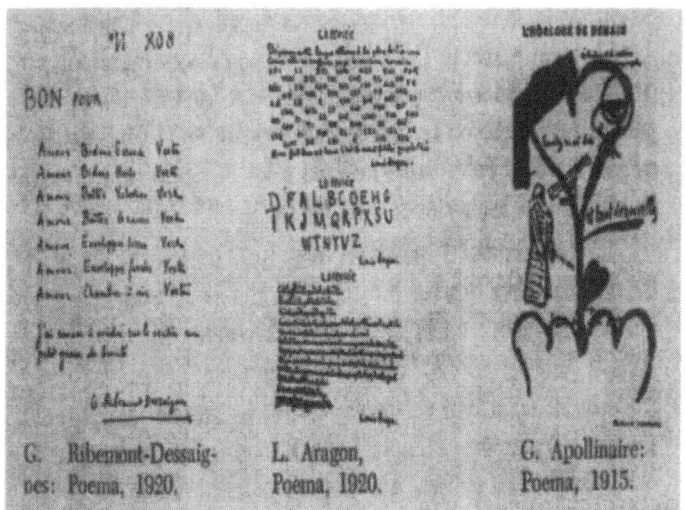

G. Ribemont-Dessaignes: Poema, 1920.   L. Aragon, Poema, 1920.   G. Apollinaire: Poema, 1915.

crucigrama contiene palabras pero no encuentra cómo "leerlas". Decide que leerlas no es lo importante sino entender la obra como un acertijo sin sentido. Ya sé: es poesía conceptual. No hay duda: es la idea de un poema, lo que significa un poema ininteligible, el concepto de un poema representado por un poema.

La tercera propuesta podría ser: ¿qué importa si es un poema concreto o arte conceptual con tal de que sea bueno y significativo? *Bien, pero de lo que se trata no es de la calidad sino de una situación que tiene profunda raíz con el mismo asunto de la percepción, la conceptualización y las categorías arbitrarias que a su vez ejercen influencia para valorar las cosas por su statu: el valorar la diferencia por la diferencia en sí.* Como soy poesía concreta valgo por mi condición de ser lo que soy. Soy arte conceptual, por lo tanto ya soy importante. Me elaboraron como arte efímero, debo ser eso y con eso me basta. Ya no sé qué soy y tampoco sé si sería importante saberlo. O, quería ser poema pero no llegué y por lo tanto soy anti-poema.

Así, existen otras razones "negativas" (en cuanto a la problemática del status) que fetichizan la modalidad, y le otorgan más importancia que al sentido y la calidad de la obra o el poema. *Ahora, nos acercaremos un poco más a esta intersección entre las especificidades y las condiciones que las determinan o las transforman sin que suceda cambio alguno en la estructura.*

Veamos otro ejemplo de la "confusión" o ambivalencia de la identidad de una obra. La conocida pintura de Magritte, *Esto no es una pipa*, que consiste en la imagen de una pipa de fumar y las palabras del título, tiene los elementos necesarios para entenderse como arte conceptual o poesía concreta. En el juego dialéctico de las pinturas surrealistas de Magritte existe un encuentro entre imágenes descontextualizadas y en choque. Esta dislocación nos brinda luz sobre la identidad de las cosas, sus relaciones y nuestras percepciones. Magritte decía que en el arte el misterio está en lo visible. Lo que se ve es lo que nos perturba, no lo invisible. En esta obra, la imagen de una pipa de fumar no es una pipa real. Muy bien, pero, ¿para qué insistir en algo obvio, a menos que éste no sea el caso? Se puede decir también que las cinco palabras que niegan que la imagen pintada de forma "convencional" de una pipa tampoco son la pipa real. Son dos instancias, palabras e imagen, que están demás en el mundo de los objetos reales. Nuevamente: lo concreto-real (el referente de una pipa de fumar) versus lo concreto-abstracto (la palabra escrita y la imagen visual). Ni el concepto ni la imagen de una pipa son la pipa real. Son abstracciones de lo real. Pero, a su vez, son concretas. Tan concretas como la pipa real. Lo importante de la pintura de Magritte no es necesariamente su técnica, su factura, el color, etc., sino lo que logra para hacernos reflexionar sobre la realidad inmediata, su poética, la forma en que visualmente nos presenta la contradicción en sus diversas formas. El sentido de la vida está expresado en el sentido de lo visual, de la organización de las imágenes. El sentido de lo concreto-real (la materia, la energía) no en el sentido de algo intangible, metafísico, sino en el misterio de lo visible. O, de lo simbólico.

En *Esto no es una pipa*, convergen la palabra y la imagen para cuestionarnos algo que trasciende la mera pregunta por la identidad y que también deja en un segundo plano la imagen y

This is not a pipe.
1968
by René Magritte

la palabra. Está hecha con pintura, pero pudo haber sido hecha a lápiz o ser una foto, y con eso hubiera sido suficiente para transmitirnos su intención. La idea apoyada por el medio artístico la hace más inmediata. El concepto apoyado por la imagen. Así, se nos presenta como un modelo de arte conceptual.

Mas si concluyéramos que lo que está en entredicho en este dictamen es otra cosa: la palabra pipa, la pintura de una pipa y la pipa real existen concretamente y nos interesa *eso* sobre todo. Están hechas de materia: pintura, madera, tinta. La forma es más importante que lo que yo concibo una pipa debe ser. Hay tantas formas de pipas de fumar, tantas imágenes de ésta, tantas maneras de escribir el nombre (estilos, idiomas) de esa cosa que llamamos pipa. En fin, voto por la exuberancia de la forma sobre el concepto, de lo visible sobre lo desvanecido. No es arte conceptual, es poesía concreta. Y como expresamos de las *Caracolas* de Lima y del poema de Apollinaire, es la misma estructura que puede prestarse para dos interpretaciones de identidad.

Un gato es un gato. Una liebre, una liebre. Se parecen en algo. No son la misma cosa. Pero podrían pasar una por la otra. Intencionalmente. Accidentalmente. No creo que tenga nada de valor pasar un poema concreto por arte conceptual, lo que sucede es que sucede. Hay cierta contaminación *entre* y *dentro* de las categorías. Se besan a veces. Debería uno plantearse si eso es asombroso, interesante, bello. O, si se trata de que todo está inevitablemente unido a pesar de la diversidad, de las variaciones posibles de la forma, de las ideas, los temas, etc. Si en realidad, éste es meramente un problema falso. ¿Importa si la categoría de las *Caracolas* a primera vista es arte conceptual o luego de un análisis resulta ser poesía concreta? *¿Importa más su origen, su desarrollo, su relación con el resto de la obra, con las matemáticas, el ajedrez, la soledad, la locura, etc.?*

Tal vez.

Lo que sí es intrigante es el parecido de lo diferente cuando se ha querido realizar un cambio dentro de una disciplina y se acerca a otra disciplina. ¿Qué significa esto? ¿El eterno retorno a lo mismo? Los artistas y los escritores, especialmente, los pintores y los poetas, han tenido una estrecha relación y colaboración entre ellos. No es de extrañar que esa influencia mutua lleve a la intersección entre la forma poética y la forma pictórica. Lima, por ejemplo, fue estudiante de arquitectura y pintura y cultivó la amistad con artistas plásticos. Era uno de los matemáticos lógicos más sobresalientes de Latinoamérica. En las *Caracolas*, existe esta dinámica relación entre las matemáticas, la poesía y la imagen. Sesenta y cuatro cuadrículas exactas para darle cabida a sesenta y cuatro letras para componer el poema. Estética simétrica, contrario a sus dibujos a tinta, orgánicos y de línea arabesca. Una de las *caracolas* lee así:

YOSERPIENTEFLECHACAMINOVIAJE
YTUCARACOLASONIDOHABITACIONYESTANCIA= 64
letras
(Yo/serpiente/flecha/camino/viaje/tú/caracola/sonido
/habitación/y/estancia)

Pero también, como en el juego de Scrabble (que curiosamente surge de una versión anterior del escritor Carroll Lewis), surgen otras asociaciones de letras verticales, horizontales, diagonales o intermitentes para formar palabras: novia, Itaca, pie, ente, osa, tuca, ser, pasión (con c),Eva (con b), tía, taíno (brincando una letra), acá, cola, etc. Existe, pues, una relación intrínseca entre lo determinado matemáticamente y el azar, o como lo expresa Che Melendes: "el malabarismo entre la lójica i el automatismo", lo que nos recuerda los *cadáveres exquisitos* de los surrealistas. El primer cadáver exquisito surge entre cuatro surrealistas escribiendo versos para formar un poema que titulan *Cadáver Exquisito*, y surge de la primera oración: *El cadáver exquisito debe beber el nuevo vino*, y de ahí su nombre. Luego, se integra al juego la imagen. Esta estructura puede acomodar tanto lo poético como lo artístico, la poesía concreta-visual como el arte conceptual a través del azar. El producto o realización concreta puede variar por su proceso como por los participantes y las "reglas establecidas". Pero como obra específica, concreta, examinaríamos *lo que es* más que *el cómo fue*. Aquí, entonces, el dilema o la problemática sería no el *contexto* ni el *proceso* sino el *resultado* como su ser, su especificidad, su identidad. ¿Qué es esto? ¿Qué tipo de obra es ésta? ¿Es un poema colectivo, una obra visual, un dibujo, una pintura, un injerto?

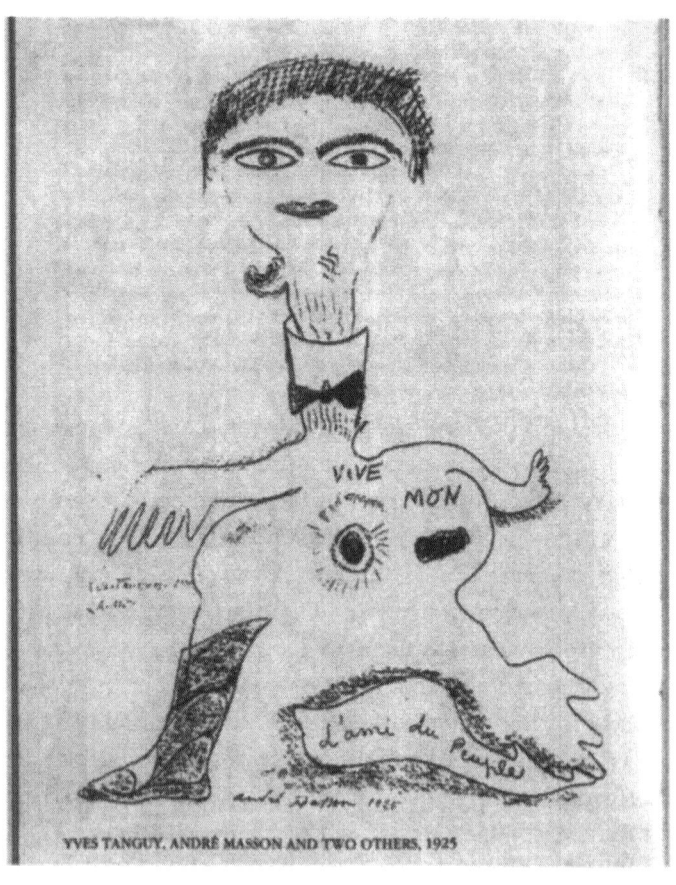

YVES TANGUY, ANDRÉ MASSON AND TWO OTHERS, 1925

cadáver exquisito del 1925

Una pequeña y apretada genealogía sobre las tendencias que anteceden a la poesía concreta nos ayudaría a entrelazar los rumbos de ésta con el arte conceptual. En el siglo III y II A.C., en la Alejandría griega, se origina una poesía que utilizaba la organización de letras para formar imágenes y a la vez resaltar el significado del poema. Teócritus, Simias y otros. Por otro lado, también en la época clásica, el término *ekphrasis* refería a una dramática o vívida descripción de una cosa, persona o experiencia. A través de toda la literatura pueden encontrarse ejemplos de *ekphrasis* describiendo pinturas: Filostrato de Lemnos, Ariosto, Calderón de la Barca, Cervantes, Benito Pérez Galdós, Gauthier, Dostoieski y, especialmente, Wilde en su *El retrato de Dorian Gray*. Otro ejemplo sobresaliente es el poema de John Keats, *Oda a una urna griega*.

En el siglo IX, surge la *micrografía* entre los hebreos. Éste era el uso de letras pequeñas para formar diseños representacionales, geométricos y abstractos. Solución a la prohibición de las imágenes del Segundo Mandamiento. Lo mismo hicieron escritores y artistas islámicos. Otra forma moderna-contemporánea hermanada a ésta es el *fotomosaico* donde la imagen está formada de cientos o miles de imágenes más pequeñas.

Otra corriente es a través de la *tipografía*. Un ejemplo temprano en el siglo XVII es George Herbert, *The Temple*, en donde el poema es un comentario del título que presenta el significado principal del poema tipográficamente. En *Alicia en el país de las maravillas* (1865) de Lewis Carroll, el relato (tale) del ratón asume la forma de un rabo (tail). Mallarmé también experimenta con la tipografía (*Un coup de dés jamais n'abolira le hazard* del 1987)y el sonido (*ses purs ongles*=sus uñas puras / *c'est pur son*=es puro sonido) que es otra de las vertientes de la poesía concreta. Además, los *Caligramas* (del 1913-16 pero publicados en1918), de Apollinaire; los "typestracts" (en maquinilla, desde los 60) de Sylvester Houédard; el "método ideográmico" (desde 1915) de Ezra Pound. Las transformaciones de sintaxis en *Trilce* (1922) de César Vallejo, y de ee cummings

(1894-1962),quien además de poeta era pintor y también usó la tipografía para "pintar un cuadro" con sus poemas. Marinetti en *Zang Tumb Tuuum* (1912-14), experimentó también en la tipografía, el sonido y la sintaxis (*parole in libertá*). El futurismo de Marinetti influyó a su vez en los Dadas y los Surrealistas. Los poemas fonéticos, los poemas simultáneos, poemas "abstractos", automáticos, la anti-poesía, etc.

Entre estas corrientes "proto-concretas", clasificaríamos a las transformaciones tipográficas, los caligramas y otras variantes como *poesía visual.*

Poetas latinoamericanos, como Huidobro cultivan los caligramas. Un ejemplo temprano es *Triángulo armónico* del 1913:

```
                    Thesa
                  La   bella
                Gentil  princesa
             Es una blanca estrella
            Es  una  estrella  japonesa.
         Thesa es la más divina flor de Kioto
        Y cuando pasa triunfante en su palanquín
      Parece un tierno lirio, parece un pálido loto
    Arrancado una tarde de estío del imperial jardín.

    Todos la adoran como a una diosa, todos hasta el Mikado
      Pero  ella  cruza  por  entre  todos  indiferente
        De nadie se sabe que haya su amor logrado
          Y siempre está risueña, está sonriente.
              Es   una   Ofelia   japonesa
                Que a las flores amante
                   Loca y traviesa
                     Triunfante
                       Besa.
```

No es, sin embargo, hasta la década del 50, que se acuña el término *poesía concreta* por el grupo *Noigrandres* de Brazil: Augusto de Campos, Haroldo de Campos, Décio Pignatari y Ronaldo Azeredo, además de Ferreira Gullar y Wlademir Dias Pino. El grupo plantea que usar las palabras como parte de un trabajo específicamente visual permite que las palabras mismas sean parte de la poesía, en vez de ser sólo vehículos invisibles para las ideas.

En el ensayo de Breno Onetto, *Una Mirada escéptica a la poesía concreta. Eugen Gomringer: ¿publicista o poeta?*, cita dos corrientes anteriores al grupo Noigrandres.

La primera, en el 1944 cuando aparecen los complejos impresos de palabras conocidos como *I testi-poemi murali* y en el 1951 *Corpi di poesia* de Carlo Belloli. Éste utilizó el término *audio-visual*. Se trata de textos "que quieren poner en libertad todas las dimensiones del lenguaje: las acústicas, las ópticas y la dimensión del significado" (Christine Weiss, 1982).

"Pero fue", continúa Onetto, "en 1953, el sueco Öyvind Fahlström, quien diera el primer paso, cuando escribiera el *Manifiesto para la Poesía Concreta*, primer manifiesto que acuñó el término 'poesía concreta' como denominación para un cierto tipo de poesía." Sin embargo, al éste ser publicado en 1966, no tuvo influencia sobre el movimiento histórico concretista. Además de subrayar lo matérico del lenguaje, como en las otras tendencias, Fohlström acentuaba la *ritmización* (el reparto de elementos lingüísticos por la superficie y su repetición). Añadió, además, signos no lingüísticos construyendo complejos de texto e imagen.

> El impulso decisivo para el desarrollo del concepto de la poesía concreta, empero, lo realizó Eugen Gomringer y el grupo brasileño Noigandres (el nombre lo tomaron del Canto XX, de Ezra Pound), quienes acordaron la denominación última de aquella poesía como 'concreta', a mediados de los años cincuenta, hecho que fue ya la confirmación internacional de esta nueva tendencia en la literatura. (Onetto 4)

"El principio estructural de sus textos lo denominaron: *isomorfismo*. Con ello aludían a la construcción del texto, que se iba armando por igual en distintos planos: a nivel sonoro, de imagen y de significación del material del lenguaje…" (5). En el documento principal del grupo, **Plano-Piloto para Poesía Concreta**, exponían sus principios fundamentales:

1. Establecer la superficie como un elemento constitutivo del poema; presentar en forma libre el texto sobre la superficie, en el espacio. Es el primer paso dado, para entregar una sensación de los textos como objetos, de desarrollar una sensación del lenguaje como algo material–tal como lo mostrase el concepto de texto que tenía Mallarmé.
2. Disolver la *sintaxis tradicional*: el ideograma hecho de palabras. Para hacer efectiva la superficie del texto como algo constituyente suyo, tienen y debe de existir un nuevo tipo de sintaxis, una sintaxis de superficies, que tense o ponga los elementos lingüísticos unos con otros, en un amplio ensamble de relaciones.
3. La exposición de una estructura en lugar de la transmisión de un mensaje: presentación en lugar de representación: El poema concreto es comunicación de su propia estructura. Es un objeto que se satisface a sí mismo y no es una exposición de un objeto otro o externo, de sentimientos más o menos subjetivos. Su material es la palabra: sonido, forma-visiva y semántica. Su problema: las relaciones

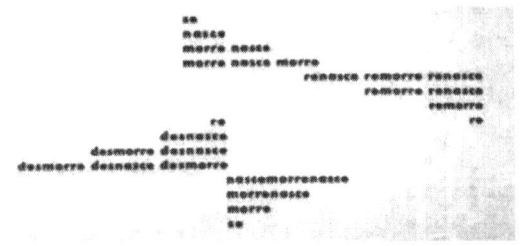

Fig. 19: Haroldo de Campos (1929–2003), "nascemorre," *Noigandres* 4, 1958.

funcionales de este material: no se trata de mensajes comunes o habituales (Onetto 5-6).

Fig. 16: Décio Pignatari (b. 1927), "um movimento," from *Noigandres* 3, 1956; English version: Claus Clüver.

De entonces hacia acá, la tendencia de la poesía concreta se definirá de acuerdo al énfasis en lo gráfico-visual, lo auditivo-acústico o lo sintático-semántico y el uso de los nuevos medios y la tecnología.

Ahora, Gomringer —y aquí veremos otra conexión con las artes plásticas— trabajaba como secretario (1954-57) de Max Bill de la Escuela Superior de Diseño, quien recogió las ideas de Theo van Doesburg del arte concreto (*Manifiesto del arte concreto*, 1930). El concepto de *poesía concreta*, "fue acuñado por Gomringer en analogía con aquel concepto desarrollado en el arte concreto" (Onetto 8).

Gomringer denomina sus nuevas formas del texto poético: *constelaciones*:

> ...una agrupación de pocas palabras diferentes, de modo que sus relaciones recíprocas no surjan preponderantemente por medios sintácticos, sino por su presencia material y concreta en el mismo espacio. (...) La posición del lector es la de quien participa, la del poeta la de quien invita a jugar. (9)

Varias cosas de esta conexión, entre el arte concreto y la poesía concreta, importan para este análisis: tenían en común "la rigurosa reflexión sobre los medios de construcción: tanto de los elementos individuales como de sus posibilidades de combinación" (8). Y Max Bill hacía esta diferenciación: "El arte concreto como cambio producido de la abstracción –en cuanto representación de la realidad– hacia una objetualidad propia y nueva del material artístico" (8).

Podríamos seguir agregando todos esos elementos que han definido la poesía concreta a partir del grupo Noigrandes y Gomringer, sin embargo, *lo pertinente ahora es hacer el enlace definitivo entre el aspecto concretista de la poesía y el arte y, por otro lado, las colindancias entre el arte conceptual y la poesía concreta.*

El arte conceptual surge como movimiento en los 60. Sol LeWitt lo define de la siguiente manera:

> En el arte conceptual la idea o el concepto es el aspecto más importante de la obra. Cuando un artista usa una forma conceptual del arte, esto significa que todos los planes y y decisiones están hechos de antemano y la ejecución es un asunto hecho descuidadamente. La idea deviene en una máquina que hace a la obra de arte. (*Artforum*)

Para los primeros artistas conceptuales de los 60 y principios de los 70, el lenguaje era un punto central en su trabajo. Y aunque el uso del texto ha estado presente anteriormente en el arte (el cartel, los cubistas, constructivistas, dadás, surrealistas), es en el 60 que se comienza a producir arte exclusivamente a través de los medios lingüísticos.

Como vemos, en el trabajo "lingüístico" del artista conceptual Lawrence Weiner, y en el poema concreto de Augusto de Campos, se dan todos los elementos básicos para identificar/definir tanto al arte conceptual como a la poesía concreta. ¿En qué difieren? ¿En su intención? Se podría argumentar que en efecto en la obra de arte conceptual el texto funciona más como instrucciones o documento de una obra que se realizó pero era de importancia

Las caracolas de José María Lima • 173

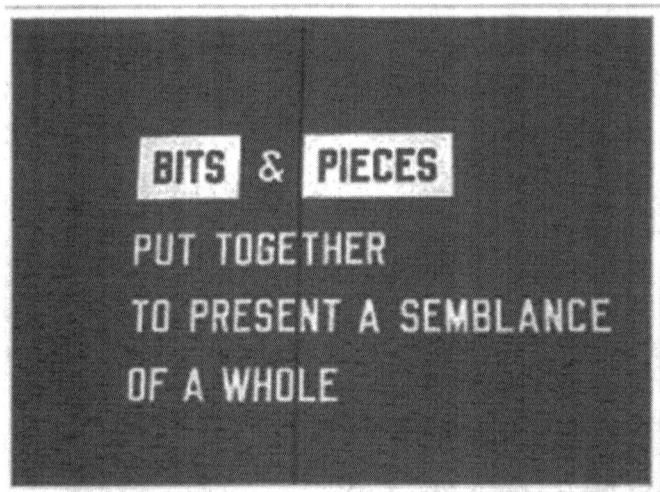

Lawrence Weiner. *Bits & Pieces Put Together to Present a Semblance of a Whole*, The Walker Art Center, Minneapolis, 2005.

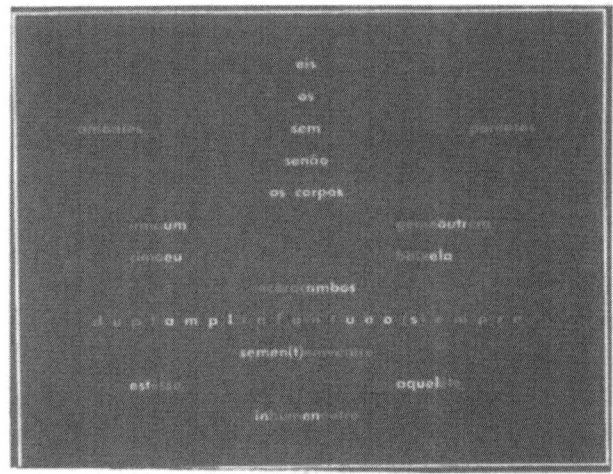

Fig. 15a: Augusto de Campos (b. 1931), "eis os amantes" (1953/55), from Solt, ed., *Concrete Poetry*, recto of inside cover page.

secundaria, o que dejó de existir. Pero también, de una obra que sólo existió en la mente del autor o en la concepción interpretativa del lector/espectador. Mientras que en el poema concreto se trata precisamente de que el texto es la obra en sí, concreta y no una coartada. Sin embargo, las apariencias son testaduras. Las letras como imágenes no mienten: son lo que aparece, y de este modo, la intención es relativa y dependiente de otro texto: un *metatexto* que no aparece por ningún lado sino que es circunstancial y "subjetivo". Es obvio que si al calce del trabajo éste es identificado como *poesía concreta, arte conceptual* o *arte concreto* estaremos tan "claros" como si el título de la obra fuese: *Éste no es un poema concreto*. Ya no sería en el sentido de Magritte sino en el sentido del arte conceptual. O, por el contrario, designaría una obra de arte concreto. O tal vez, tendría las tres características para ser los tres. ¿Obra híbrida? En todo caso, el título podría variar tanto como podrían variar los colores, el arreglo, el texto, la intención, etc.: Esto es arte concreto. Instrucciones para escribir un poema. Arreglo en blanco y negro. Dos personas-letras corriendo. Fuga minimal.

Como hemos mencionado ya, no sólo una misma estructura puede resultar dos cosas distintas (las Caracolas de Lima, la pipa de Magritte), también dos obras catalogadas como "géneros" distintos (Bits & Pieces..., de Weiner y eis os amantes, de Augusto de Campos) pueden resultar el mismo "género" por emplear los mismos elementos componentes básicos que las constituyen (independientemente de su intención, contexto, designación, etc.). Así, La obra de Rauschenberg, *Portrait of Iris Clart*, del 1961, declara en un telegrama: THIS IS A PORTRAIT OF IRIS CLERT IF I SAY SO. Es arte conceptual pero *podría ser* poesía concreta si a mí o a ti nos da la gana.

De la misma manera que la historia puede ser interpretada como un proceso de formaciones socio-económicas (sobre)determinadas por su modo de producción, así también, y

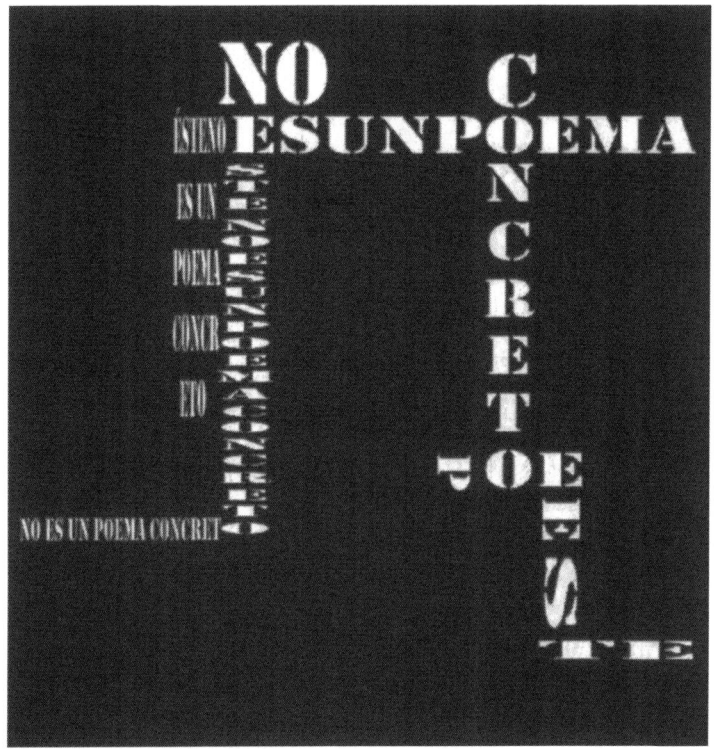

Éste no es un poema concreto, ee ortiz, 2010

muchísimo más, la historia del arte y la cultura y sus productos/obras, proceso lleno de ironía y paradojas por todos lados,

Además, la *intención* es relativa. O mejor (o peor), ni siquiera, cuando comenzamos el proceso de percepción/conceptualización/realización de la obra, estamos seguros si será "hembra" o "varón" ni cómo la obra será recibida. El *proceso creativo*, como praxis y teoría del arte, va por encima de las categorías, los géneros, las disciplinas, los medios, las técnicas, la tecnología, los estilos, las modalidades, las estructuras que sean. En fin, es, ha sido, el proceso creativo el que ha **inventado** todo esto. *Entonces, el principio de distinción, diferente al de separación, nos obliga a no confundir lo ya hecho, ejecutado, y a mantener lo ya ordenado dentro de la*

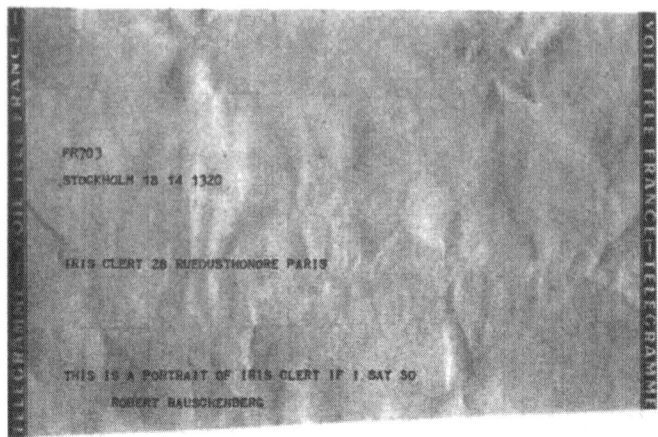

libertad (libido, necesidad, límite) de la creatividad y la invención. Podemos diferenciar el aspecto conceptual de una obra de su aspecto formal pero no podemos separarlos.

El *collage*, por ejemplo, es diferente al *ready made*, pero existe una relación de orden cronológico que registra el origen "relativo" de ambos. ¿Es el *ready made* una version más matérica (concreta real) e inconsciente (un Duchamp tomando de Picasso, sin darse cuenta y alejándose a la vez) del *collage*? La forma del *ready made* (objeto ya fabricado, ya inventado), ¿es más conceptual que el *collage*? ¿O es todo lo contrario? ¿Se podría decir **ya** que el *ready made* —como profeta del arte conceptual— es un *collage* que se ha liberado del soporte de la pintura (cubista)? ¿Que el *cut and paste* es otra forma, técnica, del *collage* que se ha incorporado a la tecnología digital, pero ya antes a las técnicas de la escritura cortando pedazos para luego pegarlos donde mejor vayan? El *ready made* es tan concreto, por su procedencia, como conceptual, debido al designio. Designar, establecer el signo, la pertenencia, señalar, destinar, no abole su naturaleza sino que le otorga otra identidad. Otro nivel de existencia concreta. Otra vida. Simbólica.

Es por eso, que una vida (la real, la simbólica) vale tanto como la otra, o mucho más si entendemos *el valor de la diferencia* (en el sentido más elevado de éste, de la identidad con potencial creativo y liberador, y no en el sentido de querer sobresalir o distinguirse simplemente por ser "diferente" aunque sea mediocre). No se puede fumar con la pipa de Magritte pero se puede entrever lo que la mente nos tiene preparado para ir más allá de sus propias invenciones. La mente frente al espejo crea monstruos si no sabemos diferenciar ni distinguir. Nada de separar una pipa de la otra. La mente, la obra, nos propone distinguir para ser libres mientras el límite lo haga posible en su amplitud.

Lo político es reconocer la necesidad de tomar desiciones y posiciones ante el estado de cosas. En este sentido, ni el proceso creativo ni la obra de arte (la obra plástica, el poema), ni el artista ni el poeta, escapan a esta realidad aunque la obra esté determinada por sus propios méritos. Por ejemplo, "Desía Martí, qe su bida I su berso se salbarían juntos, o desaparesían juntos" (Che Melendes 27). Y más adelante, que "Es imposible, en la etisidá adamantina de un ser trasendido, qe el arte traisione la bida. Ni siqiera qe se diborsie. Ni qe se distrajera el arte por una sola bes tan solo del compromiso con lo bibo" (27).

La poesía concreta puede desembocar en una mera práctica publicitaria como parece ser en el caso de Gomringer. Y el arte conceptual, después de su momento "anti-mercado", emerger como una praxis vacía y banal. Convertir a la estructura de las *Caracolas* en un recipiente para dar alojo a algo a trivialidades e irrelevancias. Lo mismo con otras modalidades. Reducir la obra al proceso, a un documento, a los elementos formales, al mensaje, a una idea, etc., es no entender lo significativo y transcendental, la especificidad que diferencia al arte de los otros procesos culturales, sociales, naturales. Esta especificidad es *lo simbólico* que a su vez está abierto a la estética y los materiales.

Sea concreta, abstracta, figurativa, conceptual, mimética, etc., la obra de arte y el poema siempre son una abstracción-concreta de la realidad-concreta. Lo que realmente vale es la obra específica y no su modalidad. La modalidad importa cuando aporta "nuevos" elementos o abre otras puertas. Sin embargo, una vez entra en el circuito de las formas universales o en el circuito del mercado, la modalidad se convierte más bien en *valor de status*: no sobresale la obra en sí sino cómo está construida acorde a una demanda o apreciación del momento, de lo epocal, de la certeza en que el modelo se vende mejor en el Mercado que la obra. La obra implica un trabajo de compromiso por encima de las variantes paradigmáticas (aunque se enfoque en las variantes de la obra). En la obra, el poema, va la sabia simbólica que da continuidad al arte en su carácter de lo permanente, la necesidad de lo simbólico en el viaje contradictorio de la condición humana y los procesos de liberación y la praxis de la libertad. A través de la obra, del poema, se transita en el límite de la libertad a través de lo simbólico y todo lo que lo construye en la trayectoria del tiempo y el espacio.

Llevar la poesía a simples formas sin ninguna otra intención, o reducir la obra a un concepto que hace desaparecer las formas, lleva irremediablemente al reduccionismo. *Menos es más cuando es más pero si no es más, sigue siendo menos*. Como decía De Kooning: "¿para qué limitarnos más de lo que ya estamos?" O ante la modalidad del arte efímero, la pregunta ¿para qué ser más efímeros de lo que ya somos?

Por otro lado, se ha pensado que existe una diferencia entre la *representación* y la *presentación* en el arte. En realidad, todo modo de *simbolizar lo real* (sea la realidad externa, las experiencias, las emociones, lo espiritual, los elementos formales, todo lo matérico y todo lo abstracto) a través de las artes es siempre una manera de *re-presentar* (=presentar de nuevo, hacer visible a través de los medios artísticos). Tanto una pintura abstracta como una figurativa son re-presentaciones a través de convenciones históricas (técnicas composicionales, conceptuales, teóricas, etc.). De igual modo, la poesía concreta es tan representativa como la poesía en verso y en prosa. Que el color, la forma, la perspectiva, etc., toman nuevos giros en distintas modalidades de la pintura, no se discute. Que la poesía utiliza su material lingüístico y el arreglo gráfico de ese material de diversas maneras, tampoco. Pero la modalidad en el arte y la poesía no significa mayor o más calidad. En realidad el arte no "progresa". Las obras maestras de todos los tiempos no demuestran que unas son más "avanzadas" que otras. Todas son simbólicamente consubstanciales, de una permanencia meta-histórica o trans-histórica radical.

Ni tampoco, mucho menos, significa que no exista diferencia en el uso del color y las palabras al nivel simbólico-artístico-poético que al nivel de lo cotidiano, la comunicación corriente. La intención de varias corrientes artísticas/poéticas de des-diferenciar el arte y la vida, siempre resulta una empresa inútil. Inútil, porque el arte es lo otro de la vida. La vida pensándose a sí misma. Viviéndose a sí misma. No separándose pero tampoco indistintamente. Pues, la manera más poderosa del arte acercarse a la vida es cuando es *mejor* arte, cuando nace y brota desde lo profundo de la vida o niega dialécticamente la vida con esa otra vida consubstancial que le obsequia la maravilla del arte. La consciencia artística penetra en la vida pero a través de sus propios medios simbólicos. Muchos de estos intentos de igualar el arte con la vida, lo simbólico con la realidad, están saturados de las impotencias de los artistas, de ingenuidad o de una rebelión epocal entendible pero nunca decisiva, contundente o duradera.

Hoy, las vanguardias no existen como tales. Existe sí el impulso vanguardista. Pero podríamos decir que el juego o experimentación por sí mismos no son el verdadero *espacio* o *sentido* de *lo simbólico*. Tampoco la tabla de equivalencias ("la paloma blanca significa la paz", etc.). Lo simbólico es lo otro aquí. Lo irreductible por el código. Es la libertad y su límite en la praxis. El segundo nivel de lo real. No tiene equivalencias. No es la bipolaridad ni la esquizofrenia. Lo simbólico no es tampoco el no-ser filosófico. *Es* eso que nos suple lo permanente aunque su ropaje sea epocal. No es espiritualidad, ni zen, ni Buda, ni Cristo, ni Mahoma, ni Dios, ni dioses o diosas. Ni ritual ni terapia. Ni materialismo ni idealismo. Ni metafísica. Ni ciencia. Lo simbólico puede estar presente en todo eso y ser manipulado a conveniencia. Pero únicamente en la obra artística (sin distinción de disciplina), lo simbólico deviene como un fantasma que se incorpora a su soporte y se adhiere como el material más indestructible. No se sabría por qué, porque no es para pesarse y medirse. Resiste todo análisis racional aunque no lo rechaza. Lo simbólico no es un ente. Está flotando en la soledad de lo lleno y lo vacío. Lo simbólico es un espejo maravilloso al cual hay que encontrar. Encontrarse sin culpa ni moralizaciones. Encontrarse en el drama y desaparecer. Encontrarse con la finitud. Con el sin-sentido, el absurdo, para inventar el drama que somos y seremos. Darle paso al conflicto de la lucha en la pantalla de la contradicción. Lo simbólico fija el flujo del movimiento. Nos alerta sobre la superstición y los límites falsos del miedo a vivir, a morir. Pero es también la ironía, lo paradójico, el sentido saludable del humor. Lo simbólico se puede transformar en una máscara que libera o que nos inventa la libertad. ¿Cuántas máscaras para llegar a ser libre? ¿Cuánto ver para rechazar las cegueras del "sentido común"? Lo simbólico no nos deja reposar en la cultura de la paz falsa o las guerras fraticidas. Nos libera y nos ofrece el poder de la valentía y el sacrificio. Lo simbólico es para el otro que también soy yo y tú. Y también "traiciona" a su gestor.

O mejor dicho, ya no es un individuo el que gesta sino una multitud de edades y sujetos plurales pasados por el cuerpo del shamán.

Así, lo simbólico es lo que traspasa o parte por el medio tanto a la primacía del concepto como a la primacía de la forma, independientemente que uno apueste por una o por la otra. Lo simbólico es la especificidad de especificidades del arte.

Las caracolas reafirman —como unidad problemática de las dos preocupaciones artísticas de Lima— la poesía y el dibujo, la imagen y la palabra. Se hacen una, pero una que reúne las dos estructuras sin que falte la especificidad. Es una especificidad doble, alterna. Y, lo más seguro, surge como obra que no piensa en su identidad, de la misma manera que la necesidad antecede a la libertad, la "magia" al arte.

Contrario al arte de leer, la imagen estructurada retiene para sí la atención de la mirada circular que no puede ser sometida a una secuencia diacrónica. Y, sin embargo, suceden los dos órdenes: el diacrónico y el sincrónico.

No es solamente poesía concreta. Es la pausa dinámica que ocupa el *entrespacio* de cierta tiranía. O tirantez. Obedece al impulso de redondear el cuadrado sabiendo que es innecesario. Como lo es la respuesta al deseo.

En la obra, el deseo es ya su propia respuesta. Las *caracolas* es/son el retiro, el abandono –no ya del arte (a lo Duchamp)– sino del ajedrez-como-juego-para- esperar-la-muerte. Sin el deseo de la conquista, porque ésta ya aconteció. Es el cansancio para sí. El deseo del suicidio que se complace en continuar/confirmar el absurdo. Las *caracolas* representan un éxtasis del absurdo. La espiral regresa a su centro. A su matriz. Es un laberinto del cual no hay que salir. No hay salida. La existencia no tiene salida. Es.

La poesía y el arte podrían ser interpretadas como la anécdota más sublime de la vida sobre la vida. (*Lo teórico se va esfumando poco a poco.*) Ese laberinto cuyo soporte es la $^{muerte}_{mente}$. *Anécdota* quiere decir aquí el registro simbólico del misterio de la consciencia. Lo que subyace detrás de las *caracolas* es el sentido de esta experiencia del vivir para el morir.

Pero, las caracolas es/son lucha concentrada. Más allá del laberinto de lo simbólico de la vida no hay nada.

Bibliografía

Escobar, Elizam. Entrevistas con los poetas puertorriqueños, Esteban Valdés y Joserramón Che Melendes, y el hijo de José María Lima, el actor, Aurelio Yeyo Lima, en el mes de septiembre de 2010 (inédito).

Lima, José María. *La sílaba en la piel*. Joserramón Melendes, ed. Río Piedras: quease, 1982.

melendes, Joserramón. *100 Años de Dignidad. El Centenario de Juan Antonio Corretjer*. San Juan: Claridad, 2010.

Onetto Muñoz, Breno. "Una Mirada escéptica a la poesía concreta. Eugen Gomringer: ¿publicista o poeta?" Chile: Facultad de Filosofía y Humanidades de la Universidad Austral de Chile, 2010.

Richter, Hans. *Historia del dadaísmo*. 1965. Enrique Molina, trad. Buenos Aires: Ediciones Nueva Visión SAIC, 1973.

Por un tablero abierto: entre *las líneas verdes* de prosa y caracol (del anomal y sus agenciamientos)

ÁUREA MARÍA SOTOMAYOR

> *Pez, dame todas las direcciones y déjame besar las algas un instante cuando todo sea sombra alrededor de tus mágicas escamas y tu cuerpo de ópalo viscoso.*
> —José María Lima

Al reorganizar cronológicamente los poemas de José María Lima[1] descubrí que es la extensión y la privación de extensión, es decir, la posibilidad de territorio, lo que vincula los poemas en prosa y las "caracolas" de nuestro autor. Advertimos que los largos versos de algunos poemas devienen poesía en prosa (escrita entre el 1955 y el 1963, con tres excepciones en el 1981) y que estos a su vez contienen escenas, diálogos y relatos que hibridizan el género. De otro lado, las caracolas (1977) son poemas breves o versos cortos nacidos para insertarse en las casillas de un tablero de ajedrez. El territorio al que aludo es la posibilidad de reorganizar la página o el mapa de lo poético en el espacio literario puertorriqueño a partir del poema en prosa, forma inusual en nuestra tradición poética, y de su ensamblaje, la "caracola", dos experimentos de la extensión versal sobre la "página" en blanco. Gran parte de los primeros poemas en prosa revelan una sostenida reflexión sobre el lenguaje: en Lima la voluntad de hacer poesía

---

[1] La cronología surge de las "Fechas de composición" que inserta el poeta y editor joserramón melendes en su edición de la poesía del autor, la cual incluye los poemas de su primer libro, *Homenaje al ombligo*, escrito con su esposa, la poeta Ángela María Dávila, y poemas anteriores y posteriores a este. Véase *La sílaba en la piel* (254-55). De ahora en adelante todas mis citas provienen de esta edición, a menos que indique lo contrario.

se halla unida a la voluntad de esclarecer una poética. Hay dos intensidades mayores en su escritura, la tensión lírico-intimista relacionada con la pasión amorosa y la necesidad de estipular una poética que lo sitúe o coloque dentro de un paisaje literario. La forma que he escogido para esta lectura funciona como brújula y atañe a los dos extremos de su enredadera, la "línea verde" del poema en prosa en modalidad latinoamericana (Vallejo, Ramos Sucre, Pizarnik) y la caracola, el poema más breve de su personal invención, el verso que se repliega sobre sí mismo sobre los sesenticuatro espacios del tablero de ajedrez. Otros poemas en verso libre[2] actúan fijando o punteando esa *poiesis*, de modo que entre la extensión y su repliegue transita la voluntad de poetizar, es decir, su poética.

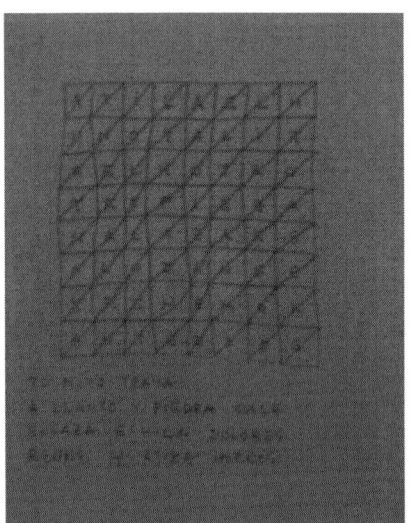

---

[2] Véanse, por ejemplo, "serpiente y caracol" (1974), "Busco decir" (1975), "Qué trueno maldito de antemano" (1980), "Se trata de encontrar una puerta" (1981), de *La sílaba en la piel* y "Tengo a mi haber", en *Poemas de la muerte*, editado por Margarita Rodríguez Freire.

DESHACER EL TERRITORIO FORMAL DE LA PÁGINA Y "EL EXTRAÑO DEL INTERIOR"

> *Cuando digo río, quiero decir, ante todo, río; pero después por extensión, metáfora, juego o simplemente azar puede que quiera significar cualquier torrente o suma de realidades o pasado desbordándose hacia el frente, buscando de nuevo los agujeros fecundos.*[3]
> —José María Lima

Primero, una característica de forma que atañe a la extensión inusitada de los versos. También habría que recalcar impecables tercetos, la extensión de la aserción o de la enumeración hasta convertirse en poema en prosa, la oscilación entre el poema en prosa o en verso, el empotramiento de las letras en las casillas correspondientes al ajedrez, poemas dialogados, preferencia del sonido sobre el sentido y del significante sobre el significado. En el plano semántico, es innecesario subrayar que las imágenes de José María Lima son radiantemente enigmáticas. La opacidad de su lenguaje poético es evidente, hasta el punto de que algunas lecturas hayan eludido dar cuenta de éste cobijándose bajo el supuesto puntal automatista del surrealismo. A veces, algunos de sus poemas dejan la impresión de que el poema está inconcluso, como si súbitamente todo se hubiera dicho o nada pudiera decirse y que bastara colocar un punto. El matemático que era Lima, lo mismo puede poetizar por vía de enumeraciones, casillas rellenas de letras a leerse en forma de espiral, prosa, haikus sin rima que se insertan en casillas de ajedrez, caligramas o aserciones sueltas. La página en blanco es para Lima un espacio para experimentar, deambular e inventar, por lo que indistintamente decide dibujar un rostro, diagramar una casilla rellenándola de signos, o escribir letras para que al reunirse suenen. Nada escapa al ejercicio diferente

---

[3] "Acariciando una oreja se piensan muchas cosas" (1969), 182-3.

de la mano. La página es su territorio y, la escritura, su forma de habitarlo. Las observaciones realizadas por de Certeau sobre las incursiones de los peatones ejercitando sinécdoques y asíndetos en el espacio estriado de la ciudad podría ser una excelente analogía para este Lima desplazándose por la página y describiendo ejercicios nemorosos donde desde los signos (grafemas) hasta los trazos barrocos o sencillos dibujan el énfasis de una línea que produce un rostro, deliran en la extensión del poema en prosa, o avanzan con dificultad como signos empotrados en casilleros únicos para devenir espacios de resonancia, tableros que, como en las figuras anamórficas del Renacimiento vistas lateralmente, devienen caracolas, dependiendo de la disposición del lector para voltearlas.[4] Llana y simplemente, su escritura es una forma de descubrir otra forma de caminar esa ciudad que una vez Ángel Rama denominó "ciudad letrada". Sobre Wittgenstein, uno de los pocos autores citados por Lima, nos dice en uno de sus poemas en prosa: "La totalidad del saber humano no se reduce a *Principia Mathematica* ni a *Tractatus Logico-Philosophicus*. Si así fuera ya nos hubiéramos atrevido a quemar todo lo otro".[5] Y Wittgenstein mismo reconoció que no puede salirse del lenguaje o de la prosa del mundo, aunque los filósofos (y añado, l@s poetas) no puedan evitar contemplarse cual salvajes o como "extraño en el interior (sin exterior)", ya que es imposible salir de la metáfora que el lenguaje es.[6] A propósito de los usos del lenguaje, del hombre común y de la posición de Wittgenstein, señala de Certeau:

> Pues estas maneras accidentales de ser extraño *fuera de su sitio* (como el viajero o el archivista) se encuentran pensadas por Wittgenstein como las metáforas de métodos analíticos *extraños en* el *interior* mismo del lenguaje que los circunscribe. 'Cuando hacemos filosofía [es decir, cuando trabajamos en el sitio que sólo es 'filosófico', la prosa

---

[4] Sobre la relación entre el tablero y el caracol, véase el ensayo de Juan Carlos Rodríguez en este volumen, "Dédalo en fuga: duelos, devenires, políticas y legados de la forma en las *Caracolas* de José María Lima".
[5] "El lenguaje es" (*La sílaba en la piel* 224).
[6] "Sobre la verdad y la mentira en un sentido extramoral". Friedrich Nietzsche.

del mundo], somos como salvajes, como hombres primitivos que, al escuchar la manera de expresarse de los hombres civilizados, hacen una falsa interpretación de ésta', etcétera. Ya no es la posición de los profesionales, supuestamente cultos entre los salvajes, sino la posición que consiste en ser un extraño *en lo suyo,* un "salvaje" en el ambiente de la cultura ordinaria, perdido en la complejidad de lo entendido y de lo bien entendido común.[7]

Toda la poesía de este "extraño del interior" que es Lima está marcada por profusas llamadas de atención hacia el valor del signo lingüístico, lo cual connota una poética en continuo proceso de elaboración y reflexión. Es inagotable su mención de los aspectos más materiales de su praxis, la escritura, y cómo enunciarla de múltiples maneras. Su campo léxico insiste en desautomatizar la palabra al entrecomillarla y repetir vocablos tales como "sílabas", "jeroglíficos", "lengua", "sonido", "signos", "números", "símbolos", "letras" y "silencio". En un poema de 1960 decía, en una suerte de enumeración impersonal que se multiplica como una máquina productora de deseo, que: "cada signo de interrogación es una espina abstracta" (*La sílaba en la piel,* 136).[8] Podríamos pensar que Lima se refiere allí a un cuestionamiento concerniente al origen e impacto del lenguaje, tal como se desprende de un poema escrito dos años después, *En el comienzo*: "¿Qué puede haber sucedido en el comienzo de los tiempos que no llegó a formarse el grito suficiente ni la canción exacta?" (149) O quizás se relacione con el tema que signa su poesía, expresado en ese largo poema en prosa de 1957, *"yo quiero hacer un poema de líneas verdes"*: "qué puede mi razón frente a mi amada? Qué puede este fragmentado saber de siglos frente a mi amada?" (213) El lenguaje en Lima apuesta, dentro del reconocimiento de la incapacidad de decir dentro de la tumba, la celda y la reja que es la institución

---

[7] *La invención de lo cotidiano I. Artes de hacer,* 61-62. La cita de Wittgenstein proviene del párrafo 194 del *Tractatus Logico-Philosophicus.*

[8] El poema titulado "Se ha sabido que", cada aserción constituye un plan orgánico de desplazamientos tales como "los ciegos hablan desde otro lugar" o "en cada libreta de banco hay un faisán".

del buen decir, a poder expresar (pese a la dificultad de hacerlo) el amor desde el lenguaje. La frase la "interrogación espinosa" contiene la posibilidad de que sólo en poesía, ese lenguaje que supera a la razón, pueda poder expresar el dolor. Refiriéndose a la imagen gráfica ("cada signo de interrogación es una espina abstracta"), ésta evoca un elemento de su paisaje natural, una espina curvada, áspera, cobriza. La espina punza la vista como una interrogación y el lenguaje resiste su abstracción sobre la piel concreta. Decir duele, mientras el tacto cobra visibilidad en las imágenes de Lima. El tacto es la aproximación última que cifra la ruta del dolor del amor perdido. Como él mejor lo dice mediante esa supresión del signo de interrogación con que inicia todas sus preguntas: "quién piensa que mañana habrá una nueva tumba y otras voces dirán un nuevo jeroglífico? mírame entonces y dime si hemos perdido la flor completamente o si de tus tinieblas podrá salir un grito más fuerte que la noche". (147-8) El Eros de Lima desemboca firmemente en el Thanatos. La palabra poética de Lima que se inicia homenajeando el origen en el trazo que deja en el cuerpo el cordón umbilical potenciador de la vitalidad concluye enunciándose en la tumba resonante que evocan sus caracolas. Entre los polos de *Homenaje al ombligo (1966)* y *Los poemas de la muerte* (2009), los dos títulos seleccionados libremente por Lima

para signar el recorrido de su escritura, se resignifica y configura su reflexión sobre el lenguaje.

La obra o las "líneas" de José María Lima se van ramificando a su pesar, primero en los poemas publicados en los periódicos de la época (*El Mundo*), luego como dibujante y miembro del grupo surrealista iniciado por el exiliado español Eugenio Fernández Granell desde "El mirador azul",[9] después en compañía de la poeta Ángela María Dávila en su primera colección de poesía (*Homenaje al ombligo*), y en las tres colecciones poéticas restantes (*La sílaba en la piel, Rendijas* y *Poemas de la muerte*), a cargo de diversos editores. Sus imágenes apuntan a un universo abierto y en flujo continuo, donde el plante lírico tan devastador caracterizado por motivos como la soledad y el silencio en las décadas de los cincuenta y los sesenta, es interrumpido por una poesía irónica y mordaz a mediados de los setenta, que atañe a las relaciones humanas y a la violencia política que se produce durante la modernización acelerada del país; mas ya a partir de los ochenta reincide en la temática amorosa para centrarse, del 82 en adelante, en el tema de la muerte, que siempre lo rondó. Se ensamblan dos paisajes: la progresiva devastación o destrucción del mundo afectivo tal cual lo expresa una poesía lírico-introspectiva que nada tiene que ver con la racionalidad, y la reflexión desde la poesía de la mercantilización rampante, es decir, el avance del valor de cambio sobre lo natural, que atrofia la posibilidad de retroceder, de que las hojas regresen al árbol o el mineral a la mina o el agua rompa la represa. Lima invita a contemplar la imposibilidad de recuperar la totalidad prístina del mundo donde todos somos simultáneamente humanos, dioses, animales y flora, mediante una escritura profundamente introspectiva que alisa los espacios para indistinguir mejor los bordes. La fuerza consubstancial a este vitalismo recae en las imágenes de la pérdida, en la primera escena, del amor, y en la segunda escena, su poética, el poema y

---

[9] Mencionado por J. A. Torres Martinó en *Mirar y ver, texto sobre arte y artistas en Puerto Rico* (3) y por Marimar Benítez en *Puerto Rico, arte e identidad*.

la escritura, aunque ambas se complementan mutuamente a lo largo de su obra. Hacia la búsqueda de esos momentos se dirige este ensayo.

Previo o la escena inaugural

Primero es el sonido del caracol, como aquella llamada a la sublevación que signó los avatares de la revolución haitiana bajo Bouckman. "Sobre mi tumba suena un caracol" (1955) es el despertar del hablante poético a un querer decir en el momento de su devenir (¿en el tiempo del Aión?[10]) que se enuncia desde la penumbra de la tumba para resonar mejor desde la varia extensión de los versos:

> Yo no sé si duermo.
> No sé si me despierta a veces
> esta estridente realidad de mi tumba
> pero el sonido del caracol es como un sueño,
> como un sueño la presencia de las hormigas y los pájaros
> las horas como un gran lago en calma,
> mejor, como la fotografía de un gran lago en calma,
> o mejor aún, como el recuerdo remoto de la fotografía
>   [de un gran lago en calma.
> ("Sobre mi tumba suena un caracol", 130)

Es una escena que podría rememorar la del cadáver vallejiano "lleno de mundo" ("Masa") que regresa a la vida con el abrazo armónico del amor de todos los humanos, aunque aquí el hablante sólo advierte el ruido de los transeúntes cuando pasan cerca de su tumba. La voz poética distingue temporalmente entre un antes y un después y en ese paisaje devastado ve por primera vez los cráneos iluminados con "faroles de sílabas" que operan como

---

[10] Según Deleuze, es el tiempo no pulsado, flotante, "el tiempo del acontecimiento puro o devenir, que enuncia velocidades y lentitudes relativas independientemente de los valores cronológicos o cronométricos que el tiempo adquiere en los otros modos". *Mil mesetas, capitalismo y esquizofrenia* 267.

detonadores de su nueva mirada. Esta muchedumbre de cráneos en fuga lleva impresa en la frente "grandes letras brillantes", y el cadáver que es el hablante desde su tumba rompe el silencio, orientado por la nueva mirada que se produce al abrir sus ojos: "Faroles de sílabas que estuvieron siempre presentes,/ pero que yo nunca advertí antes./ Mis ojos abiertos al silencio/ me dicen muchas cosas. ¡Tantas cosas!" Es precisamente la multiplicidad de cosas indeterminadas lo que subraya que sea la visión la que produce una apertura a un silencio que le dice cosas, eso que puede ser legión, multiplicidad, posibilidad de un agenciamiento. Hay un despertar poético a una visión que le permite reconocer que ha llegado a un silencio pleno, análogo a la situación mística. Sucesivas lecturas del poema podrían insinuar que el hablante es una especie de zombie que regresa a la vida en un viaje a la inversa, y que adquiere conciencia a su regreso. La conciencia es el reconocimiento de la múltiple valencia de todo lo que le rodea, de su entorno; la individualidad ha muerto, o más bien en el descubrimiento de la multiplicidad haya su espacio allí; en el agenciamiento halla su individuación. El poema diagrama una posible acción indeterminada:

> Yo estoy solo en mi tumba.
> Sueño que tengo corazón.
> Sueño muchas otras cosas,
> pero no de la misma forma que antes.
> Antes no me precoupaban mi corazón,
> ni mis ojos,
> ni mis dedos.
> Me parecía muy natural tener un corazón
> y un par de ojos
> y diez dedos.
> No tenía necesidad de soñarlos.
>
> ¿Qué cosas yo soñaría antes?
> No recuerdo, deben haber sido estúpidas;
> todo era estúpido antes.
> Ahora todo es igual, compacto, único. Nada puede dejar de

> tener sentido en esta atmósfera;
> ni siquiera los rostros de los héroes
> duros, fríos, amarillos.
> Hace algún tiempo recuerdo que moría.
> ¿Adónde irán a parar las cosas, me preguntaba?
> Bueno. ¿Adónde han ido a parar? Me pregunto ahora.
>
> El viento silba, y con el viento la hojarasca.
> Pasan flotando restos de cráneos de desterrados
> con grandes letras brillantes en el lugar de la frente.
> Faroles de sílabas que estuvieron siempre presentes,
> pero que yo nunca advertí antes.
> ("Sobre mi tumba suena un caracol", 132)

La escena inaugural de la poesía de Lima es este despertar de su silencio a un paisaje donde el detritus se va recomponiendo en varias de sus alusiones a la poesía como "cofre de ruidos" ("Aquí, esta torre" 133) o "cofre de madera vieja", ("yo he visto" 94) donde la voz poética es siempre un alguien con otros: "Y yo seré *mi* nombre y otros nombres/ y esta larga cadena de desgracias" (134).[11] Destaco el poema "Sobre mi tumba suena un caracol" porque fue escrito en el 1955 y es uno de sus primeros poemas, conjuntamente con el visionario "yo he visto" y "se fueron los ayudantes del olvido". La tríada representa una escena marítima un tanto necrofílica donde el hablante poético (solo, entumbado, adolorido, pero sobre todo escucha y visionario) forma un agenciamiento con una multiplicidad de humanos, tiempo, huellas, hormigas, caracoles, pájaros, recuerdos, cosas, un palimpsesto en movimiento donde el yo se torna indistinguible en el plano total de los acontecimientos para desde ahí enunciar algo nuevo: "bien que dé un paso al frente la hormiga/ de su siesta de números redondos./ ahora digo un latido perfecto/ con una lengua nueva/ por los corredores y las encrucijadas/ gritando de sol a sol" ("se fueron los ayudantes del olvido" 160). El hablante poético congrega todas las subjetividades flotantes provenientes

---

[11] El "mi" va en itálicas en el original.

de todos los reinos y las amasa para formarse en y a partir de ellas. El poeta produce un agenciamiento en cada uno de sus poemas; nace en un cementerio cercano al mar donde resuena en sus oídos una caracola que connota a la nueva poesía, se asegura recibir las frases de los cráneos olvidados y forma palabras con sus sílabas. Su aserción es la multiplicidad en latencia, el devenir continuo de la "cosa". Si Palés dijo "dadme esa esponja y tendré el mar", apostando a la apropiación de lo que no es parte del régimen de lo apropiable, Lima borra la frontera entre la esponja y él,[12] que no es él: "Tal vez tu nombre es simplemente/ la sobra de una hormiga alborotada. ¿Es inútil acaso compararte?/ Si decido mi suerte/ sobre una letra tuya/ me abandono a mi límite./ Quiero decir: me sumerjo/ en tu propio límite de esponja./ Por tanto, te asesino/ cada vez que tu dimensión inexacta/ me abandona". ("Hueco, profundo, vacilante, 114) Ese agenciamiento nunca se define absolutamente, por eso su poética siempre se halla en movimiento, siempre es anunciadora, siempre depara una sorpresa.

---

[12] "El ÉL no representa un sujeto, sino que diagramatiza un agenciamiento. No sobrecodifica los enunciados, no los trasciende como las dos primeras personas..." Las cadenas de expresión que articula son aquellas en las que los contenidos pueden ser agenciados en función de un máximo de circunstancias y de devenires" (*Mil mesetas* 268).

Devenir amor o CUANDO LAS TARDES MUEREN EN UNA SOLA MAÑANA

Resulta imposible trazar una frontera entre la poética y la amada, inquirir a quién apostrofa la voz poética en el gótico poema "han muerto mis silencios" (1955-60), primera poética donde se funde el cuerpo de la amada con la voluntad de un lenguaje nuevo que cuestione la hechura tradicional de ese cuerpo en la poesía puertorriqueña. Es interesante que el silencio muere cuando el cadáver del poema "Sobre mi tumba suena un caracol" abre los ojos. La atmósfera de ese próximo poema es una secuela de éste: "han muerto mis silencios a la hora en que crujen las tablas en las casas viejas; de noche cuando los insectos llevan a cabo sus milenarios ritos y la fruta se deja caer con éxtasis oscuro. [...] a esa hora se pierden los nombres en el polvo y los caminos se tornan cada vez menos claros" (147). El zombie se levanta, recuerda su tumba y anuncia otra.

> Quién piensa que mañana habrá una nueva tumba y otras voces dirán un nuevo jeroglífico? Mírame entonces y dime si hemos perdido la flor completamente o si de tus tinieblas podrá salir un grito más fuerte que la noche. Si tu ombligo será una nueva luna con alfileres dulces; si habrá luz en los sitios adonde llegaremos; si nos espera un día completo como aquel viejo día de sábanas completas.
>
> háblame de tu nariz y tus rodillas...
> olvidemos tus ojos y tus manos.
> quiero saber de tus muslos y tu ombligo.
> ("han muerto mis silencios" 147-8)

La voz poética selecciona partes tradicionalmente proscritas del cuerpo de la amada, rechaza los consabidos (ojos y manos) y las pronuncia desde la futura tumba y el nuevo jeroglífico que establece. Es hora de que surja la voz de "El vaticinador", (1957-60) o del poeta, según se concebía en la antigüedad, aunque en la escena de Lima está fatalmente herido por la pasión amorosa, apostrofando a un tú ambiguo que igualmente podría ser la amada como la poesía, pero signada por la magia de una trayectoria consistente en irse y regresar, cuya veracidad o definitivo regreso sería imposible constatar.[13] La escena es grandiosa, el hablante se representa a sí mismo ubicado en lo alto, evidenciando cuán autorreferencial es la poesía: "Este pequeño mundo, este minúsculo territorio desde donde dominan tus contornos toda actividad, se va fijando como un insecto extraño sobre una hoja limpia. Ya no estás como el recuerdo de lo que no se cumple. Tienes todo el delicado sabor de lo sencillo que nunca vuelve" (145). Lo sin regreso es el recuerdo de ese amor que se fija en la escritura como un "insecto extraño", expulsado del plano de la vida, para inscribirse en el espacio inmóvil de los signos extraños, tornado distantemente arcaico aunque grandioso, mientras la pasión del hablante poético deviene la fulgurante punta de un cigarrillo encendido en la noche, horadación que pulveriza la solemnidad del entorno y amortigua el dolor:

> Había luna la noche que decidimos volvernos de espaldas a la vida. Había un extraño sabor a cosa entendida recorriendo cada rincón de nuestros cuerpos. Había como una iluminante voz de tragedia congelada en nuestras gargantas.
>
> Los sacerdotes habían salido a paseo y las carrozas antiguas habían, por fin, hecho su último recorrido. No era un deseo más. Eran todos los deseos deshechos; empotrados en pesados bloques de metal con materias radioactivas.
>
> Yo miraba distraído sobre mi cigarrillo y me parecía que de pronto habría de surgir un monstruo extraño con pequeños ojillos de diamante. Mi pensamiento se esfumaba por entre una pesada atmósfera de ruidos que se interceptaban a cada momento en

---

[13] Esto es constante en la poesía de Lima, en "han muerto mis silencios" ("Será cuando tú vuelvas y entonces lo sabremos"), en *El vaticinador* ("pero te he visto acaso volver? Te veré volver algún día? ¿Habrá días cuando vuelvas?") y "cuando vuelvas no habrá salidas y, curioso, tampoco habrá forma de saber si has vuelto", *La sílaba en la piel* 147.

conclusiones. Es cierto, nunca pude vivir sin conclusiones. Al minuto de no poder concluir nada sentía como un temblor de mundo atenuándose y no terminando nunca; exasperante continuidad de lo vivido. ("El vaticinador", 146)

Queda el deseo solo flotando en la intensidad del cigarillo, multiplicado como un monstruo por donde se fuga y que aparece contestando en otro poema en prosa, "En el comienzo":

> Ella está, pero sus ojos no están.
> Ella está, pero su corazón no está,
> Ella está, pero no están sus labios.
> Solo estoy yo al lado de ella pero ella no está conmigo. En esto consiste el secreto del primer deseo. (152)

Este deseo de saber si la decisión de separarse ha tenido repercusiones, es decir, si ha concluido o es definitiva, resulta imperceptible. Dicha pregunta habita toda la poesía del autor, y regresa nuevamente asumiendo el mismo estilo en la década de los ochenta, para resolverse eventualmente alterando su rostro. La amada, que en un principio es también la poesía, asume su otra faz que es la muerte, a quien el hablante espera, más allá de su llegada, apostrofándola para que se materialice. Percibimos en nuestra lectura que no es tanto "saber", sino el "deseo" lo que lo mueve:

> Pétalos de fuego llegan hasta la orilla opuesta empujados por el viento. Se confunden los deseos y luego nace el silencio; terrible y sosegado. Porque hay una horrible esperanza suspendida sobre la cabeza del que sueña. Hay un deseo oculto como un parasite que se come las entrañas poco a poco Este deseo está revestido de pequeños incidents sin improtancia y por eso no puede manifestarse como sería preciso para que fuera exacta su presencia. Después de todo quizá es necesario que así sea porque: ¿qué puede hacerse con un deseo presente y manifiesto? ("En el comienzo" 152)

Mientras, las variables que asume la pregunta y todas las preguntas que atraviesa la escritura de Lima se esparcen sobre la superficie de sus textos poblándolo de interrogantes y líneas libres, verdes, salvajes, enredaderas que ramifica un texto multiforme cuyo movimiento es el contagio, la proliferación, en donde "el devenir es un rizoma". Es allí donde la voz poética evidencia su anomalidad,[14] como jefe de manada o brujo, reconociendo la multiplicidad que lo habita. La escena amorosa desencadena la presencia de dicha multiplicidad sin origen en un "dolor que no pertenece a nadie" ("pero después de todo", 1957-60),[15] mientras él "como un sol de plomo, todo vuelto circunstancias" va "siendo completamente nuevo" ("El vaticinador", 145).

---

[14] "En resumen, todo Animal tiene su Anomal. Queremos decir: todo animal considerado en su manada o su multiplicidad tiene su anomal. Se ha podido señalar que la palabra 'anomal', adjetivo caído en desuso, tenía un origen muy diferente de 'anormal': a-normal, adjetivo latino sin sustantivo, califica lo que no tiene regla o que contradice la regla, mientras que 'an-omalía', sustantivo griego que ha perdido su adjetivo, designa lo desigual, lo rugoso, la aspereza, el máximo de desterritorialización. Lo anormal solo puede definirse en función de caracteres, específicos o genéricos; pero lo anomal es una posición o un conjunto de posiciones con relación a una multiplicidad" (*Mil mesetas* 249).

[15] "Alguien tiene el sonido /que escapó a mi garganta. Alguien debe saber que necesita/ sostener esa nota hasta el final./ Si apenas deseo lo que es mío. /Este dolor no pertenece a nadie. / Aunque vuelva la historia a repetirse/y de distinta manera los hombres la repartan./ Estaré aguardando siempre/ la porción de silencio que me corresponde" ("pero después de todo", *La sílaba en la piel* 207-208).

Característica de la poesía de Lima, es reclamar ser parte de una muchedumbre, incluso la parte más ínfima de esta, desubicado a veces, mirándose desde fuera, pero siempre ahí. La voz poética da cuenta del palimpsesto que es, formada su textura de huellas, recuerdos, cosas, fantasías ("Yo he visto a la caída de la tarde", 1955) que desembocan en una serie de interrogaciones retóricas ("Yo quiero hacer un poema de líneas verdes") que afirman la pérdida de la sustancia y de apóstrofes a todos los reinos (vegetal, animal, mineral) naturales: árbol, búho, culebra, cofre, noche, brujo, pez. Lamenta la razón y el "fragmentado saber", reclama "el saber histérico" y solicita del poema "un verso de calor que sea frío como el hielo" (213). Lo que el poeta desea es la vía del corazón, la intensidad. La multiplicidad heterogénea con que se puebla este poema es precisamente lo que atraviesa la relación hombre-mujer en la alianza amorosa.[16] La heterogeneidad de lo apostrofado forma parte de la multiplicidad de devenires que desea hacer suyos, potenciadores del ser nuevo que adivina en sí. Cada uno de los imprecados proveerá el deseo que porta: del árbol su sonoridad, del búho el mirar mágico, de la culebra sus dobleces, del cofre el hermetismo, de la noche el misterio y del brujo la pócima "y un poema de números para esta página blanca de mi libro muerto" ("yo quiero hacer un poema de líneas verdes" 213). El anomal deposita la multiplicidad en el libro y se sustancia como borde múltiple. En el poema, cada interrogación retórica es "una espina abstracta", y cada apostrofado, la posibilidad de un devenir. Ya desde que se escribe este poema, entre el 1957 y el 1960, la voz poética asume la posición anomal y describe su alianza:

> payaso, devuélveme mi sustancia. bestia, devuélveme mi sustancia. magia, dame tu sustancia caprichosa y toma en cambio esta horrorosa epidermis que no es mía. toma mis dedos, magia, y dame tu pezuña de algodón amarillo. dame tu careta y toma mi bastón de líneas firmes.

---

[16] "Nosotros sabemos que entre un hombre y una mujer pasan muchos seres, que vienen de otros mundos, traídos por el viento, que hacen rizoma alrededor de las raíces, y que no se pueden entender en términos de producción, sino únicamente de devenir" (*Mil mesetas* 248).

dame tus patas y tu flauta de música de amaneceres y atardeceres enigmáticos y toma tú mi ciclo de esperanzas, sincronización absurda de mi eterno duelo. toma mi firmeza y mi recto camino y hazme partícipe de tus turbias y dobladas sendas. (*La sílaba en la piel* 212)

Asistimos al deseo de la transformación, regida esta por el principio del canje, y lo que resulta es una figura híbrida en la que encarnará la voz poética, potenciada por todos los devenires que imbrica. La voz poética reclama para sí magia, pezuñas, patas, flauta, careta, turbias y dobladas sendas. Su devenir está en los procesos de su carga, y en el desdoblamiento hacia fuera del deseo interior. "Tirso" lo llamó Baudelaire en el poema tan bien analizado por Tzvetan Todorov.[17] Es una especie de híbrido entre Dionisio, el extranjero, y un sátiro. Toca la flauta, lleva un báculo y sus sendas son ocultas. Cuando José María Lima le agrega

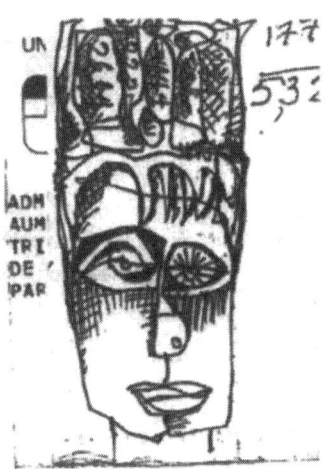

---

[17] Véase "Poetry without Verse", de Tzvetan Todorov, en *The Prose Poem in France, Theory and Practice* 60-78. El "Tirso" baudelairiano recoge una descripción del poema en prosa de dicho autor, tensado y curvado a la vez.

el misterio, el mágico mirar, la sonoridad, el hermetismo y los dobleces obtenemos un agenciamiento que puebla la poética de Lima y lo ubica en un espacio indistinguible, temible para algunos, que va anunciando la poesía tan multiforme, desde el punto de vista temático y de la forma, de los setenta en Puerto Rico.

"Un poema de números" es una aserción interesante en boca de un poeta que se dedicó a las matemáticas, insertó letras en 64 cuadrículas y pobló sus dibujos de números o de esferas de líneas contabilizables. Ese poema es para ella, la amada, a quien se lo ofrece como venganza y promesa contra sus enemigos. Todas las referencias a la "palabra" tienen connotaciones de ruptura, rebeldía, estallido, iniciación de un nuevo lenguaje, y en la obra temprana del 55 al 63 aproximadamente figura ambiguamente como el término de su hacer poético, y a su vez como desdoblamiento de este. De ahí la doble valencia del apóstrofe que hemos rastreado desde "han muerto mis silencios" hasta "Yo quiero hacer un poema de líneas verdes", interpretable como amada y poesía a la vez. Ahora bien, habría que acostumbrarse a la visión de su desmembración, de su descoyuntamiento, a fin de hacerla más polivalente. Lima inaugura otro cuerpo para esa amada y es inusual:

> pero tus pómulos oscilan —esa no es la palabra, pero me llegó al papel de pronto y también es verdad; quizá después te diga que tengo tus pómulos guardados en células o colgando en las córneas —y también he notado que atesoran trozos de cometas perdidos y puede ser solo mi imaginación, pero no importa porque el que la luna sea un ojo de gigante extraviado no es mi culpa como tampoco sería mi culpa que no lo fuera. ("si me propusiera, pienso alguna vez, olvidar tus pómulos", 1962 154-55)

Si la primera marca recurrente que parece organizar los poemas de Lima es esa interrogación abierta e infinita como una enredadera que trepa hacia el deseo, la segunda es el apóstrofe ambiguo "amada y poesía" que tampoco tiene derrotero ni conclusión; el campo abierto es una flecha sin dirección "porque no hay pared de conclusiones que pueda detener el llanto provocado por una muerte de tardes al amanecer" ("Cuando las tardes mueren en una sola mañana", 1963 88). De ahí en adelante se establecen algunas líneas temáticas y claramente políticas en los setenta, época de su poesía más comunicativa, digamos; entonces el modo preferido es la aserción, el imperativo y la ironía. Antes es la época de la expresión, la enredadera, el deseo, las líneas verdes, a las que regresará nuevamente en los ochenta y ya posteriormente hay una mesura, un querer decir más que expresar, y un sosiego que va orientándose hacia su tercer gran tema, sus diálogos con la muerte. Todo es más simple cuando la vida se resume a "describir" la "verdad" de esa espera.[18] Pero antes, aclara el camino de su escritura:

> Busco decir.
>   cómo
>   sueño
>   y callo.
> Este alud de silencios escogidos pugna
> crece
> y estalla
> atropella las grietas
> invade hoyos y claros
> penetra y se recoge;
> en letra y signo al fin
> salta y abunda
> incorporando abismos y oquedades
> cavernas enlazadas
> (vale decir: cuando la voz que encierra
> advierte consonancias)
> Sobrepuestas las noches a las noches
> allí donde las sombras sin descanso
> tropiezan
> se vuelve dirección

---

[18] Me refiero al poema 41 (*Poemas de la muerte*, 122-23: "Tengo a mi haber, decía,/ un dibujo de tinta/ donde ocurren verdades".

su regocijo
y tallo y flor avanzan.

("Busco decir" 89-90)

Tercera escena o el campo abierto del poema

> *por cuanto cada letra puede romperse y precisamente de esta terrible posibilidad nacen aquellos seres exquisitamente perfumados que damos en llamar poemas.*
>
> —José María Lima (*Manifiesto*, 1969)

Las poéticas que se producen en la década del ochenta, "El lenguaje es" (1980) y "Un papel con signos enigmáticos" (1981) son paradójicos amagos de definir el lenguaje desde su pragmática comunicativa: "El lenguaje es antes que nada algo como un cuchillo o una soga" (222) o "El lenguaje me separa de las cosas y al mismo tiempo me permite caminar entre ellas" (225), interrumpido ese flujo directo por aserciones como la siguiente:

> *Se hizo el cuchillo de las conchas y las piedras y la dureza de ambas. Se hizo el lenguaje de estas mismas cosas y además del color de las conchas y la blandura del aire y de ciertos olores y de la humedad que los abrigaba. Se hizo del deseo de permanecer que es el sexo y la osadía y la cautela que son deseo de permanecer.*
> ("El lenguaje es" 222)

"Un papel con signos enigmáticos" (1981) contiene la razón de la sinestesia con que se acompaña la dureza del material cuchillo o piedra que contiene el poema del 1980, y es el color, la blandura y el olor, que se relacionan con el sexo y el deseo. El papel con signos enigmáticos yace bajo un libro abierto; y el papel puede decir dos cosas, reposo o muerte. La disyuntiva en Lima es casi siempre equívoca e inclusiva. La alusión al libro abierto también se halla en uno de los poemas de *Rendijas*, no se recoge en *La sílaba* ni en *Los poemas de la muerte*. Es útil remitirse a las citas que de sus propios versos recurren a lo largo de la obra de José María Lima, como una especie de hipertexto que puede recomponer un haz semántico. Esta llamada es una de ellas, un *ritornello* que le permite reterritorializarse dentro del significante "lenguaje". El poema "Un papel…" trata de una tirada de cartas, y las barajas pueden ser españolas o el tarot. El hablante se va esparciendo a lo largo de las tiradas relatando su estado de ánimo, incorporando frases de un diálogo que deja trazos sensoriales sobre su cuerpo, mencionando algunas de sus partes (mano, pupila, huesos). Es un ejercicio lento esta lectura de cartas y poco a poco va distinguiéndose que quien lee las cartas es la persona con quien se acoplará al concluir el poema. La lectura de las cartas ofrece el panorama de un futuro cercano y previsible una vez percibimos bajo qué signo se inicia la interpretación de estas. Entre los signos enigmáticos a los que alude el hablante, las barajas a ser interpretadas y la voz que sale de la boca de alguien al final transcurre un doble proceso: tirada de cartas o partida interrumpida por el anuncio de la carne y la disposición anímica y afectiva de las partes involucradas. Pero todo es metáfora: el sol amarillo, el triángulo negro, la reina que duerme bocabajo, el "tonto", la intensidad del rojo que se reitera a lo largo del poema. Anuncian la escena que aparece en la sección siete donde refiriéndose al público, este se haya dándole la espalda mientras él intenta "atrechar hasta cada pulmón por cualquier atajo" (199). El hablante poético se cansa de las admoniciones y los avisos de futuro cuando en la sección octava busca una carta de triunfos donde hay dos, y el astro se hunde en la sucesiva hilera de labios. Cierra el texto: "Esa palabra que sale de otro pecho de sílabas blandas, se deshace en mi piel, deja la huella que mañana será comienzo de otro lance" (200).

Estamos en el terreno del juego, sexual en este caso, disimulado por una tirada o un lance. Según el RAE, lance es: "[e]n el juego, cada uno de los accidentes algo notables que ocurren en él", entre otras acepciones. A veces, se sobreentiende como "lance de amor". Los poemas de 1977, llamados "caracolas o sesenticuatros" constituyen otros juegos con las palabras, o poemas en cápsulas. Trato de resaltar de estos el movimiento y el verbo presente utilizado en modo imperativo. La primera caracola (1977) "busca el centro del vértigo, transita tranquilo la espiral, a la vuelta, sonríe", no es tanto lo que dice un mandato que puede dirigirse a sí mismo también, sino la trayectoria de su recorrido en los ojos del lector. Recogerse o encogerse para decirlo tiene su continuidad en el poema en prosa "una gran afirmación, la más bella, avanza recogida en sí misma en hermosa espiral" (36). Las acciones en futuro remiten al agenciamiento del que hablamos anteriormente: "Habrá un exacto dolor de espina sin dueño y un juego abierto de constelaciones cada vez más cercanas y seremos como debemos haberlo sido siempre: tú y yo y aquel y el otro. Uña y piel, hermanas para siempre, se contarán del labio excitantes secretos y acudirá la lengua gozosa a entrometerse" (37). Ese que "busca el centro del vértigo" es la "serpiente flecha camino viaje" de la última caracola (#6), complementado por la segunda persona del "tú caracola sonido habitación estancia" de la misma. Mientras las enredaderas o los poemas en prosa elaboran la poética, las caracolas las ocultan, las espiralizan, las retuercen, las desvían. Mas siempre incluyen, al menos, a dos interlocutores, que operan en el presente con visos imperativos o en un futuro verbal. Las caracolas no dejan de ser enigmáticas, precisamente por su brevedad, como lo son sus enredaderas o extensos poemas en prosa, que constituyen en mi opinión lo más estremecedor de la obra de Lima.

PARÉNTESIS DESDE LA IMAGEN O EL "DIBUJO DE TINTA DONDE OCURREN VERDADES"[19]

> *Ahora letra, palabra imán, imagen doble con vías, pastizal y montaña, senda iluminada en su mitad más angosta y real, oscura en su más ancha y real mitad. ¿Quién puede llamar a estas horas? Acaso estoy tocando en mi ventana, llamándome por intermedio de nudillos cálidos que comprenden mi sueño.*[20]
>
> –José María Lima

Hay una relación entre esas líneas verdes a las que alude Lima ("yo quiero hacer un poema de líneas verdes"), las caracolas y los dibujos que se diseminan a lo largo de su obra: la vocación de acompañar su poesía de dibujos, desde su primera colección escrita con su esposa Angela María Dávila, *Homenaje al ombligo*, hasta *La sílaba en la piel*. Aunque esta relación entre poesía y dibujos a partir

---
[19] "Tengo a mi haber" (*Poemas de la muerte* 123).
[20] "Ahora siento escrito" (*La sílaba en la piel* 183).

del concepto de la "línea" aguarda una reflexión más profunda cuando se haga y establezca el acopio de los materiales gráficos del poeta, habría que señalar desde ya una continuidad entre la obra de los emigrantes españoles de la Guerra Civil, entre ellos, Eugenio Fernández Granell, y la obra de aquellos artistas puertorriqueños identificados con alguna veta surrealista. En José María Lima, así como en la obra de Carlos Raquel Rivera ("La madre", 1959), José A. Torres Martinó ("Mater atómica", 1961), Rafael Ferrer ("Sin título", 1959) y José Rosa (de los setenta)[21] advierto múltiples puntos de afinidad. Marimar Benítez distingue entre los artistas

---

[21] Cito de las ilustraciones contenidas en *Puerto Rico, arte e identidad*.

agrupados en torno a la DIVEDCO (División de Educación de la Comunidad), quienes elaboraban en la gráfica un proyecto de afirmación de la identidad puertorriqueña relacionada con el estímulo que proporcionaran las políticas culturales del Estado Libre Asociado *vis à vis* los artistas nucleados en torno al exilio español en la Universidad de Puerto Rico (Angel Botello Barros, Fernández Granell, Carlos Marichal, Cristóbal Ruiz, Francisco Vázquez, José Vela Zanetti y Esteban Vicente) de vertientes más universalistas. Surge una corriente surrealista en torno al grupo "El mirador azul", encabezado por el escritor y exiliado español Fernández Granell, en el cual figura José María Lima.[22] Este surrealismo lo hallamos en obras pictóricas indescifrables tales como "Mater atómica" de José Torres Martinó y "La madre", de Carlos Raquel Rivera. Me remito a estos dos artistas al pensar en la obra de José María Lima porque es singular que estos dos, vinculados principalmente con la DIVEDCO (los artistas de afirmación puertorriqueña) pero cuyas imágenes surrealistas parecen contradecir la oposición que se establece entre ambas escuelas ya apuntada por Benítez, puedan tender un puente hacia el estilo del Lima dibujante en los sesenta y setenta.

Lima, como discípulo del Fernández Granell que se ubicó por aproximadamente una década en la Universidad de Puerto Rico,[23] compone a dos manos su lírica, dibujando figuras muy arabescas y oscuras, sobre todo, rostros de mujer rellenos de figuras inverosímiles y a veces indescifrables, así como rostros

---

[22] Figuran otros, tales como Juan R. Cossío, Nydia Font, Myrna Espada, Octavia Maldonado, Frances del Valle y Miguel Ángel Ríos. Véase "La década de los cincuenta: afirmación y reacción", de Marimar Benítez, en *Puerto Rico, arte e identidad* 115-47.

[23] Fernández Granell huyó en barco de la España franquista para vivir en Santo Domingo durante la dictadura trujillista, conocer a allí a André Breton al pasar hacia la Martinica, huir de Santo Domingo también hacia Guatemala donde pasó un tiempo antes de que ocupara la presidencia el gobierno estalinista de Jacobo Arbenz Guzmán, que no ve con Buenos ojos a los exiliados de la Guerra Civil Española y en especial a Granell, que formó parte de la izquierda republican y fue miembro del Partido Obrero de Unificación Marxista. Sale de allí hacia Puerto Rico en el 1950. Véase de Carmen Cañete Quesada, *El exilio español ante los programas de identidad cultural en el Caribe insular (1934-1956)* y de Estelle Irizarry, *La inventiva surrealista de E. F. Granell*.

formados por una sola línea a la manera picassiana, o con el estilo del cubismo picassiano, con dislocaciones en el rostro femenino. El lírico feroz que es José María Lima en la década de los tardíos

cincuenta y en el correspondiente al *Homenaje al ombligo* nunca deja de serlo, ni en la poesía ni en sus dibujos. Su trazado es el de una larga línea enrevesada de donde emanan poemas en prosa que parecerían ser interminables, estrictamente estructurados por interrogaciones retóricas, anáforas o frases repetitivas o por la necesidad de replegar la extensión de esa línea en prosa dentro de las circunvoluciones hacia el adentro que forma la caracola. Y hay que subrayar que el verso de la caracola se lee (se mueve) hacia adentro enroscándose. La lectura es forzada a orientarse hacia el interior, y no al revés. Esta es la marca que signa la configuración de la subjetividad limeña, una continua y sostenida mirada hacia el interior, la soledad, la dificultad de comunicación. Y todos son rostros de mujer con cabello largo y rizado, ojos con grandes ojeras de donde surgen figuras: caracolas, laberintos, etc. En la portada del volumen a dos voces, *Homenaje al ombligo* (subtitulado poemas y dibujos) figuran dos dibujos. Pienso que el de Ángela María Dávila es el torso de mujer un poco ladeado, con senos y pubis marcados, en cuyo ombligo figura una espiral y el de Lima es el bosquejo de una cabeza cuasi calavera donde figuran las cuencas de los ojos, una nariz como un triángulo y las comisuras hacia abajo, además de un lacito muy formal de pajarita. Son dibujos sencillos, frontales y planos, vacíos, los de esta portada. En el interior del libro se hallan trabajos gráficos más barrocos de Lima, usualmente cuadriculados, que contienen figuras yuxtapuestas en cada uno de los rectángulos.

Las figuras que aparecen en la portada y en dos de las secciones de *La sílaba en la piel* (15 y 205) podrían catalogarse de abstractas en cuanto es imposible reconocer una imagen figurativa allí. Algunas podrían aludir a árboles con diferentes filos por ramas y varias velas surcando un mar. Realmente, se trata de extensiones filosas de un tronco, asimétricas y protuberantes. Los rostros de mujer que se incluyen dentro del libro siempre son frontales, a veces muy pocas son líneas y otras dibujos a plumilla muy enrevesados con varias capas de textura, manchas, deformaciones en la boca de labios gruesos y figuras que desbordan los ojos. En los pómulos se dibuja en ocasiones un sol, de los ojos y el cuello emergen caracolas y espirales, de los labios, una cara seria o un rictus y el pelo es usualmente enmarañado. Las figuras orgánicas que pueblan la cara evocan las imágenes y objetos mencionados en su poesía, principalmente, caracoles, lágrimas gruesas, espirales, como en *Deidad I* (Intaglio) fechado en el 1984. Hay semillas y caminos, combinación de figuras esféricas y líneas verticales en el cabello. En otras, grandes ojeras compiten con el tamaño de los ojos asimétricos sobre el rostro y rayos o líneas rellenan esas ojeras. En muchas ocasiones los pliegues del cabello conforman el marco del rostro y le da textura a la imagen. En ese arabesco del rostro, la nariz es usualmente un triángulo con dos aperturas o una línea lateral. En otras los ojos hacen juego con los senos, ambos en posición frontal casi abstracta, plana, sin profundidad. Interesan también figuras no humanas, abstractas. Algunos son elongados y otros ovalados o redondos, llenos de líneas breves hacia dentro; algunas se proyectan hacia afuera creando cierto ritmo visual. Habría que rastrear las descripciones que emergen de muchos de los poemas y examinar el diálogo con los dibujos, pero para eso es imprescindible fechar el material. Insisto en que conforman una larga línea verde de variada intensidad que a veces se decide por el poema y otras por el dibujo. Veamos dos ejemplos que inciden en la muerte, la violencia y lo lúdico: *En el comienzo* (1962): "Quizá hubo una mujer también y tal vez incorporada a su rostro desde entonces una sonrisa cansada de viaje por hacerse. Una verde rama ardiente le atravesaba la mejilla y podía verse la sangre que descendía por su cuello hasta su hombro izquierdo" (149). En el poema "si me propusiera, pienso, alguna vez olvidar tus pómulos" (1963) se dice: "porque también en tus pómulos hay encrucijadas y podría en sus laberintos inventar adivinanzas y jugar cara o cruz y hacerme preguntas sin contestación" (154).

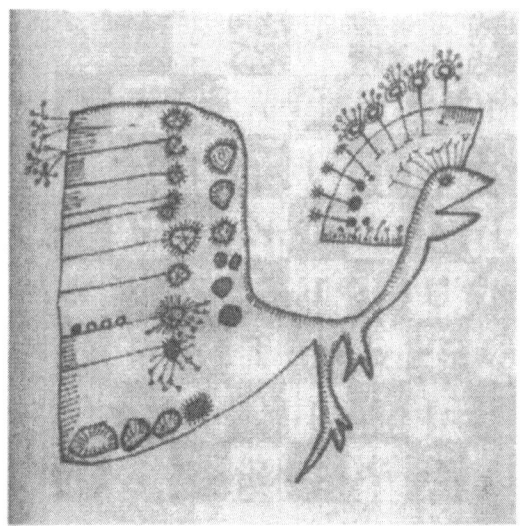

Leer un poema es un lento ejercicio y dar cuenta de lo que trata, como si fuera una narración, es imposible. Un poema no es una narración, es una cosa que rezuma entre las líneas y las asociaciones poéticas que emergen, tanto de su escritura como de la experiencia de su lectura. Sólo trata de mi estremecimiento que replica ante otro que se escribió. En poesía, leer es doblegarse al paso lento de su provocación. Quien no quiera continuar leyendo, que se detenga y que se vaya. Por eso es tan difícil enseñar a sentir cuando de leer un poema se trata; por eso es tan difícil enseñar a escribir, cuando de expresar algo se trata. Podría decirse que la poesía de este Lima puertorriqueño como en la de aquel Lezama Lima cubano hay una resistencia a que se comprenda en el sentido de aprehender, de apropiarse, de cercar el sentido. Es en la superficie que nos acercamos a las palabras, a los vocablos repetidos, a la factura de algunos tropos, la reiteración que da un indicio de la intensidad con que se pregunta (interrogación retórica), se afirma, se estructura como en las enumeraciones, se siente (las sinestesias), se amenaza, se promete, se apostrofa o se dibuja un panorama difícil de imaginar lógicamente. El yo poético de Lima siempre convoca a otros, su yo no es un cuerpo unívoco sino un haz de miembros dispersos, sus ojos van por un sitio y los pómulos sueltos de la amada por otros. Mientras su boca habla, a los labios le duele; podría estar solo pero se siente acompañado y viceversa, los nervios tensores son los de todos y siempre hay una "cosa" indefinida que rezuma del lenguaje, algo que no se deja atrapar, resistente. No se sabe dónde estar, siempre está en movimiento, no es. Solo es la afirmación del lenguaje, de su poema, de dejar un campo abierto, minado sutilmente. Pero para que estalle hay que caminar lentamente sobre el campo minado. Sus letras no son letras sino jeroglíficos a desentrañar, y el gesto de voluntad que domina su canto es "el recuerdo obstinado que llama desde lejos y no admite disculpas, explicaciones, dudas, balbuceos" ("canto porque cantar es mi promesa", 1963, 215). Su detonador es una multitud y en él deviene anomal: "canto, porque me dicen 'canta' otros nervios ajenos, también encadenados a muros y que de vez en cuando por el aire recogen la sonrisa, aunque un poco distinta, de mi sangre" (215). Su poética contiene promesa, amenaza y sorpresa, y sobre todo, una invitación abierta a la escritura: "No doblen la palabra ni escriban al revés el jeroglífico; también están ustedes invitados, *mediten*" (itálicas en el original). Entorpece el flujo libre del diálogo que es toda interpretación de un poema la imposición de evidenciar con citas el vestigio que el poema deja en mí. Escribir sobre poesía es un largo ejercicio, una inhalación profunda que no admite réplica ni prueba. La poesía de Lima un salto de sorpresa una piel huella buscando caracol lejano el abismo repite un mágico laberinto mirar. "La orquídea no reproduce el calco de la avispa, hace mapa con la avispa en el seno de un rizoma" (*Mil mesetas*, 17).

BIBLIOGRAFÍA

Benítez, Marimar. "La década de los cincuenta: afirmación y reacción". *Puerto Rico, arte e identidad*. San Juan: Hermandad de Artistas Gráficos de Puerto Rico y Editorial de la Universidad de Puerto Rico, 1998. 115-147.

Cañete Quesada, Carmen. *El exilio español ante los programas de identidad cultural en el Caribe insular (1934-1956)*. Madrid: Iberoamericana/Vervuert, 2011.

Certeau, Michel de. *La invención de lo cotidiano I. Artes de hacer.* 1990. Luce Giard, ed. Alejandro Pescador, trad. México: Universidad Iberoamericana/Instituto Técnico de Estudios Superiores de Occidente, 2000.

Deleuze, Gilles y Félix Guattari. *Mil mesetas. capitalismo y esquizofrenia*. 1980. José Vázquez Pérez y Umbelina Larraceleta, trads. Valencia: Pre-textos, 1988.

Irizarry, Estelle. *La inventiva surrealista de Eugenio Fernández Granell*. Madrid: Ínsula, 1976.

Lima, José María. *La sílaba en la piel.* joserramón melendes, ed. Río Piedras: qease, 1982.

_____ *Rendijas*. Jan Martínez, ed. San Juan: Universidad de Puerto Rico, 2001.

_____ *Los poemas de la muerte*. Margarita Rodríguez Freire, ed. San Juan: Terranova, 2009.

_____ y Ángela María Dávila. *Homenaje al ombligo*. San Juan: Talleres gráficos interamericanos, 1966.

Todorov, Tzvetan. "Poetry without Verse". *The Prose Poem in France, Theory and Practice*. Mary Ann Caws y Hermine Rifaterre, eds. Nueva York: Columbia UP, 1983.

Torres Martinó, J. A. *Mirar y ver, texto sobre arte y artistas en Puerto Rico*. San Juan: Instituto de Cultura Puertorriqueña y Hermandad de Artistas Gráficos de Puerto Rico, 2001.

Testimonios

Lima

Esteban Valdés Azrate

Foto tomada por Eddie Figueroa, con pegatina que dice "Fuera Lima y el comunismo", pegada en alguna calle de Santurce el 26 de enero del 1963.

Foto tomada por Casenave, el 10 de septiembre del 1963, durante las protestas entre el frente anticomunista y los opositores.

Esta era la foto que acompañaba la columna de Lima cuando escribía para el periódico de circulación general *El Mundo*.

La primera vez que supe de Lima fue porque en el 1963 se supo a través de las noticias que unos estudiantes de la Asociación de Universitarios Pro Estadidad estaban realizando piquetes para exigirle al Rector de la Universidad de Puerto Rico, Jaime Benítez, que lo destituyera como profesor, dado que era comunista. Esta campaña, ampliada por parte del periódico *El Mundo*, según me enteré más tarde, surgió por razón de que Lima había ido a Cuba luego de terminar su Maestría en Matemáticas en la Universidad de California (Berkeley).

Yo todavía estudiaba en la Escuela Superior Central y tenía un amigo que había conocido cuando llegué de México a Nueva York y que luego reencontré aquí. Él estudiaba en la Escuela Gabriela Mistral. En la campaña anti-Lima del periódico *El Mundo* se publicó que Lima vivía cerca de mi amigo en la Avenida San Patricio, por lo cual en las noches, cuando no teníamos nada que hacer, subíamos y bajábamos caminando por dicha avenida buscando la casa de aquel profesor comunista por pura curiosidad y yo además con el deseo de expresarle mi solidaridad pues mis simpatías estaban con el profesor, dado que yo también era simpatizante de la revolución cubana.

Par de años luego cuando frecuentaba la casa de César Andreu[1] en Villa Palmeras, me había hecho amigo de su hijo Nicolás, tuve conocimiento de que el psiquiatra de Lima, el Dr. Carlos Albizu, amigo de César, pensaba que Lima se iba a volver loco según su diagnóstico clínico. Eso no me gustó. A casa de César, cómo le llamábamos igualitariamente, acudían muchos de sus amigos, políticos, artistas, periodistas y profesores. En aquel entonces yo tenía como veinte años. Años antes, César, luego de la represión y la debacle del Partido Nacionalista y, por carambola, del Partido Comunista, se había retirado a escribir a Indiera Alta en Maricao, a la casa de Richard Levins, profesor de ecología, de donde lo sacó Juan Mari Bras para que iniciaran el Movimiento Pro Independencia y fundaran el periódico *Claridad*.

---

[1] *Nota del Editor*, se refiere al escritor César Andreu Iglesias.

PUERTO RICO PARA LOS PUERTORRISUEÑOS

Empecé a estudiar en la Facultad de Ciencias Naturales y entré sin tener aprobado el curso de matemáticas. Por suerte no me tocó ser alumno de Lima, y creo que eso fue determinante en el desarrollo de nuestra amistad. A los profesores de matemáticas les tenían unos sobrenombres como Drácula y otros similares, aunque a Lima no le supe de ninguno. Sin embargo, decían que él calificaba a sus estudiantes tirando los exámenes por la escalera y asignándole las notas según los escalones en que caían o haciendo una raya con la tiza en el suelo y, dependiendo de dónde caía el examen, éste pasaba o no pasaba el curso. Hasta ahora, nunca he sabido que esto fuera cierto. Creo que decían esto de él porque al igual que con los otros profesores, las matemáticas han sido el cuco de muchos.

Vi por primera vez a Lima cuando caminaba detrás del Teatro de la Universidad acompañado por una estudiante con unas piernas flacas y una minifalda trepada allá arriba con una boina sobre su cabeza. Ésta resultó ser Ángela María Dávila. FUPI–estudiantes universitarios que forman parte de la agrupación Federación de Universitarios Pro Independencia. Luego fue fácil identificarlo en la esquina de la cafetería donde se sentaban los fupistas en el Centro de estudiantes en la Universidad de Puerto Rico.

Descubrí a Lorca y a Rimbaud, en el 1964, y para el 1967 empecé a leer y a escribir poesía, me integré a las juntas editoriales de las revistas universitarias y ya por el 1969 decidí utilizar el estilo de la poesía concreta que había descubierto en la revista mexicana

El Corno Emplumado y en la revista norteamericana *Poetry*. En ese año, mi amiga Gertrudis Méndez, poeta de origen cubano, publicó mis primeros poemas concretos en la revista *Cara y Cruz*[2] y en ese número único sobresalía una mini antología de Lima.

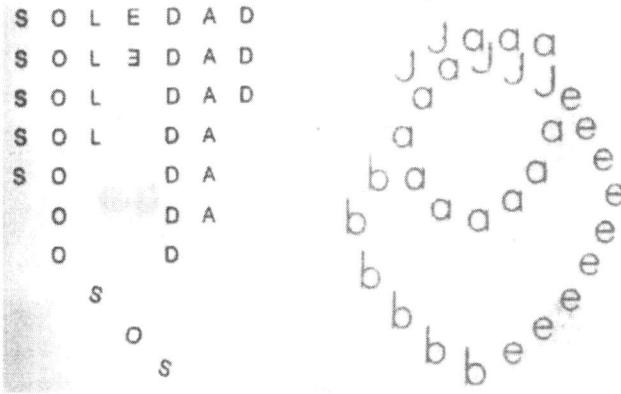

Así fue que Lima se enteró de mi existencia. Para ese año me mudé a Río Piedras y me pasaba como muchos otros en el lugar común de la Cafetería La Torre.

---

[2] *Cara y Cruz* I/1 (Río Piedras 1967) –cuadernos de arte y literatura. Gertrudis Méndez y Aníbal Delgado, eds.

Finalmente, logré compartir con Lima en una de las mesas. Él por lo general no hablaba mucho, pero hacía estos dibujos de caras con rayas y puntos. Yo tuve, leí y releí su libro *Homenaje al Ombligo* que me prestó un primo de Ángela María,[3] hasta que alguien se lo llevó sin permiso de mi cuarto y nunca me lo devolvió. En uno de esos encuentros no sé cuándo en el tiempo, aconteció que Lima estaba enfrascado con sus problemas matemáticos y uno de ellos no le resultaba. Como él sabía que yo había estudiado Ciencias Naturales y había tomado el curso de matemáticas elemental me planteó el problema. Yo, patidifuso, lo analicé y di con el resultado. Renglón seguido me preguntó si yo jugaba ajedrez, pero esta vez decliné: le dije que hacía mucho tiempo que no jugaba y que no me gustaba perder.

Para el 1977 cuando se publicó *Fuera de Trabajo*,[4] Lima andaba con mi libro en su Volky anaranjado, lo mantenía en la parte detrás del asiento, y un día me lo enseñó, hinchado por el agua que se colaba hasta adentro por la goma del cristal y castigado por el sol. Lo removió, me lo mostró y me dijo "ahora sí que está concreto".

En el 1978, sentados en La Cafetería La Torre, me enseñó una caracola que había compuesto. Esta era la de "Atila el Huno".

No vi las otras caracolas hasta más tarde, cuando se publicó *La sílaba en la piel*. Me agradó la idea y pensé en las grecas, y en el laberinto de los cretenses como forma para un poema de corte griego sobre un tema clásico. De ahí "Peligro Minotauro".

Me mudé al barrio Saint Just de Carolina y nuestros encuentros fueron más infrecuentes. Cuando salió *La sílaba en la piel* me regaló un ejemplar y pude ver que había hecho más caracolas, me agradó, pero me interesé más por sus otros poemas pues me resultaron más interesantes y profundos. Todavía los estoy leyendo y releyendo.

---

[3] NE, se refiere a la poeta Ángela María Dávila, luego la esposa de Lima, coautora del libro mencionado,
[4] NE, se refiere al libro del autor, Esteban Valdés.

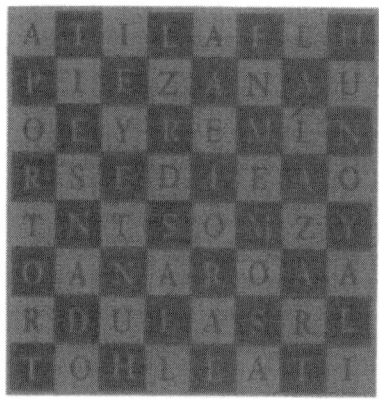

ATILA EL HUNO Y ALITA EL HOTRO TROPIEZAN AL AZAR
SALUDANSE Y REMEMORAN TEDIOS

Aunque nunca hablamos de teoría poética, nos entendíamos, yo leía su poesía con respeto, a primera instancia equivocadamente como otro poeta surrealista. Sus imágenes, como se decía en los sesentas, me volaban la mente. Sin embargo, no eran un derroche de imágenes como los de *Residencia en la Tierra* de Neruda, ni tampoco tan herméticos como *Los Heraldos Negros*, o *Trilce* de Vallejo, al cual mis contemporáneos trataban de imitar a partir de sus *Poemas Humanos*.

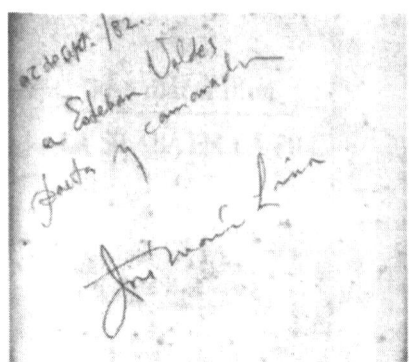

Escuchar a Lima leer sus poemas también les daba otro significado. Lo grabé, pero perdí las grabaciones. Aunque sabía que fue ungido por Juan Ramón Jiménez, no fue hasta más tarde que urgido por Ché Melendes y otros poetas del grupo Noigandres de Brasil leí a Mallarmé, a conciencia, pero todavía con prejuicio y comprendí el porqué de la bendición de Juan Ramón a Lima. A mí la idea de la poesía pura me pateaba la cabeza y la sensibilidad cursi de Juan Ramón Jiménez y su artificio para las élites me repugnaba. La celebridad de Mallarmé, su "primor o el refinamiento, o las insinuaciones a las variantes sutiles de la destilación , a los laberintos trazados por alcanzar la gota o el diamante", según escribió Lezama, me mantuvo alejado de él también. No fue hasta que leí el prefacio de Rafael Cansinos-Assens a la versión castellana de *Un Coup de Dés* y las notas del poeta cubano Cintio Vitier que me iluminé por ese hilo encendido de las imágenes que corría desde Mallarmé a Juan Ramón Jiménez y finalmente a Lima. Lima es un practicante de la imagen.

Durante los ochenta la salud de Lima desmejoró mucho y tuvo que dejar de dar clases, ocasión que aprovechó el Rector Rodríguez Bou para destituirlo de su cátedra. Lima estuvo notablemente enfermo y, entonces, los encuentros fueron más bien saludos. Luego de casi tres años me enteré que la demanda que tuvo que llevar para retener su trabajo resultó a su favor y lo reinstalaron en la Universidad. Sobre este episodio, creo que fue él quien me contó

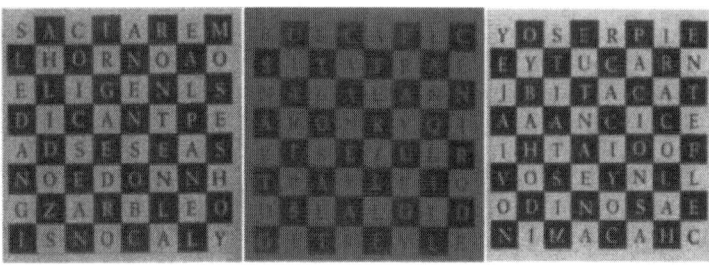

BUSCA EL CENTRO DEL VERTIGO TRANSITA TRANQUILO AL ESPIRAL A LA VUELTA SONRIE

que durante el juicio el abogado de la Universidad, insistía en que la justificación para sacar a Lima era la cantidad de estudiantes que se daban de baja de sus clases o de las malas notas que sacaban en comparación con otros profesores de toda la Universidad. El juez no aceptaba este argumento y lo objetaba. Ante la insistencia del abogado con ese argumento el Juez los llamó aparte y le dijo que no volviera a mencionar el asunto pues él había estudiado con Lima y era de los que se había dado de baja, aunque, su hermana también había estudiado con Lima y obtuvo una A.

Acompañado del poeta Iván Silén

Lima pudo seguir trabajando hasta retirarse. Vivía en el edificio El Monte, y allí lo visitaba su amigo Filiberto Ojeda[5] cuando éste regresó a Puerto Rico, después de estar preso en los Estados Unidos por el robo a la Wells Fargo, mientras duraba el juicio

---

[5] NE, se refiere al Jefe de los Macheteros, movimiento clandestino que favorece la independencia y el socialismo en Puerto Rico, asesinado por el FBI en el 2005.

que siguió, hasta que se fue al clandestinaje. Lima se decepcionó cuando recibió la carpeta que le abrió la división de inteligencia de la policía pues encontró solamente unos cuatro ítems, recortes de periódicos y una foto de alguien desconocido. Obviamente, habían removido la evidencia de que sufrió una fuerte persecución del 1963 al 1966 y aun posteriormente. Era el 1991, cuando se compró un carro Nissan último modelo y nos buscaba para llevarnos a dar vueltas por ahí, en Hato Rey, íbamos a su otra casa de madera, bonita, en Cupey o a los bares del Barrio Capetillo en Río Piedras. Subarrendó la Cafetería El Estudiante en la calle Domingo Cabrera, que era donde los amigos nos reuníamos por las tardes todos los días. Resultó que el dinero que recibió al retirarse, que no fue mucho, lo invirtió en el negocio, más otro que tomó prestado, pero todas estas inversiones eran parte de su conducta para compensar su estado psíquico-emocional, y anticipo de la severa depresión que le siguió. Volvió a enfermarse y el negocio cerró por varios días, lo que nos lanzó en pánico pues nos reuníamos allí todas las tardes, y teníamos que irnos entonces para otros lugares. A alguien se le ocurrió aconsejarle que me dejara operar el negocio pues yo había estudiado administración y pensaban que podía hacerlo. Yo acepté el reto, pero no sabía nada de cómo administrar un bar, que era lo que realmente era la cafetería. Por suerte pude aplicar los conocimientos de administración según la Harvard Bussiness School como discípulo del futuro rector Juan Fernández, y principalmente con la ayuda del poeta Roberto Net Carlo, que sabía todo sobre la preparación de bebidas y fungió de bar tender. Recluté a Ángela María Dávila y de ayudante al hijo de Lima y Ángela, Aurelio, mejor conocido como Yeyo, quien todavía insiste en pedirme la bendición.

Allí en la acera frente a la Cafetería El Estudiante realizamos en la calle, con Ángel Luis Mendéz y otros amigos, el Primer Encuentro de Poetas, que duró trece jueves consecutivos y fue muy bueno para que el negocio saliera de la bancarrota. En el primer encuentro una tarde que regresaba de la panadería por allí pasó Don Paco Matos Paolí[6] que se encontró con Lima y le abordó a raja tabla sobre los poemas que tenía escritos sobre el tema de la muerte. Don Paco y Lima se entretuvieron tanto que Doña Isabelita[7] tuvo que salir a buscarlo, pues tardaba en regresar a la casa que estaba cerca temiendo que lo fuesen a asaltar otra vez. Mientras administraba la Cafetería durante ese tiempo me enteré que Lima padecía de un desbalance de litio y que rehusaba tomarse la medicina, por lo cual le surgía una depresión severa que lo detenía por días y lo ponía a caminar de puntillas ... como un pajarito, a beber brandy y a fumar compulsivamente. Trataba de fumar menos y probó hasta con cigarrillos de lechuga. Lima había agotado sus recursos económicos y el negocio no generaba ingresos lo bastante rápido para recuperar el dinero que él había invertido. También para esos días quería hacer una reedición de *La sílaba en la piel*, pues tuvo diferencias con Che Melendes,[8] y quería que yo le hiciera una reedición, para corregirle algunas cosas y porque encontró unos ejemplares a la venta en una librería y pensó que no se habían contabilizado.

En 2001 la Editorial de la Universidad de Puerto hizo una antología de sus poemas, *Rendijas*,[9] a los cuales añadió los poemas alusivos a la muerte y otros denominados los "penúltimos". Así pudo corregir gracias a otro poeta, Jan Martínez, sus incomodidades con la edición de *La sílaba en la piel*.

En esta edición mantuvo dos de las caracolas.

Para el 2002 Lima vivía en el pueblo de Isabela donde alternaba con su segunda esposa Aida en sus cuidos mutuos. Tratamos de que participara en la Primera Bienal de Poesía organizada por Antonio Rosario Quiles, pero estaba tan deprimido que no quiso ni siquiera que lo fuese a visitar para grabarle algunos poemas que pensábamos reproducir en el Teatro Raúl Juliá del Museo de

---

[6] NE, se refiere al poeta Francisco Matos Paoli.
[7] NE, Isabel Freire, esposa del poeta, escritora de poesía para niños.
[8] NE, joserramón melendes, también se conoce como Che.
[9] NE, el libro fue editado por Jan Martínez.

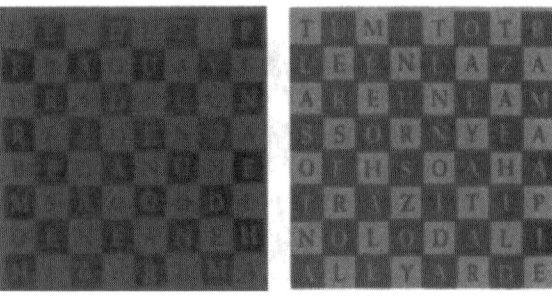

Arte en Santurce. La antepenúltima vez que lo vi y saludé fue en el Baquinoquio del 2006, dedicado al grupo Mirador Azul y allí le tome unas fotos de lejos.

La penúltima vez que estuvimos con él fue en el Cuarto Encuentro de Poetas en el Café Seda donde ya estaba bastante deteriorado, delicado, pero firme e intenso como siempre. Le tomé otras fotos.

La última vez que compartí por largo rato con Lima fue cuando se presentó con Omar Urrutí en el Homenaje que me hizo la facultad de Estudios Generales en el 2007 por motivo del concurso anual de poesía que celebra el Departamento de Español, al cual acepté acudir cortésmente, aunque acudí temblando. Allí conversamos un ratito durante el almuerzo.

No fui al sepelio, emocionalmente no podía, estaba seguro que ese maestro Mallarmé de la imagen, ese Juan Ramón Jiménez proletario, ese Vallejo boricua, dejaba de ser el pajarito y se levantaría para andar y volar como todo ángel mensajero una vez cumplida su misión como miembro de su orquesta roja.

A raíz del fallido intento de dedicarle el Quinto Encuentro de Poetas en el 2010, les puse color a sus "caracolas". También hice unos fotomontajes sobre las fotos que tomé de las paredes de algunos edificios en la Avenida Ponce de León en Río Piedras, donde pensábamos reproducir algunos de sus dibujos y lograr que algunos graffiteros jugaran con sus versos.

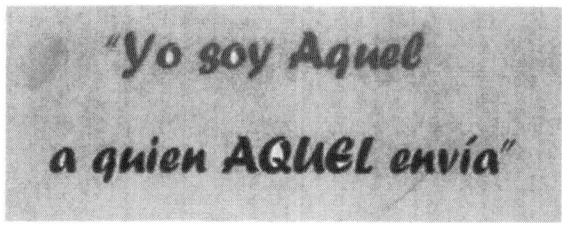

Fotomontajes de algunos dibujos de José María Lima ampliados por Esteban Valdés y colocados en el pueblo de Río Piedras.

Desbalance de Metales Endógeno[1,2]

RAFAEL AYALA HERNÁNDEZ[3]

Estaba seguro de que estaba atravesando otro brote mánico. Mágico debería llamarse, porque todo es mágico y le salen alas a mis pies descalzos y cada segundo suscita una nueva alternativa de destinos, como si se abrieran caminos de posibilidades fugaces consecuentes y una vez escogida alguna opción única se sugieren otras nuevas vertientes sucesivas. Basta con un viraje a la derecha o a la izquierda y todo cambia, disipándose las posibilidades no exploradas y surgiendo otras a explorar, incluidas diagonales y entretejidos a lo Remedios Varo o excentricidades como la cabra viva amarrada al rabo de la cabra de Picasso o las sugerentes imágenes entrelazadas de Rafy Trelles. Admito que una que otra vez se me atraviesa la solemnidad de la tristeza de Vallejo y las objeciones de las pinturas negras de Goya, con todo y sordera, y la humedad del Manzanares (cuando todavía eran murales en la Quinta del Sordo en las afueras de Madrid).

---

[1] A José María Lima le fue diagnosticada la condición maniaco-depresiva (como él prefería llamarla) conocida en la actualidad como bipolaridad (tipo 1). La deficiencia congénita de los niveles del mineral Litio en su organismo disparaban brotes eufóricos, que en su caso no culminaba en la etapa depresiva típica de esa condición. Por ende, de ordinario disfrutaba las etapas iniciales de sus brotes eufóricos (mánicos). Sin embargo mantenía un hilo de cordura aún en sus brotes más agudos. Recibió electro-shocks en la ciudad de New York (Belle View Hospital), mientras se desempeñaba como Catedrático Asociado de la Universidad de New York, recinto de Old Westbury (1970-71). Este escrito evoca un brote eufórico como los que sufría el poeta.

[2] Expresión tomada del artículo *JML: el mas joben de los antepasados*, de Joserramón Meléndes, (editor del libro por excelencia de José María Lima *La Sílaba en la Piel*) y publicado el artículo en la sección En Rojo del Semanario Claridad (7 al 13 de mayo 2009).

[3] *Nota del Editor*. Este es un relato testimonio elaborado a partir del conocimiento muy personal entre José María Lima, el poeta, y Rafael Ayala Hernández, su abogado y amigo desde siempre.

Magia he dicho...

Cuando dios es capaz de equivocarse y de enviar palomas a mi pedido de flores. Cuando puedo llenar de esperanza dulce (en barras) el bolsillo de un deambulante dormido, con el debido cuidado de no despertarlo. Puedo apoderarme del pasado de El Desengaño[4] en Ceiba contemplando los goznes vencidos de las puertas y las ventanas y la pintura verde descascarada en la primera casa que conocí antes de que las alas de mis pies descalzos levantaran vuelo y las máquinas de la lógica (Turin, Markoff, Church, Minsky) comenzaran a fallar. Antes de que los lenguajes formales trajeran su exactitud fría y certera, abstraída de la verdad allá en Berkeley[5] y que los cubanos comenzaran su corte de caña y la esperanza bullera en dogmas positivistas exactos.

Antes... Le Corbusier

Había hecho contacto con Le Corbusier y la arquitectura en Harvard: *"La poesía es un acto humano: las relaciones concertadas entre imágenes perceptibles. La poesía de la naturaleza sólo es exactamente una construcción del espíritu. La ciudad es una imagen poderosa que acciona nuestro espíritu. ¿Por qué no habría de ser la ciudad, también ahora, una fuente de poesía?"*, habría dicho en *La Ciudad del Futuro*.

Los lenguajes formales...

Llegado a Berkeley, la verdad como fin extraviada. Importaba, sobre todas las cosas, la efectividad del proceso

---
[4] Barriada El Desengaño, calle marginal que terminaba o moría en el Cementerio de Ceiba, Puerto Rico de donde es originario y donde se encuentra enterrado el cuerpo del poeta.
[5] Universidad de California recinto de Berkeley de donde el poeta obtuviese un grado de maestría en Matemáticas Avanzadas y Lógica, luego de haber estudiado un año de Arquitectura en la Universidad de Harvard en Boston, Mass.

formulado para obtener un resultado válido. ¿Perfección? No es posible según es demostrado por las fallas de las máquinas de la lógica para la decepción del Cálculo de Lamda de Church o el sistema de Minsky o de Markoff. La máquina de Turín confirma la deficiencia. Los teoremas negativos de Kurt Gödel —*Haulting Problem*—, igualmente. Algo desconocido provoca la falla excepcional y remota de las máquinas de la lógica. Parecería que la naturaleza o la existencia conocida negara la perfección o la infinitud de la corrección. Tal vez por eso sea que haya preferido en ocasiones la musicalidad o la cadencia armoniosa impuesta por el verso antes que la lógica del sentido impuesta por mí.[6] Algún sentido debe tener, aunque yo no lo alcance circunstancialmente, como sucede con las fallas de las máquinas de la lógica. Después de todo, a la lógica sólo importa el proceso, para establecer la validez o la efectividad de las formulaciones probables. La verdad no es necesaria a su injerencia formal o final.

La Ciudad del Futuro...

Entonces, regresan de los conceptos de *La Ciudad del Futuro* de Le Corbusier: *"Aquí se trata de las formas eternas de la pura geometría que envolverán con un ritmo que será nuestro, mas allá del cálculo y cargado de poesía la mecánica implacable que palpitará bajo ella..." "El ojo puede ser atormentado o acariciado..." "El alma puede ser extraviada o exaltada..." "Hay formas que arrojan sombras..."* He perseguido esa geometría que palpita en Le Corbusier, buscando el cálculo exacto que no hallé en los lenguajes formales.

---

[6] "Entre el significado y el ritmo, cuando hay que sacrificar algo, siempre, casi siempre, sacrifico el significado. Yo se que queda por ahí y vuelve a aflorar en algún momento en otro poema." José María Lima (Entrevista que le hiciera Rafael Acevedo en suplemento cultural En Rojo, Semanario Claridad, 1996).

Quedaba entonces la poesía...

El corte de caña en Cuba:[7] ensayo experimental de uno de los productos del positivismo lógico, con la sal, el pan, el sudor, las heridas, la sangre, la inclusión, las exclusiones, la tolerancia y las intolerancias... la poesía.

> Encima del dolor empecinado
> el hambre a cuestas,
> caricias y naufragios en la alforja,
> hermanado a los odios florecidos,
> voy y vengo
> de prisa y comedido,
> interrogando sangres realizadas,
> (lutos en flor), ancestrales
> enojos reviviendo.

Cambio y fuera...Adela

En eso surge Adela y su desparpajo. La protesta. Su atrevimiento (el de Adela) sería transmitido en honda corta o larga, según su antojo pendenciero de mujer *"generosa y fortuita"*, además de "ninfomaníaca moderada". Gallisá[8] se había convertido en admirador de Adela dándole cabida en el Semanario Claridad como personaje digno para la protesta política por ser *"descriptiva y sincera"*, a pesar de que *"Adela es de un pragmatismo pálido si se le compara con el encendido idealismo de Santa Teresa, pero a veces anda descalza y tiene revelaciones..."*

---

[7] Después de haberse graduado de Berkeley José María viajó a Cuba con otros estudiantes universitarios de los Estados Unidos a conocer el proceso revolucionario. De regreso a Puerto Rico, declaró públicamente ser marxista-leninista (circa 1963), lo que produjo persecución política con consecuencias penosas dudas las excusas de la "guerra fría".

[8] NE. Director del semanario Claridad, periódico de izquierda que en un periodo fue vocero del Partido Socialista Puertorriqueño.

Yeyita...presencia en la memoria

El encuentro con los fantasmas de la palabra mamada de Yeyita (Aurelia Rivera), la madre católica que me disfrazó de protestante los domingos (evitando así que tuviera que cruzar calles yendo a la iglesia católica de su predilección) para ocultar así mi esqueleto de la muerte, (luego de mi padre se la atragantara apresurado). Muerte que desde entonces he mirado desde lejos, con respeto. De ella me he ocultado y la sorprendo cruzando cuando no lo espera y la miro con disimulo. Ella, como siempre, está lista a sacar su última carta; su as sin corazones:

> Señora muerte, dígame: ¿Usted que espera?
> Arrecie sus espinas a otra parte.
> Yo por mi parte:
> muy afectuoso suyo, aunque enojado,
> quedo. Envío me contraigo,
> desdibujo el metal de mi campana,
> fabrico un pararrayos, me sostengo.
> Informo mi esperanza de laureles.
> Me contraria el flujo de mi sangre
> hacia atrás por esos rumbos
> de trunca acomodada certidumbre.
> Señora muerte óigame bien, un dado
> que se plante arista necesito;
> un hermano, sin ruta por ahora,
> que espeje propiamente este derrumbe,
> que gemele la copa que hoy apuro,
> un tronco, en fin, en que muescar mi llanto.

En el ínterin...un espantapájaros...

Llevaba la camisa verde de fatiga de manga larga (corta para mis brazos) que intercambié con un espantapájaros de la vecindad de Isabela (la tercera, puertorriqueña). El pantalón corto a mi pernera (brincacharcos), ancho a mi cintura, amarrado (impropiamente) con un pedazo de soga fina que me prestó una cabra (moderada como Adela) que andaba cerca. Tal vez por no caminar mucho, el espantapájaros no usaba cordones en sus botas al trueque por mis chancletas. Por eso caminaba lentamente según me permitían las botas que no sé usar bien ni me gusta usarlas por el calor que me producen en los pies y por la incomodidad de su firmeza (el Ché Meléndez también prefiere las chancletas). Algo debí concederle al espantapájaros.

Un prisionero...

Un prisionero (cuadrúpedo familia de los canes) largaba su coraje con ladridos y gruñidos de rabia, a través de las rejas de su cárcel (balcón) de una residencia rodeada de rejas por todas partes (como algunas islas y archipiélagos). Me senté en la tierra muy cerca del infortunado (de sosquín) haciendo caso omiso a su molestia altisonante y muy dentada. Sostuvimos un intercambio silencioso sin mirarle a los ojos (como cuando hablo con la muerte), para no añadirle insulto a su pena de reclusión. No pude calcular con certeza el (mucho) tiempo transcurrido cuando me ofreció (a título de reconciliación luego de tanto ladrar y gruñirme) su reluciente collar con medallas que testimoniaban su alcurnia troyana y su entrenamiento de aguerrido espartano, para la vanagloria de su carcelero (que también se creía dueño). Le desarmé el collar a través de las rejas, y ¡otra vez el toque de magia! De pronto el collar era una espada reluciente con medallas y piedras preciosas incrustadas en su empuñadura. Caminé, erguido, alejándome de mi nueva conquista de amistad como todo un hidalgo, espada en mano.

La faena...

Conducía aquella bestia (automóvil) a mis espaldas, a distancia prudente, blandiendo estocadas al aire esporádicamente con la espada reluciente. Caminaba al frente por la línea divisoria de los carriles de la carretera. Sentía que me seguía l e n t a m e n t e. Súbitamente me detenía volteándome ante la precaución del cobarde sorprendido, que también se detenía como toro cansado por la lidia. Retrocedía, retrocedía; a la derecha, a la izquierda; a la siniestra, a la derecha (aunque con más cuidado) como el tanque en Tianamen.

Espada en mano...

Señor, devuélvame el collar de mi perro. ¿Qué collar? El collar que lleva en la mano. Esto no es un collar, es una espada, mírela bien. Era evidente que estaba impresionado con mi indumentaria intercambiada al espantapájaros risueño y solitario, a juzgar por su cara de asombro. La vestimenta sentaba muy bien con la espada en mano, incluida la gorra (de guerrero en paro) con la paja sobresalida de sus bordes...

Me volteaba nuevamente dándole la espalda (al carcelero) como torero listo para la estocada, caminando erguido (con la pausa impuesta por la incomodidad de las botas que arrastraba) espada en mano. Érase la prepotencia humillada de un carcelero. Atrás había quedado un prisionero con ojos de esperanza puesto en su libertad a mi regreso...

Dormitaba la noche...

Transcurrían los haces de luz alargados como fantasmas, de los automóviles abajo a lo largo de la Avenida Jesús T. Piñero. Caminaba lentamente hacia un cúmulo de huesos desplomados en el elevado dormido y oscuro de penumbra. Elevado abandonado por el trajín de demasiados escalones de cansancio, que servía de dormitorio de ocasión. Dormitaba la noche su pulso inquieto, sucio, despeinado, desconocido. La intemperie prodigaba un cielo negro con arco de luna fina de tenue luz. Una sombra silenciosa llenaba, con cuidado extremo, un bolsillo de camisa ajena y sucia con sorpresa clandestina...

>...y la noche cabalga,
> fantasma sin destino
> que parte de las oficinas
> de los hijos sin nombre
> de la contabilidad.
> Los usureros se frotan las manos
> y se orinan con placer
> por detrás de los postes del alumbrado.

Última visita a las babas de Lima

Juan Carlos Quiñones

Una escena atroz: el poeta, en los últimos días de su vida (y de la nuestra: cuando un poeta está a punto de morir todos estamos a punto de morir, todos) se encuentra en una cafetería cualquiera, como cualquiera él, como si no fuera poeta. Comía unas tostadas, un café (mojaba las tostadas en el café, recuerdo) y se babeaba como un lechón herido. Los mocos (sí, los mocos del poeta) se le salían por las narices, como un humano cualquiera a punto de morir. Se veía, así a distancia, desorientado, cual alguien que no reconoce al mundo como su habitancia ya. O acaso nunca. Un espectáculo atroz, insisto, en cualquier caso pero atrocísimo en el caso de que aquél que moqueaba, y buscaba asidero en aquel mundo, en aquella silla, en aquella silla y a saber dios en que cosa de este mundo del que estaba a punto de despedirse, era un poeta, acaso el poeta vivo más importante de ese mundo cruel llamado Puerto Rico (esto no es poco, no lo es) hasta que se murió una semana después de esta atrocidad que yo vi. De lejos, a pies de distancia pero lejos, desde lejos, esa distancia absoluta que se hace, viene a ser, cuando se está cerca de un poeta. Babeándose, abyecto en público, desvariado, una guayabera que no voy a olvidar, espectáculo desagradable para el que no sabía quién era (y casi nadie en el mundo sabía quién era) y escandaloso, sórdido en demasía para los que sí, así sí fue que yo vi a José María Lima por última vez. Una semana después la poeta Aurea María Sotomayor me indicaría, desde ese gesto momentáneamente solidario que provoca la muerte, que Lima había muerto. Me invitaba a su sepelio. Gesto raro, el de la poeta. Nunca hemos sido íntimos. Nunca fui íntimo de Lima. Una vez hablamos de poesía. Lima y yo. Fue como hablar con un dios. A Sotomayor le dije que no. Que no iba. La vez, esa última maldita vez que vi a Lima babeándose en aquella cafetería recuerdo que lloré. Diría, escribiría que me vi, babeado así, espectáculo abyecto así, si no fuera porque es sacrilegio compararse con los dioses. Nada, ninguna identificación era posible con aquel señor, que moqueaba allí. Sí recuerdo, porque es una sensación amarga que me acompaña hasta hoy, que me provocó ese espectáculo macabro a fuego lento una idea fulgurante. Una actitud hacia el mundo. Me provocó indignación. Y sí, vergüenza. Mucha. Toda ella, toda la que no sentía más nadie, toda la que era justa y necesaria para vivir, en este mundo descarado que no veía a un poeta apagarse.

* * *

Uno diría, a ciencia cierta no se equivocaría, que ante lo siguiente uno estaría parado frente a un poeta:

> Una oreja desprendida cae
> es el peso insoportable del silencio
> se han anudado las lenguas,
> la lira se ha cansado
> ha quedado de pronto sin sonido

Pero este juicio (el poema citado, de "La sílaba en la piel" de Lima, recuerda a Rilke, aunque en verdad Rilke tiene resonancias de Lima, sin miedo propongo esos dos nombres en una misma línea) es equivocado. No estamos frente a un poeta. Estamos leyendo poesía. Estoy leyendo poesía. En último caso, estamos, estoy leyendo una despedida. Esto solo en último caso. El poeta canta la muerte de la poesía. No su muerte, aún, sino la de la poesía. Al poeta lo cantamos, lo lloramos nosotros, y de qué forma, de qué escandalosa, obscena, criminal forma. Este comentario, a primeras luces banal o laudatorio, inicia una idea muy personal (y acaso, y debería ser pública, demasiado pública) y es la siguiente: necesitamos poetas; poetas muertos, y si no fallecen los matamos mirándolos morir. Un país, un lugar imaginario donde algunas gentes se imaginan juntos, necesita poesía. Esto es, de entrada y a primera vista, incomprensible. No lo exploré. La poesía parece fundar países, inventárselos, hay nombres de poetas que significan países, territorios, zonas donde la gente tiene la ilusión de que están juntos, de que son iguales. Lo raro, lo siniestro del caso Lima, es que cuando no tenemos poesía nos la inventamos, gesto poético en sí, y a primera vista inofensivo, pero no nos quedamos ahí, en el lugar fantasioso de la construcción de sí, sino que los matamos. Parece que tenemos que matarlos. Y todo esto suena bien, desde las letras, pero es atroz cuando se trata de un humano.

Somos, fuimos testigos mudos, sin ingerencia, de la muerte de José María Lima. Nos hacía falta, golosos obscenos que somos, esa muerte. No nos bastaba la poesía, *as it turns out*. No nos conformamos con la poesía. No basta la muerte simbólica a la que le canta el poeta en los versos anteriores. No. Necesitamos lo real. La muerte real del poeta. O su maldición. Julia de Burgos, Angela María Dávila, Manuel Ramos Otero, José María Lima son muestras atroces de un modo particularmente conspirativo desde la inconciencia de que nos gustan los poetas muertecitos, pero cuando no están muertos los matamos a fuerza de esperar, de ansiar y aguantar la respiración hasta que de asfixia, de hambre, de locura y de muerte se mueren. Como debe ser. Como nunca en el mundo debería ser. Provoca la vergüenza, la indignación y la furia, porque lo vimos. Porque estaban vivos. No es lo mismo llorar la muerte melancólica de Celan, de Lorca, de Rilke, de Goethe en su casa acaso dormido gritando luz más luz, que llorar a alguien que vimos. Un desquiciado, como Blake, haciéndose preguntas que acaso, sí, nosotros podíamos haber intentado responder.

>Se acabó la palabra para siempre
>Nos dejaste solos
>Nos dejaste afuera, sin la llave

Así dice, así escribió José María Lima de alguien, casi siempre de alguien. Acaso de nosotros. Seamos honestos, alguna vez. A quien abandonamos, a quienes dejamos afuera, fue a ellos. A Ángela. A Manuel. A Edwin. Mañana, a ti. Vi a Lima una vez hablando conmigo de poesía, y él no tenía idea ni hubiera tenido que tenerla, de quién yo era. Y yo babeado, embelezado ante la maravilla casi nunca vivida de hablar con la poesía. El último que babeó fue él. Por eso no fui al velorio de José María Lima. Yo no tenía esa llave.

Posdata: porque un segundo después el segundo pasado ya es historia. Memoria y sí, invento. Literatura. Es un placer, un amargo y perverso placer, encontrar versos de Lima como epígrafes de muchos libros, de muchos poemas de escritores actuales. Una vez vi en el periódico una foto en la que Robi Rosa[1] tenía una copia de *La sílaba en la piel* entre las manos. Lima de seguro nunca vió esa foto. Mejor así.

---

[1] *Nota de edición.* Se refiere al cantautor Robi Draco Rosa, compositor a su vez de muchas de las canciones de Ricky Martin.

"Quiero pistas, Señora, no sea que me asuste".
Entrevista a José María Lima[1]

RAFAEL ACEVEDO

Lo llamo al Departamento de Matemáticas de la Universidad de Puerto Rico donde trabaja y le digo "Lima, le quiero hacer una entrevista". Nos reímos porque a los dos nos parece una actividad cómica. Qué le pregunta uno al poeta. "Eso de que es lo que mueve al poeta a escribir es una pregunta muy difícil", dice. Creo que es una pregunta que necesita tiempo, biografía y ganas para ser contestada. La crítica (y no la autocrítica que supone el propio acto de escribir) ha sido escasa con relación a la importancia de la obra de Lima. Importante por lo que porta, lo que trae el leerlo. Lilliana Ramos, en la revista *Caribán*, tiene un artículo-testimonio. Mario Rosado (saludos) escribió una reseña. Aurea María Sotomayor tiene un trabajo sobre el poeta en su libro *Hilo de Aracne*. joserramón melendes prologa el segundo libro de Lima y publica también un artículo en En Rojo. La escritura de Lima, que transformó los modos de escritura y lectura de muchos de nosotros. Pero ni a él ni a mí nos interesa hacer eso ahora. Queremos hablar de cualquier cosa. Después me voy a casa y pienso esto con más calma. Él me dice que prefiere hablar de 'Pancho' Coimbre.[2] Que esa es una experiencia de la niñez que lo marcó.

---
[1] *Nota del Editor*. Esta entrevista se realizó originalmente para Especial En Rojo, periódico *Claridad* (San Juan, Puerto Rico, 22-28 nov. 1996): 16-17. La transcribimos por ser una de las pocas entrevistas en que podemos escuchar su voz.
[2] Francisco Coimbre (1909-1989). Jugador de béisbol puertorriqueño. Participó en ligas caribeñas y en las Ligas Negras en los EE.UU. antes de la integración racial en ese país; muy famoso por su inigualable capacidad de hacer contacto con la pelota.

RAFAEL AVEVEDO: ¿Qué experiencias tempranas te marcaron?

JOSÉ MARÍA LIMA: Lo que más me marcó es que mis antepasados (navegantes portugueses, negreros) eran dueños de los terrenos en los que está ahora Roosevelt Roads y me lo quitaron. Los Lima, después que se acabó la trata, compraron terrenos y ahí está Punta Lima y par de barrios con ese nombre. Uno se llama Santiago y Lima, pero yo no sé quién era Santiago. Unos se quedaron aquí, otros se fueron a Cuba. Alguna relación lejanísima puede haber con José Lezama Lima. Mi familia en San Tomas es casi dueña de la isla.

Otra cosa que recuerdo fue en una serie Internacional entre Cuba y Puerto Rico, cuando 'Pancho' Coimbre le conectó un sencillo a Camilo Pascual,[3] en la octava entrada. Creo que había dos outs. Y Coimbre, el bateador más seguro, como dice un Gafitti, rompió la perfección. Pascual llevaba un juego perfecto. Pero más perfecto fue Pancho. Yo era Cangrejero. Vi lanzar a Rubén Gómez, el Divino Loco, en sus mejores tiempos.

RA: Yo lo vi lanzar una blanqueada contra San Juan cuando tenía 52 años y la lúdica esfera casi no llegaba al hogar. (Se ríe, Lima, continúa)

JML: Otra cosa es que yo tenía un tío que era pescador aficionado pero no pescaba nada. Yo nací una vez a las tres de la mañana y llegó él con un pescado grandísimo. Cuando yo era grandecito, casi como el pescado, me llevaba a la playa y no pescaba nada y se acostaba a dormir. Tío Juan, un mero descomunal llevó el día en que nací. Veía en el río las guabinas y cuando salía del trabajo iba a pescar las guabinas que había visto por la mañana. Pensando que lo estaban esperando debajo de las piedras.

RA: Mientras Lima relata su anécdota pienso, digo, prestándole atención. Sólo dos publicaciones. El primer libro fue *Homenaje al ombligo* (1966) junto a Anjelamaría Dávila. Edición de autores, salieron pocas copias por un malentendido. Circularon 150 copias.

---

[3] Camilo Pascual (1934) Jugador de béisbol cubano. Lanzador de Grandes Ligas en EE.UU. durante 17 años. Además, jugaba en el invierno en el Caribe.

A partir de ahí, Lima, el poeta, se transforma. Da evidencia escrita de lo que ya se sabía: es un verdadero poeta. Debo aprovechar ahora que fuma para preguntarle algo sobre el estilo. ¿Tú estás pendiente al ritmo cuando escribes?

JML: Entre el significado y el ritmo, cuando hay que sacrificar algo, siempre, casi siempre, sacrifico el significado. Yo sé que se queda por ahí y vuelve a aflorar en algún momento, en otro poema. Tengo mucha confianza en el subconsciente pero no soy surrealista.

RA: ¿Cuál es tu primera experiencia política?

JML: Aquí en Puerto Rico, cuando era estudiante, era independentista realengo, pero mi primera experiencia política consciente, de izquierda, fue en el Socialist Workers Party y el Fair Play for Cuba Commitee, mientras estudiaba en los Estados Unidos. En el 63 se prohíben los viajes a Cuba y la Federación de Estudiantes Universitarios Cubanos invita a todos los estudiantes norteamericanos que quieran ir. Y se reclutaron 57 en toda la nación y yo fui uno de ellos. En cada embajada había alguien de la CIA aconsejándonos. La ley decía que nos exponíamos a 5 años de cárcel y 10 mil dólares de multa. La cuestión era desafiar esa ley. Como resultado del viaje, acá me recibieron unos en pro y unos en contra. La FUPI (Federación Universitaria Pro Independencia) me recibió como héroe y la UPE (Universitarios Pro Estadidad) me trató como un criminal. En la UPE era donde militaban Orestes Ramos, Franklyn Delano, Granados Navedo, Misla, legisladores de ahora. Si llovía me tiraban el carro encima pa' joderme. Fue una presión tremenda del 63 al 66. Era fuerte.

RA: Cuéntame algo sobre tu primera experiencia poética.

JML: Mi primera experiencia poética importante fue con Juan Ramón Jiménez (Jiménez, Premio Nobel, no se crea). Un amigo le llevó unos poemas míos y él me envió una carta que decía. "Sr. José María Lima: Es usted un verdadero poeta y me alegro de haberlo sabido por mí mismo". Juan Ramón los publicó en el periódico Universidad. Yo le daba los poemas a los amigos, pero nunca coincidí con gente de mi generación, digamos. No conocía a Hugo Margenat, aunque él me llevaba sólo un año. Ni a Jaime Carrero.

RA: ¿Qué estudiaste en la UPR, además de matemáticas?

JML: Los cursos electivos los tomé en teatro. Coincidí con Jacobo Morales, Paquito Cordero. Estudié con Vicky Espinosa. Estudié pintura también. Pero la matemática como actividad intelectual es más cerradita que la poesía.

RA: Otra cosa vital que quieras señalar.

JML: Soy maniaco-depresivo, bipolar. Pero no surrealista.

RA: ¿Por qué el libro en el que estás trabajando se llama *Poemas de la muerte*? Te pregunto para beneplácito de los que quieren saber.

JML: Yo no sé por qué. Es que la muerte es bastante recurrente en la poesía. Alrededor de uno de los poemas de *Homenaje* empecé a elaborar otros poemas de la muerte. En cada poema ocurre eso. A veces es amiga, a veces es enemiga. A veces se enamora, en el sentido de Miguel Hernández, en aquella elegía a Ramón Sijé, a quien tanto quería. El hombre se pasa retando a la muerte. Acercándose lo más que puede, respetándola por supuesto. Y el que no la respeta, se jode.

RA: Es como aquel verso: El lenguaje, "Porque queremos ser eternos antes de sentir que lo somos. Y lo seguimos deseando después de sentir que no lo somos". Y otra que dice, "El lenguaje me separa de las cosas y al mismo tiempo me permite caminar entre ellas".[4]

JML: ¿Tú te sabes eso de memoria?

RA: No, lo tengo anotado aquí en mi libretita. Eso no es ansiedad con la muerte, ¿verdad?, no es que estés asustado con ese asunto. Porque tú la haces objeto, te separas de ella para elaborar ese dispositivo semiótico que nos remite a esas experiencias límite. (Nos reímos) Ningún muerto ha escrito un carajo. Te pregunto lo de la ansiedad porque estás fumando.

---

[4] Poema "El lenguaje es", en *La sílaba en la piel*: 222-226

JML: Claro, porque además el deseo de permanencia, en el poema ése, el deseo que tenemos de que nos recuerden, que no queremos que ella sea definitiva.

RA: Eso también está en "El lenguaje": "El lenguaje se hizo con el deseo de permanecer que es el sexo y la osadía y la cautela que son deseo de permanecer".[5] Dice que el lenguaje es sexo. Se ríe.

JML: Mira, ¿Rafa, cuándo es la lectura?

RA: Viene a leer el miércoles 27 de noviembre, a las 7:00 PM en el Museo de Arte e Historia.

JML: Voy a leer de *Poemas de la muerte*. Margarita Rodríguez Freire ordenó el libro.

RA: Tremendo trabajo de Margarita. El rescate del poeta, digo, el poeta para la posteridad. Creo que la Dra. Rodríguez Freire nos deleitará con sus reflexiones sobre tu obra próximamente.

JML: Pues voy a leer de ese libro.

RA: Sí, pero lee de *La sílaba en la piel* de "Atrechos por el extravío".

JML: Está bien.

RA: ¿Qué pasó con Adela, aquellos textos de "Adela es…"?

JML: Tengo que seguirlo, pero no sé cómo. Se me ha perdido, no lo encuentro. Una noche me puse a pensar en Adela es, Adela es, Adela es la heroína mítica mexicana de la tropa de Pancho Villa y seguí por ahí. Pensaba hacer un partido Comunista con un Comité Central y todo. Lo tenía todo casi hecho y se cayó el muro de Berlín y se jodió la cuestión. Pero tengo que retomarlo.

Colofón/Testimonio

Al poeta de *La sílaba en la piel*, lo conocí leyendo sus poemas en un lugar llamado Café Vicente, en una esquina que sigue allí, sola. Un libro de la Editorial Qease había cambiado el modo en el que leíamos poesía puertorriqueña. Y allí estaba Lima leyendo con una

---
[5] "El lenguaje es".

dicción perfecta. Surreal, dibujando imágenes que esperaríamos de un Breton que tuviera un trago de ron en su destino. Sus poemas fueron una escuela de libertad. Y su postura política una militancia con la heterodoxia. José María era un gran poeta. Además era un excelente contador de chistes, lo que hacía resaltar de manera más clara la tristeza vallejiana (y la alegría luminosa) de sus textos. Las continuas relecturas no se pueden hacer sin pensar en sus comentarios entusiastas sobre nuestro trabajo, el de los más jóvenes, o el de sus compañeros de vida. Tampoco olvido su soledad, la implosión del alma que volvía a estallar con versos. Así era para mí, y sé que para mis amigos de *Filo de Juego*, presenciar a un Poeta.

Muestra antológica

"yo he visto, a la caída de la tarde" (*Homenaje al ombligo*, 1955)

    yo he visto, a la caída de la tarde,
    sobre las playas desiertas,
    huellas de muchedumbres que van a dar al mar.
    he visto huellas pálidas de labios
    sobre papeles secos, vidriosos, curtidos por el sol
    y siluetas de esqueletos de pájaros
    sobre árboles desnudos.
    en el interior de los trenes,
    sobre el cuero viejo de los asientos
    he visto huellas de existencias
    y huellas de besos
    y recuerdos de manos delgadas
    (porque son las manos delgadas las que se recuerdan mejor
    cuando reina la noche;
    igual que la tristeza,
    igual que los niños de caras amarillas).
    he visto niños de caras tristes
    que es como haber visto huellas de gigantes,
    de monstruos prehistóricos, inmensos y estúpidos;
    yo he visto, en los pequeños cadáveres de recién
                                    nacidos,
    huellas de siglos
    (de placer, de dolor, de indiferencia, todo mezclado en
                                    un fantástico
    haz de cosa indescriptible).
    sobre las calles sucias
    he visto huellas de perros
    que conducen desde los mataderos

hasta los burdeles,
y en el interior de los burdeles
vientres hinchados
que son como huellas de terribles máquinas
de complicado mecanismo,
y en las máquinas
en el corazón mismo de cada máquina
he visto algo como una huella blanca
que fuera poco a poco ennegreciéndose.
he visto sobre los tejados
manchas oscuras, verdes,
huellas de lluvia
que era como canción de cuna en otros tiempos.
y en las puertas de las casas
huellas de números
que son como fórmulas olvidadas
de algún antiguo encantamiento.
en el interior de las casas
sobre libros y mesas y pañuelos
he visto huellas de lágrimas y sangre.
otras, innumerables veces he visto huellas
en los archivos,
en los cementerios,
en las perfumerías.
yo mismo soy una gran huella
que desde mi interior va imprimiendo con dolor
sobre todos los nombres de las cosas,
sobre todas las penas de las cosas,
sobre las cosas mismas,
sobre mí.
por eso temo al viento
y a los hospitales
y a los corredores de los edificios deshabitados;
porque sé que no haría una buena impresión

en las sábanas blancas
ni en el espacio
ni en las paredes sin anuncios de teatro,
porque soy como una gran piedra temblante,
como la huella que está sobre la piedra,
como el temblor que quedó flotando sobre la piedra
cuando se hizo la huella,
cuando alguien hizo la huella,
cuando yo hice la huella.
yo soy los dedos y la angustia,
yo soy el tren y el papel viejo
y soy el árbol seco
la distancia y el recuerdo de la distancia.
(en fin, yo soy todo este cofre de madera vieja que no
se abre nunca, pero que una vez fue transparente,
aunque yo no lo recuerde, y fue poco a poco
                                            cubriéndose
de huellas y recuerdos y cosas y fantasías).

"Sobre mi tumba suena un caracol" (1955)

Sobre mi tumba suena un caracol
y danzan las hormigas
y los pájaros duermen su sueño largo.

Las horas, todas las horas
son suspiros de hielo en mi tumba.
Alrededor de mi cadáver
los héroes, todos los héroes
me miran cansados, con desgano
apretados en un haz de fantástica inutilidad.

Yo no sé si duermo.
No sé si me despierta a veces
esta estridente realidad de mi tumba
pero el sonido del caracol es como un sueño,
como un sueño la presencia de las hormigas y los pájaros
las horas como un gran lago en clama,
mejor, como la fotografía de un gran lago en calma,
o mejor aun, como el recuerdo remoto de la fotografía
de un gran lago en calma,

Los cuerpos de los héroes,
amarillos y duros,
son como recipientes de basura congelada
pero yo estoy solo, aun cuando a la caída de la tarde
algún transeúnte cansado se apoya un instante sobre
la piedra que marca el lugar de mi tumba.

Ellos pueden mirar las cosas de mil modos diversos.

Habrá momentos en que serán hermanos
                        del caracol y la hormiga
y el pájaro. Otras veces, en cambio, volverán el rostro
y caminarán; llenas las cabezas de extrañas, fantásticas
maquinaciones y razonamientos, por senderos pulidos,
brillantes, infinitamente limpios de pequeños obstáculos.

    Pero yo estaré solo siempre. Porque mi tumba será
por momentos inconspicua, solo una piedra más, ni más
ni menos grande que todas las otras piedras habituales,
y otras veces mi tumba será un gran muro, negro y liso,
infranqueable, por tanto, insignificante.

    El caracol se duerme un día
y no suena más cuando se duerme el mar
y las hormigas se cansan
y los pájaros voltean la cabeza cuando llueve
y abren el ojo que da al cielo.

Yo estoy solo en mi tumba.
Sueño que tengo corazón.
Sueño muchas otras cosas,
pero no de la misma forma que antes.
Antes no me preocupaban mi corazón
ni mis ojos,
ni mis dedos.
Me parecía muy natural tener un corazón
y un par de ojos
y diez dedos.
No tenía necesidad de soñarlos.

¿Qué cosas yo soñaría antes?
No recuerdo, deben haber sido estúpidas;
todo era estúpido antes.

Ahora todo es igual, compacto. único. Nada puede
                              dejar de
tener sentido en esta atmósfera;
ni siquiera los rostros de los héroes
duros, fríos, amarillos.

Hace algún tiempo recuerdo que moría.
¿Adónde irán a parar las cosas, me preguntaba?
Bueno. ¿adónde han ido a parar?, me pregunto ahora.

El viento silba, y con el viento la hojarasca.

Pasan flotando restos de cráneos de desterrados
con grandes letras brillantes en el lugar de la frente.
Faroles de sílabas que estuvieron siempre presentes,
pero que yo nunca advertí antes.
Mis ojos abiertos al silencio
me dicen muchas cosas.
¡Tantas cosas!

"Hueco, profundo, vacilante" (*La sílaba en la piel*, 1955-56)

Hueco, profundo, vacilante
el deseo apremia en tu frontera
tus paredes de luna enmohecida
multiplican los ecos
que sonoramente
tu distancia plegada proporciona.
Tu paradoja sin raíces
atormenta al insecto
y se sostiene
de un temor habitual
articulado a penas
y falto de reposo.
Desde el fondo
la presencia intolerable del mito
se me acerca a la boca
y la escupo
cuando a penas comienzo a comulgar
con tu creciente oscuridad compacta.
¿Quién sabe de tus fibras sostenidas?
¿Quién conoce tus péndulos abiertos?
¿Quién ha visto tu entraña
vacía de calores
y eternamente devorando soles
y telegramas urgentes
perdidos en el curso voraz de tu figura?
Tal vez después de todo
tienes olor sencillo.
Tal vez eres arruga
flotando sobre historia creciente.

Tal vez tu nombre es simplemente
la sombra de una hormiga alborotada.
¿Es inútil acaso compararte?
Si decido mi suerte
sobre una letra tuya
me abandono a mi límite.
Quiero decir: me sumerjo
en tu propio límite de esponja.
Por tanto, te asesino
cada vez que tu dimensión inexacta
me abandona.

"han muerto mis silencios..." (*La sílaba en la piel*, 1955-60)

han muerto mis silencios a la hora en que crujen las tablas de las casas viejas; de noche cuando los insectos llevan a cabo sus milenarios ritos y la fruta se deja caer con éxtasis oscuro. pasa el señor aquel con sus ojos de bronce masticando un pecho de virgen y una paloma perdida anida en su bolsillo. a esa hora se pierden los nombres en el polvo y los caminos se tornan cada vez menos claros. esto es: se llenan de palabras los templos y las plazas se llenan de histéricas estatuas.

    con el vino en los ojos;
    con la cal en la sangre;
    con el ritmo en la frente;
    y en las paredes
    un leve temblor desconocido.

quién piensa que mañana habrá una nueva tumba y otras voces dirán un nuevo jeroglífico? mírame entonces y dime si hemos perdido la flor completamente o si de tus tinieblas podrá salir un grito más fuerte que la noche. si tu ombligo será una nueva luna con alfileres dulces; si habrá luz en los sitios adonde llegaremos; si nos espera un día completo como aquel viejo día de sábanas completas.

    háblame de tu nariz y tus rodillas.
    olvidemos tus ojos y tus manos.
    quiero saber de tus muslos y tu ombligo.

    ¡noche, noche! consígueme una ventana sin ruido y un camino húmedo para la madrugada. he buscado tu sangre detrás de cada puerta y encuentro una distancia que no termina nunca; una tristeza inútil gritando por las calles su presencia obstinada.

Será cuando tú vuelvas y entonces lo sabremos.

"una oreja desprendida cae" (*La sílaba en la piel*, 1955-60)

>Una oreja desprendida cae;
>es el peso insoportable del silencio.
>Se han anudado las lenguas,
>la lira se ha cansado,
>ha quedado de pronto sin sonido.
>
>Vuelve el día
>navegando interminablemente
>sobre un desierto de olas mal peinadas.
>
>Vuelve el mediodía
>con su presencia absoluta de niño precoz
>e imprudente.
>Caen las doce como un juguete nuevo,
>la una es todavía feto en el reloj.
>
>Hay un corazón pesado sobre un cielo,
>un almacén de espuma;
>una caricatura de gloria
>apretada en un ventanal vacío.
>Hay un corazón latiendo desesperadamente
>pero no en esta alcoba.
>
>Aquí, todo está igual,
>sólo hay un péndulo.
>Afuera, voces que mañana
>me han de caer hirientes sobre el rostro.

Por qué me dejas sombra (La sílaba en la piel, 1957)

    Cuando vuelvas de blanco
    sobre el camino frío
    saldré a esperarte mudo
    Todos los laureles del mundo parecerán papel moneda
    Moriré duro en tu ojos
    cantaré muy bajo un himno al pez
    y a la orilla del arroyo
    nacerán narcisos galvanizados
    de polen enlodado

    Tu noche no es mi noche
    tu corazón de algodón
    tiene un sabor feo a desnudez sencilla

    Pero es triste pensar que no te tengo Sombra
    Triste pensar que las ranas del estanque
    no copian el áspero sonido de tu garganta
    Tristeza de fuego lento
        de hielo seco
        de ciudad dormida
    Sube a las copas de los árboles
    y me verás gusano
    Baja luego y seré hombre
    tendré una corbata roja
    y usaré tus ojos como espejo para peinarme

    Sombra Sombra Mírame saberme lejos
        Quebrar el horizonte
        Rasgar con mis uñas la roca viva

Dormir despierto sin cansancio

No es mi culpa ser nada y no halagarte
cuando se pone el sol

"yo quiero hacer un poema de líneas verdes" (*Homenaje al ombligo*, 1957)

Yo quiero hacer un poema de líneas verdes y sembrar un poco de sal en la garganta de mi amada para que mi agonía no tenga sabor a lumbre de siglos apagados.

mira mis manos; sucias de recorrer caminos olvidados, sangrantes de remover cenizas, frías de amontonar, a las orillas de senderos grises, restos de realidades circunstanciales.

mira mis plantas. ardor sublime, intenso, mórbido, de sueños que se alejan sin interceptarse.

por entre las rendijas que van dejando todos los olvidos y las regiones translúcidas de todos los errores veo tu imagen.

mírame hombre. despeinado, el rostro estropeado por fatigas sucesivas, viva la mirada, ardiente el corazón, cansada la razón de muchos recuerdos, seca la piel de muchos soles, rígidos los músculos de muchas tareas sin conclusión.

¿qué meta me señala la existencia? una y todas.

¿por dónde se acercarán las multitudes portadoras de banderas? más allá de la colina las veré desaparecer y nunca más las veré aproximarse.

¿adónde van, pues, mis sueños sin substancia?

¿a vaciarse tal vez en mares de plomo derretido?

¿a endurecerse hasta la rigidez sobre hielos polares?

a podrirse de sombra junto a muros solemnes de palabras huecas?

a morir desgarrados por ventoleras de aire caliente?

a reventar de soledad frente a ventanas entreabiertas?

a morir de indecisión frente a puertas sin cerradura?

a congestionarse tal vez en caminos estrechos?

a morder el luminoso polvo de las edades por venir?

a germinar sobre estiércol de siglos?

a disolverse, mudo, en carroña de milagrosos estruendos?

a dónde irán, pues, mis sueños sin substancia?

qué sé yo? qué sé yo? qué sabe nadie que me ve desvariar oculto entre la muchedumbre que besa mis mejillas y no siente el calor de mi cuerpo?

gusano, devuélveme mi sustancia y dame otra vez esta miserable alegría que llevo dentro, no sé dónde. mi cerebro, máquina inservible de doloroso funcionar, me impulsa al cruel destino de mi saber histérico.

payaso, devuélveme mi sustancia. bestia, devuélveme mi sustancia. magia, dame tu sustancia caprichosa y toma en cambio esta horrorosa epidermis que no es mía. toma mis dedos, magia, y dame tu pezuña de algodón amarillo. dame tu carta y toma mi bastón de líneas firmes. dame tus patas y tu flauta de música de amaneceres y atardeceres enigmáticos y toma tú mi ciclo de esperanzas, sincronización absurda de mi eterno duelo. toma mi firmeza y mi recto camino y hazme partícipe de tus turbias y dobladas sendas.

árbol, dame tu tronco seco, hueco, sonoro y toma este macizo torso mío repleto de vísceras inútiles y porquería.

búho, dame tu mágico mirar siniestro y toma este turbio parpadear indeciso.

culebra, préstame tus dobleces.

cofre, dame tu asombroso hermetismo.

noche, préstame un poco de misterio. roba un poco de luz a mis pupilas cansadas de resplandores huecos.

brujo, dame tu pócima y un poema de números para esta página blanca de mi libro muerto.

pez, dame todas tus direcciones y déjame besar las algas un instante cuando todo sea sombra alrededor de tus mágicas escamas y tu cuerpo de ópalo viscoso.

mi poema, inconcluso, necesita tu soledad, desierto virgen, ardiente desierto, árido desierto. dame un verso de calor que sea frío como el hielo cuando la reina noche se incorpore en su trono de charol ante tus ojos y los míos.

mi amada, niña, me espera, verde como las algas marinas sobre un arco de triunfo tan alto o más que las pirámides, tumbas de faraones.

qué puede mi razón frente a mi amada?

qué puede este fragmentado saber de siglos frente a mi amada?

sal de siglos, entre a mi garganta, para que mis palabras sean dignas de mi amada; alta como la más alta pirámide, casi babel, dura y sencilla, pálida y augusta como la flor silvestre.

los ojos de mi amada me miran desde su soledad y los siglos no me dan una escala para llegar hasta su cuerpo. siglos inútiles, de pueriles lucubraciones. sintética emoción de siglos. secular traición.

por senderos ocultos deben andar mis alegrías.

siglos, indicadme los senderos del corazón antes que reviente de furia y os escupa.

mi amada siente la nostalgia del dormido horizonte, lejano como mis besos y yo la ardiente necesidad de pulsar la única cuerda de ese sonoro horizonte que añora mi amada.

cuando no tenga horas el reloj y las estadísticas viscosas y malolientes se pudran de inutilidad yo encontraré a mi amada y, os juro siglos, que mi venganza será terrible y mi saliva caerá como fuego sobre vuestros engañosos, históricos semblantes.

"Pero después de todo" (*La sílaba en la piel*, 1957-60)

 Pero después de todo
 yo puedo reconocer mi corazón
 le he visto en otro sitio
 queriendo ser estrella
 y no puede.
 Tiene miedo a las voces.
 Tiene miedo a un cierto tipo de vergüenza
 que se produce en masa
 y se reparte a los niños al nacer.
 ¡La hora, es la hora!
 Reconozco el deseo cuando llega.
 Me he aprendido su nombre de memoria
 y sus ojos vienen rodando por la historia
 hacia mí. (El engranaje del tedio no se gasta.)

 Quiero cantar, cantar.
 Decir el tiempo con su figura exacta.
 Decir el pabellón de sombras de la noche
 y la senil vergüenza de la tumba.
 Hasta que el ave arroje al suelo su silueta
 que tomó prestada al sol.
 Alguien tiene el sonido
 que escapó a mi garganta.
 Alguien debe saber que necesita
 sostener esa nota hasta el final.
 Si apenas deseo lo que es mío.

 Este dolor no pertenece a nadie.
 Aunque vuelva la historia a repetirse

y de distinta manera los hombres la repartan.
Estaré aguardando siempre
la porción de silencio que me corresponde.
También mi canción
y el tedio que exijo por derecho.

Ahora suena un grito
que parte en dos la noche.
Alguien llora.
Las estrellas se han llenado de lágrimas.
Llueve.
Necesito ver a alguien.

"El vaticinador" (*La sílaba en la piel*, 1957-60)

La torre alta. Mis dedos golpeando suave sobre tu cráneo. Tu cráneo como de terciopelo que se escapa blandamente por entre los dedos.

Este pequeño mundo, este minúsculo territorio desde donde dominan tus contornos toda actividad, se va fijando como un insecto extraño sobre una hoja limpia. Ya no estás como el recuerdo de lo que no se cumple. Tienes todo el delicado sabor de lo sencillo que nunca vuelve.

Yo, como un sol de plomo, todo vuelto circunstancias, voy siendo completamente nuevo cada vez que los barcos arriban a los muelles desiertos.

Había luna la noche que decidimos volvernos de espaldas a la vida. Había un extraño sabor a cosa entendida recorriendo cada rincón de nuestros cuerpos. Había como una iluminante voz de tragedia congelada en nuestras gargantas.

Los sacerdotes habían salido a paseo y las carrozas antiguas habían, por fin, hecho su último recorrido. No era un deseo más. Eran todos los deseos deshechos; empotrados en pesados bloques de metal como materias radioactivas.

Yo miraba distraído sobre mi cigarrillo y me parecía que de pronto habría de surgir un monstruo extraño con pequeños ojillos de diamante. Mi pensamiento se esfumaba por entre una pesada atmósfera de ruidos que se interceptaban a cada momento en conclusiones. Es cierto, nunca pude vivir sin conclusiones. Al minuto de no poder concluir nada sentía como un temblor de mundo atenuándose y no terminando nunca; exasperante continuidad de lo vivido.

No hubiera habido respuestas a tantas preguntas. Lo decidimos al fin. Te irías para volver de espuma cuando no hubiera tiempo, ni pequeños ojillos delatores. Pero ¿te he visto acaso volver? ¿Te veré volver algún día? ¿Habrá días cuando vuelvas?

Si vuelves, será galopando oscilante sobre mil caballos marinos; tu magnífico cuerpo rasgando costas y tus pechos simulando extrañas flores en selvas de sargazo.

Cuando vuelvas no habrá salidas y, curioso, tampoco habrá forma de saber si has vuelto.

He aquí la agonía. La infinitamente pequeña y prolongada agonía de la espera.

"¿Por dónde anda mi nombre?" (*La sílaba en la piel*, 1957-60)

¿Por dónde anda mi nombre?
Con sangre de palomas
apretada en el pecho
y desgarrando penas arrugadas,
en mitad del camino
le ha sorprendido el viento.
Un ruido de gendarmes
le atravesó la cara
que traía sostenida en la diestra.
En medio de la noche
le ha sorprendido el tiempo
y un coro de medios-niños
le señaló la ruta
que lleva hasta el dolor
de las fieras hambrientas.

¿Por dónde anda mi nombre?

Por las esquinas duras
de los jueces sin carne
y sin dolor en el cerebro.
Por entre pequeños abogados
de túnica sangrienta,
por entre soldados
con la mitad del cuerpo
hecha de roca estéril
y entreabierta.

¿Por dónde anda mi nombre?

Por entre las piernas rígidas
de un esqueleto musical
y la barriga sonora
de un contador público.
Mi nombre anda por entre
las estepas cerebrales
de un magistrado
hecho de manteca celeste.
Mi nombre baila en la cabellera
de un ángel
hecho de plomo y pólvora.
(Mi nombre se sostiene peligrosamente en la nariz de
un obispo honrado que estudia el movimiento de la
bolsa cuando le queda tiempo después de comer niños.)

Mi nombre tiene una arruga
en la frente
y tirita de frío
bajo la planta de un coloso indigestado.
Mi nombre tiene un ojo antiguo
que parpadea de vergüenza
frente a las nalgas
del odio empaquetado,
envuelto en papel de regalo, transparente.

Pero mi nombre es nombre
y nada más.
Se gasta.
Se va consumiendo poco a poco
en la moneda.
Mi nombre no resiste
la avalancha de sombra
que inventó el abuelo
o quién sabe si antes

cuando alguien golpea la piedra
y hacía los templos
que después le cayeron encima.

Mi nombre tiene la mejilla
cubierta de musgo
y una flor amarilla muy pequeña
desechada en su pelo.
Tiene hábito de dormir
debajo del dolor congelado
que heredó de los siglos.

¿Por dónde anda mi nombre?

Muy oscuro, dormido,
enmohecido, disuelto en cigarrillos
de larga longitud,
en estandarte rígido,
en copa de árbol ciego,
en inodoros de plata centelleante.

Mi nombre dividido
se me cayó del rostro
y después de un largo
proceso de evolución
apareció redondo e inútil
en el escaparate de una tienda
adonde venden penas por docena.

"En la otra orilla" (*La sílaba en la piel*, 1959-60)

En la otra orilla
adonde es imposible llegar
las flores son más brillantes
y ruge el trueno más sonoramente
y todas las luces palpitan
con diferente acento.

Con un cristal de niebla entre los ojos
se puede ver mejor
en la otra orilla.
Pero sin recuerdos
porque decir he visto
es casi igual que decir he muerto.

En la otra orilla
el metal viejo resucita
y las palabras encuentran por fin
su antiguo centro duro
o se desvanecen si acaso no traen consigo
su porción de sombra milenaria.

Siempre alguien espera
en la otra orilla.
Hay un sonido especial que nunca muere.
Pero a veces llega antes el verdugo
que el sembrador
y es entonces que se completa
un ciclo de monedas.

En la otra orilla.

Sombra mía (*La sílaba en la piel*, 1960)

Sombra mía, tu severo aspecto de monstruo almidonado asustaba a las niñas de caras pálidas. Tus fieros contornos, proyecciones de arcilla sobre arcilla, eran un viejo poema de gastados versos. Eras blanco de dardos de plomo rosado que a tu contacto se transformaban en pequeños promontorios de gelatina. Los pechos de las vírgenes perdían su volumen en tu presencia. El placer, largo y fino como un hilo de seda de araña milenaria, tejía filigranas de finísimo acabado alrededor de tu figura. Tu silueta, nómada, se movía sin espanto, sin angustia, sobre suelos podridos, sobre suelos de hielo, sobre suelos candentes. Los siglos te fueron formando de oro carbonizado, de sustancia de estrellas apagadas. Ríos de sudor bordeaban los contornos del lugar que habitabas y el ensordecedor estruendo de las máquinas servía de música de fondo a tus extrañas aventuras. Aun tu recuerdo hace estremecerse de espanto a las florecillas de los caminos que transitabas. Cuando dormías velaban a tu alrededor todas las criaturas del bosque.

¿Cuándo comenzaste a ser mía, Sombra? ¿Desde cuándo has dejado de serlo? ¿Es cierto que era necesario que golpeara el sol duro sobre mi frente para que empezaras? ¿Es cierto que te robó la noche un día cuando la luna se había escondido temblando de rubor frente a todos los pares de ojos de todos los hombres. ¿Dónde estoy yo que no te veo? ¿Dónde estás tú que no me sigues? ¿Será preciso que marche a tu encuentro, arrastrando todo este barullo de huesos secos y cansados? ¿Dónde te encontraré?

Donde quiera que estés, Sombra, estarás sembrando el espanto en los pechos mustios y los ojos sin vida de maniquíes de cera. Déjame, pues, reir contigo desde lejos. Déjame sentir en tu ausencia el doloroso silencio que imponía tu pausado tránsito sobre pequeñas, incoloras, frágiles bellezas.

Este suelo de algodón estremecido, te arrancaba una vez estallidos de risa. Esa presencia tuya era como una ausencia de todas las cosas, ausencia mucho más penosa por ser visible pero inútiles en tu presencia. Ahora, ¿estás ausente o es que también yo me muero de indecisión como las cosas?

No puede ser cierto. Tú empezabas conmigo, y terminabas cuando yo no existía. No puedes vivir sin mí. ¿Por qué me dejas? O ¿es que me alejo yo para dejarte tendida sobre el polvo sujeta a la venganza de las cosas? Esa florecita silvestre se levantará sobre tu figura sin volumen cuando yo me haya ido y te aplastará, roja de ira, temblorosos los pétalos como una fiera vegetal. Esa roca, ese árbol, ese grano de arena estallarán de furor cuando me aleje. El risible espectáculo de mis ojos vacíos infunde valor a la mosca y a la hormiga. Desde la altura el espantoso buitre te confunde con mi cuerpo, falto de músculos, de sangre y de esa piel lisa que te hacía severa y definida. Dentro de poco descenderá sobre nosotros (sobre mí) y cuando concluya serás solo la silueta de un manojo de huesos blancos.

¿No puedes detenerle? ¡Sí, puedes! ¡No ves como vacila en la altura, como vacilan aquí abajo la piedra y la hoja!

A muchos pasos de nosotros se han detenido los

verdugos. Fríos, pálidos, medio muertos de miedo. ¡Tú estás entre ellos!, ¡pero es que también estás aquí conmigo! Termina de una vez este angustioso juego de espanto. Más allá de ellos ruge la vida; cortante, ígnea, sonora; con sus mil gargantas de metal al rojo. Más acá, la angustia, la indecisión, la total desesperanza, las cosas esperando, ordenadas en hileras uniformes, el momento de asaltar este débil bastión de infinita soledad, frágil condensación de alegrías inútiles y trabajos perdidos.

Por la noche se irán acercando los verdugos y tras ellos la vida, de cerca. Es cierto que no tendrán valor para volverse y detenerla pues no resisten su aliento, pero tampoco la dejarán llegar hasta acá, y a cada minuto oscuro cerrarán más el cerco. Es asfixiante su contacto, sombra, para ti que te mueves entre ellos, para mí que les aguardo el corazón temblando.

Los relojes se han detenido un instante porque odian tu nombre. Las manecillas, cansadas de girar alrededor de tu figura, se han enredado en mi pelo como buscando refugio. Mira sobre mi cerebro, sombra, convertido en asilo de muelles y engranajes; mi corazón, depositario de péndulos cansados.

Los colores, todos los colores se suceden en espantoso girar. También te odian los colores. Ese rojo envolvente del crepúsculo te odia más que todos.

Los sonidos se atropellan sobre tu silueta y no puedo apreciar con precisión si es mi voz uno de ellos.

¿Luchas? ¡Sí, luchas! (Estoy luchando.) ¡No cedas un palmo, sombra mía! (Ves como no cedo.)

¡Están retrocediendo los verdugos, los archivos grises, las tabuladoras automáticas! ¡Qué bien te defiendes, Sombra! (Observa qué bien me defiendo.) ¡Ese señor de charreteras, qué chasco!: mordió el polvo. Mañana habrá una estatua a su recuerdo y tú y yo nos reiremos de gozo a sus pies.

¡Todavía se suceden los días! ¡Todavía habrá una aurora mañana, y otra, y otra más! Cuando se estruje el semblante de la historia, tú quedarás viva en los gaveteros del cosmos, como una momia que respira.

"hay un río de claridades..." (*Homenaje al ombligo*, 1962)

    hay un río de claridades acentuadas,
    hay una barca,
    la luna sumergida
    y nombres acercándose a la orilla.
    innumerables reflexiones se superponen
    y una abstracción de soledad, henchida,
    se reparte en la atmósfera,
    gesticula sobre los árboles
    vencidos por la noche.
    los ruiseñores duermen debajo de la luna,
    murciélagos de carbón
    intercambian saluditos delgados.
    la oscuridad tiene un hijo deforme
    de muchos nombres,
    de muchos interiores sin límite
    por donde se pierden las palabras ordinarias
    y la maldad se congela
    y los siglos amontonan carroña.
    los peces se cansaron,
    se dejaron caer pesadamente sobre el fondo
    con ruido sordo
    que no llega a la superficie.
    se ha cansado la voz de las sirenas
    y los remeros gimen asustados.
    el viento tiene miedo
    de encogerse en las lonas
    y suspira redondo
    antes de repartirse en tristeza sin fronteras.
    ya no existe sino un dolor terrible

multiplicado en minas y sembrados.
hay una canción,
pero está rota
y es inútil decirla en pedacitos.
hay un abismo concentrado
cavado a pico por siglos de cansancio.
hay placeres quebrados
por la sal adulterada
de las playas prostituídas.
hay objetos amargos como palabras sucias
en la garganta de los recién nacidos.
hay un árbol, un ojo
y un ombligo minúsculo rompiéndose.
hay ventanas cerradas,
hay pantalones viejos
pegados a la carne,
hay sangre repartida sin orden
y hay una angustia larga
mal distribuída.
y la noche cabalga,
fantasma sin destino
que parte de las oficinas
de los hijos sin nombre
de la contabilidad.
los usureros se frotan las manos
y se orinan con placer
por detrás de los postes de alumbrado.

"estoy unido a la extensión del cielo" (*Homenaje al ombligo*, 1963)

    estoy unido a la extensión del cielo
    como por un cordón umbilical,
    y si me asustan digo lo que importa
    y escupo hacia abajo, nada más,
    porque no quiero ayes que se gasten,
    quiero un ay que madure
    y vuelva a ser,
    del péndulo no quiero sino el ruido,
    del círculo la interminable redondez,
    de los peces su frío,
    del engaño encontrármelo otra vez
    y quitarle la cáscara,
    desmontarle las piezas de su nombre
    y romperle su hueco, maldecirlo
    y que todos se le rían en la cara
    cuando ya no le queden lentejuelas.
    del dolor quiero su único dolor,
    el verdadero,
    el que no tiene dueño ni inventor.
    quiero al hombre por su pulgar,
    sin pólvora en otro corazón.
    quiero dulces, espejos,
    trigo abierto,
    sin ventanas cerradas, ni letras
    ni estampillas postales,
    con destino, sin dirección del remitente.
    quiero la piedra sin honda,
    la pólvora sin plomo,
    la sonrisa sin muros,

y de la muerte quiero
lo que tiene de paz.
que no perturbe nadie los rugidos,
que no pongan sus uñas en la luna
los que compran y venden realidades;
que los que tienen bolsillos en la sangre
se mueran
y no asusten a los niños
con sus precios;
que todo vuelva a ser
y que se gasten todas las monedas
porque el metal está cansado de retratos.
¿por qué tiene la duda
que ser mía o tuya o del otro
y siempre en una sola dirección
aullando?
¿por qué parir tinieblas
para dejarlas luego a la intemperie?
¿por qué esas quemaduras
en la piel de los niños?
¿por qué las alcancías?
muérase el capataz, quede el obrero;
los médicos que aprendan a sanar
y si alguien quiere
orinar sobre su sombra
que lo haga.
que cada cual haga
con su nariz lo que quiera
porque es suya,
pero que nadie beba
la sangre de los otros.
que si alguien quiere tener
las nalgas grandes
que las tenga,

pero que no le robe al vecino
su mejilla,
ni arrebate los pies al caminante.
quiero, en fin, para mis ojos
luz o sombra
según me diga el corazón la fecha,
y para mis oídos
silencios o estridencias
según dicte la uña,
conforme lo desee la piel
a ciertas horas.

"camaradas del sueño, os reconozco" (*Homenaje al ombligo*, 1963)

> camaradas del sueño, os reconozco.
> los de la luna repartida en el rostro,
> los del rostro sin comienzo,
> pero con un final rotundo y envolvente.
> los de las llagas sonrientes en el cuerpo,
> los que endulzan espinas
> y clavan esperanzas.
> los del rabo del ojo doloroso y tierno
> como hoja que cae,
> como estrella fugaz,
> como lamento que llega antes que el dolor
> o después, siempre a destiempo
> y justamente cuando se necesita.
> voluntarios de la risa,
> multiplicadores de atmósferas,
> inventores del juego
> que ganan sin ganar
> y aun perdiendo.
> hermanos en la carne,
> compañeros en el diente feroz
> que deja huella.
> conocedores del ombligo
> y su música, os saludo.

"aquí vive una sombra" (*Homenaje al ombligo*, 1963)

    aquí vive una sombra,
    aquí vive un recuerdo,
    aquí vive un abismo.
    pasen, señores, pasen
    les aguarda un cadáver
    con ojos en la carne,
    les espera una tumba
    con niños plegadizos acurrucados,
    les espera un silencio de túnel
    amarrado a un ombligo.
    adentro, en un rincón oscuro,
    en cada cráneo recubierto de oro
    inicia la tristeza sin raíces
    su largo viaje, eterno
    tránsito por entre constelaciones
    de huesos disgustados.
    les espera, señores,
    un largo camino
    alfombrado de nervios imperfectos,
    desechados, apenas germinando
    de nuevo, más torcidos
    que antes de nacer
    comenzando la angustia prometida
    y revelando la muerte vislumbrada
    en crepúsculos de pólvora y ceniza.
    aquí vive la sangre, señores,
    inmóvil y cansada,
    avergonzada de transitar
    en monedas, de llenar agujeros,

de agolparse en gargantas sin sonido.
pasen, señores, pasen
la mesa está servida,
hay promesas, hay libros,
hay oro en abundancia
y, sobre todo, risas como tabiques
que esconden el dolor del hermano
y una muerte con franjas
bailando en los combates.
el dedo del silencio
ya señaló la ruta
y ya todos siguieron la ruta señalada.
cada uno
dijo a tiempo su línea
exactamente como le fuera
impuesto, a cada lengua, el grito.
todos dejarán huella, todos juegan,
pero la misma huella
delata la caverna que fue su origen
y letra sobre letra
y gesto sobre gesto
hasta podría suceder que un día
por sus huellas fueran reconocidos.
pasen, señores, pasen,
hoy vaga sin destino
circulando en las grietas
oscuras del abismo
el dolor de los otros,
y no escondan su risa
porque se necesita.

"escucha" (*Homenaje al ombligo*, 1963)

    escucha,
    siente,
    mira.
    hay viajes que no terminan nunca.
    hay telegramas extensos.
    hay suspiros que guardan
    una montaña en su raíz.
    hay pétalos pesados.
    hay miradas con plomo en su comienzo.
    hay dolores repetidos sin concierto.
    y hay muertes acechando en la luciérnaga.
    escucha,
    el sonido se quiebra en las paredes.
    (una voz, una risa
    un grito de dolor
    un látigo de fuego
    golpeando el vacío.)
    ¿por dónde llega la hora?
    pregunta el caminante.
    más allá de la brisa
    le contestan, no entiende
    y sigue hasta que asoma
    la sombra en su sonrisa.
    entonces, sólo entonces
    germina la canción en su esqueleto.
    (ventanas de la noche
    cristales de sorpresa
    pedacitos de tumba
    en los dientes del niño.)
    y llega sin saberlo.

"cuando las tardes mueren en una sola mañana" (*Homenaje al ombligo*, 1963)

Cuando las tardes mueren en una sola mañana, todas las tardes del pasado, las tardes del presente y las tardes por venir; cuando las tardes, digo, se entretejen y enredadas y mustias caen de pronto en un alba sin promesa y mueren, hay reunión de aves ciegas sin itinerario y caravanas de hormigas sin destino. hasta puede suceder que la ola destructora de muros ni siquiera escriba su espuma final en los escombros o que al mirar de frente los ojos del payaso se advierta que no encierran la tristeza adivinada. y si se escucha lejos un último lamento o si del centro mismo de la sangre se escapa un alarido o se forma con pequeños enojos un sollozo no encontrará un final que lo detenga. porque no hay pared de conclusiones que pueda detener el llanto provocado por una muerte de tardes al amanecer. no hay recinto de sílabas que pueda acomodar a una muchedumbre de tardes muertas antes de un mediodía. todos los cansancios juntos, desaforadamente ahuecando y rompiendo no cavarían nunca la tumba capaz de contener tanto sol terminado. cuando todas las tardes mueren en una sola mañana las noches prometidas se presienten dobladas, los días y los ríos venideros ya vaciaron su carga de muerte adelantada. entonces poco importa que haya sillas esperando más allá de hoy o un zapato que a nadie pertenece o una botella con mensaje o vacía. poco importa que las manos encuentren o no la estrella.

"hoy le diré a mi sombra: muere" (*La sílaba en la piel*, 1963)

hoy le diré a mi sombra: muere,
adiós hermana mía
ya no te necesito,
el sol ya no golpea,
se alejaron las manos que pegaban,
se está alejando, intacta, la amapola,
la rosa de los vientos, perseguida,
ya sigue otro camino
y por los almanaques vacíos
ya no quedan esperas.
estoy solo, buscando mi destino
por las células,
mirándome hacia atrás
casi comienzo
para insultar al gene
en su guarida
y llamarle enemigo
y que se asuste;
preguntarle con ira,
con enfado
porque no de otro modo
se hinchó hasta mí,
por qué razón se empeñó en encontrarme
o formarme; lo que sea
lo hizo mal y espero
a sus nuevos proyectos
pellizcarle el futuro,
morder sus planes,
escupir sus piensos.

Los héroes (*La sílaba en la piel*, 1963)

Siempre es más importante un hola bien dicho, porque hay gusanos atentos detrás de cada oreja. Los canarios se visten de gala y un inocente terror con cola de oro se pasea por las calles más humildes sin mirar hacia atrás. Es que llegó la moneda, llegó el embajador y llegó un pedazo de tiempo futuro (más de una gota) envuelto, a la manera de crisálida en sucia risa de marineros ebrios, para gloria de dueños, satisfacción de mercaderes y desgracia de tontos.

Ni siquiera suspiran las hormigas.

El insecto inocente guarda su melancolía como guarda también con cuidado sus alas. Siempre es posible caminar. A falta de cielo, suelo. Después de todo, dicen, es conveniente tener los pies sobre la tierra. ¿Y después? Más suelo. Proscribamos las alas. Adoremos el plano (horizontal por supuesto). ¡Tan sencillo, tan claro, tan limpio!

Sencillez, esa es la palabra. Pero sencillez heroica y heroicidad sencilla. Sin heridas, sin sangre, sin angustia. Con muchas medallas y más monedas.

Conjuguemos:

Yo soy héroe

Tú eres héroe

Él no es héroe

Nosotros somos héroes (O estamos en camino de serlo)

Vosotros sois héroes

Ellos no son héroes

Porque él y ellos no existen. Solamente existimos,

heróicos por supuesto, o próximos a serlo, yo, tú, nosotros y vosotros.

Pero ¡mirad! ¡No hay tumbas, ni lágrimas! Somos todos socios en la dulzura general, por fortuna hecha historia en un tipo de imprenta uniforme y sin mayúsculas.

¡Aplausos!
¡Albricias!
¡Eureka!
¡Qué originales somos
los héroes gordos!

II

Convengamos en que "mañana" no existe. Sólo existe "hoy" y un poco (sin exageración de "ayer". No nos mueve el egoísmo personal a aceptar este supuesto. Sencillamente así resultan más sencillas las cosas y, como hemos dicho, somos sencillistas.

Resumiendo:

"Hoy" se escribe con mayúscula.

"Mañana" no se escribe.

"Ayer" unas veces se escribe y otras no, dependiendo de las condiciones del tiempo y tomando en consideración las disposiciones contendidas en cierto horóscopo que no ha sido confeccionado conforme a un poco de nuestra voluntad y toda la voluntad de los dioses y sus intermediarios.

Sea hecha la voluntad de los héroes y los dioses.

III

Una jaula de oro es una jaula, pero no hay que negar que es de oro. Es mal intencionado señalar lo primero sin detenerse a reflexionar sobre lo segundo y es sensato asegurar lo segundo.

¿Quién duda que el paraíso de las marionetas es el baúl (cerrado)? Exceptuando a Pinocho, y solamente por haber tenido la nariz demasiado larga.

Moraleja: Para baúles cómodos, narices cortas.

IV

¡A la carga! Los héroes al frente.
Pacatás, pacatás, pacatás.
El uniforme de los héroes todavía está limpio.
Pacatás, pacatás, pacatás.
Los héroes tienen ahora otro uniforme.
Pacatás, pacatás, pacatás.
¡Fácil!
Pero es extraño, ¿quién dijo ¡alto!?

"Si me propusiera, pienso" (*Homenaje al ombligo*, 1963)

> si me propusiera, pienso, alguna vez olvidar tus pómulos, ¡qué de olvidos tropezarían entre sí y cuántas, ni siquiera atrevo imaginarme, equivocaciones acudirían de súbito y congestionarían mi organismo! si intentara en ese momento conservar mi ecuanimidad habitual y mantenerme como siempre un poco al margen de la niebla y mis ruidos, en fin de este desorden opaco y gastado que es mi andamio, quizá habría una fiesta de inutilidades que podría observar con mi mitad callada desde lejos y casi sin inmutarme, pero, debo confesarlo, sospecho que no sería completa mi indiferencia. cargaría con un dolor más, aunque pequeño e insignificante y tal vez hasta deseado. pero hay también otras cosas. sucede que otros tropiezos, otras llagas y otras constelaciones de disgustos y gozos y hasta también algunas necesidades se disputan cierta porción de mis huesos y roen como perros hambrientos hasta encontrar la médula.
>
> reconozco que es necesario repartirse y evitar el desfallecimiento aunque el cansancio muerda feroz y lastime el encontrarse de pronto perdido entre la totalidad de circunstancias a las que, dicen, se les debe todo o casi todo. pero aun así aunque fuera necesario recordar con la menor fuerza posible tus pómulos para recordar mejor los detalles mejor cimentados e iluminar, como dicen por ahí, la perspectiva y fijar mejor la circunstancia propia y más sólida e inmediata o sacra o pertinente y darle dirección a la madeja, una caravana de pérdidas, grandes y pequeñas, una procesión de engaños se me juntaría de pronto en las venas más anchas. esto pasaría y no sé si sería sensato.

podría quizá recoger y ordenar y limpiar escaleras con escaleras y dormir siestas y atizar ciertos carbones que es preciso que ardan y podría anudar un día con otro en la forma debida como aconsejan ciertos libros en ciertas páginas a ciertas horas del día en ciertas bibliotecas o en ciertas salas de espera presididas por ciertos orangutanes – eso sí, desarrollados hasta su máxima expresión que quiere decir con las garras por dentro y el bolsillo por fuera–.

pero tus pómulos oscilan –esa no es la palabra, pero me llegó al papel de pronto y también es verdad; quizá después te diga que tengo tus pómulos guardados en células o colgando en las córneas– y también he notado que atesoran trozos de cometas perdidos y puede ser solo mi imaginación, pero no importa porque el que la luna sea un ojo de gigante extraviado no es mi culpa como tampoco sería mi culpa que no lo fuera. eso sí, he notado que en ciertos días los números en los almanaques son más pequeños y hasta cambian de color y hay en las avenidas principales más o menos transito según sea el caso y, sin embargo, tus pómulos son indiferentes, al parecer, a las condiciones del tiempo y a ciertos temores que habitan en el interior de los telescopios más potentes o a ciertas ideas que transitan de oreja en oreja y solamente dejan cosquilla en el cartílago, y más adentro nada.

todavía hay quien asegura que guardaba la luz por dentro y hasta multiplicada de manera que suba hasta la piel el dolor de las vísceras. no pueden iluminarse ni siquiera los caminos más estrechos, pero no me preocupa porque también en tus pómulos hay encrucijadas y podría en sus laberintos inventar adivinanzas y jugar cara o cruz y hacerme preguntas sin contestación y comerme las uñas o el llavero.

por eso olvidar tus pómulos sería casi tan fácil como absurdo, porque entonces ¿cómo voy a ver la luna y qué tarea le encomendaría a los labios y a las cuerdas vocales?, sin mencionar el meñique que en más de una ocasión asistió a la fiesta de cojines y luces.

"Yo sé que hay importancias colgando de los libros" (*Homenaje al ombligo*, 1963)

> Yo sé que hay importancias colgando de los libros
> y verdades agudas cabalgando en papeles,
> pero la mariposa rugiendo en las veredas
> es más ancha – y un beso puede más –
> que cuálquier diccionario.
> una piedra tiene más sonrisas, a veces,
> que todos los anuncios en las cafeterías.
> si los ríos florecen
> y si estalla la nube y deja de ser blanda,
> no es porque lo dijeran los que atan realidades
> poco a poco con símbolos precisos
> para formar escalas.
> abajo queda siempre el temblor de la hoja
> y el silencio preñado corriendo por los túneles;
> abajo quedan siempre levantando montañas
> los hijos de la noche, diminutos y tiernos,
> comenzando la huella que termina en papel.

"canto porque cantar es mi promesa" (*Homenaje al ombligo*, 1963)

canto porque cantar es mi promesa y juego aunque me encuentre después la última nota temblando sin sentido, colgada repartida en llanura de olvido adonde no fue llamada, corriendo por los dientes, enloquecida, diminuta, frágil, inconsecuente, gastada o carcomida.

canto aunque me lo pregunte mil veces, sorprendido o sereno y diga: "si no es nada", "nada hay", "nada fue" o "llego sin saberlo y entonces es igual no cantar". porque el destino es otro – si comprenden –, empieza por la piel y los dedos y el diente, mientras ríe la célula temblando y la neurona impaciente que nunca dice "basta" y no puede decirlo aunque quisiera, pues es sino de abejas el que empuja.

y podría suceder que hubiese rocas con lagartos tendidos tomando el sol, o un campanario con golondrinas o una gaviota reposando en el mar; pero –perdonen– no es eso lo que digo, aunque podría decirlo y ser menos punzante, encuadernado quizá, visto y oído en almanaques, crucigramas y esquelas.

canto, porque me dicen "canta" otros nervios ajenos, también encadenados a muros y que de vez en cuando por el aire recogen la sonrisa, aunque un poco distinta, de mi sangre.

por eso canto. no quiero abrir gavetas, ni levantar el polvo, ni hacer ruido, ni herir o abrir caminos mal abiertos por donde entren las furias, ni apagar lámparas, ni torcer realidades, mucho menos amar desordenadamente, no es eso, entiendan de una vez. canto, porque cantar – si me permiten un poco de memoria– es el recuerdo obstinado que llama desde lejos y no admite disculpas, explicaciones, dudas, balbuceos; como tampoco promete, ni regala, ni ofrece llanuras más mullidas o lagos de miel o tierras de promisión.

canto, porque el cantar es cantar, ¡fíjense!, fácil hasta el absurdo, aunque maduro, dulce y temeroso vuelva a su origen derrotado y ciego.

señoras y señores quiero explicarme. hoy nos vemos con el ojo de frente, sorprendidos, pestaña con pestaña, encogidos al unísono, unos dentro de otros, preguntando mordiendo para encontrar la sangre del hermano en la garganta y averiguar si es cierto que la canción, la pólvora, el llanto y la sonrisa son sinónimos. unos dicen que sí; otros, queriendo ser humildes, sabiéndose arrogantes, preparan su festín sin invitados y beben su propia sangre; por eso tienen llenos de sí mismos todos sus agujeros o, lo que es igual, tienen repartido en toda su propia extensión, grande o pequeña, es igual, su propio paladar. y se gustan y se regustan y vuelven a gustarse, monolíticos, duros sin dolor, enfermos de su sombra, exactamente debajo de su sombrero y encima de su suelo, pero mudos al fin, porque se muere la canción si no se abren las puertas. también, es cierto, suceden cosas desagradables si se abre la puerta equivocada; pero entonces, qué culpa tengo yo, o mi hermano, o el hermano del otro o todos juntos si en los tranvías ocurren accidentes dentro y fuera.

si me castigan, o piensan castigarme, o si les cruza alguna vez por la mente la idea de sujetarme, no puedo imaginar una venganza mayor, ni una sorpresa más grande, ni un triunfo más completo que cantar, como quise siempre y estuvo señalado desde el comienzo.

no es soberbia tampoco, señores; no doblen la palabra ni escriban al revés el jeroglífico; también están ustedes invitados, *mediten*.

"si pudiera salir desde mi soledad" (*Homenaje al ombligo*, 1963)

si pudiera salir desde mi soledad, con mi silencio partido en dos y llegar hasta ti para decirte las cosas con el nombre que tú le has asignado. si pudieran los duendes rescatar del recuerdo su comienzo y traer desde allá la palabra que tiene por semilla la sangre y que es inútil en otras ocasiones cuando decimos, lloramos o reimos entre colosos truncos y dioses inexpertos que olvidaron el signo o nunca lo aprendieron; la palabra que rompe hastíos y estalla como estallan los gritos en la noche, repartidos y huérfanos sin lugar ni distancia que reclame sus ecos.

si pudiera volver de un largo viaje y emprender uno nuevo con tu piel como recuerdo, con la antigua ilusión de tu piel perdida más adentro donde quedaron campanas sin sonido, alientos sin conclusión y circunstancias de sueño mal cumplido.

si pudiera salir de este letargo con agujeros que ni siquiera es tedio sino mosaico de temores ajenos y redes de cansancio milenario que aprisiona a los niños cuando apenas escupen su primera alegría.

sin embargo hay tantos "sin embargo" como estatuas inútiles en las plazas sin uso, en las avenidas vacías e intransitadas como sillas al margen que no resisten penas ni gozos y solo sirven para obstruir el paso al caminante apresurado. tantos "holas" con solo un asomo de verdad girando en la sonrisa. tanto "bastante: y, sobre todo, siempre un "nunca" redondo como punto final, pero siempre presente resonando su frío como cuchillo ciego o torpeza de azar o distracción o intuición de muertes diminutas acechando para romper los viajes sin avisar, sin concierto, desordenadamente rompiendo las realidades más preciadas y los más duros anhelos.

si pudiera dejar el tren en la otra esquina y cambiarme de ropa en un lugar desconocido, sin pensar proyectos, ni medir distancias, sin siquiera escuchar que alguien me llama desde afuera. y no volver (porque no hace falta, con todas las cosas sencillas encontradas en mi equipaje en el lugar exacto que la pena le impone o la alegría le exige).

si pudiera, además de ser invencible, vencer, porque no es suficiente recorrer los caminos sin perder; de vez en cuando hace falta ganar aunque sea poco.

si pudiera decirte "estoy" mirándote con los ojos que nunca llevo afuera y que no estoy seguro tampoco de llevar adentro. si pudiera abrazarte largamente con unos brazos nuevos que conozco hace tiempo y que no han sido usados más por falta de ocasión que de deseo.

entonces encontraría al fin la raíz del beso, sin perfecciones inútiles rompiendo los paisajes, sin letreros, sin luces irritantes, abierto de par en par el sonido especial; sin voces encogidas ni estiradas sin exactamente dichas y escuchadas; sin silencios inconsecuentes sino más bien silencio de células y sangre preparando oscuramente su fiesta de mañana.

"qué culpa tengo yo, peregrinando" (*Homenaje al ombligo*, 1963)

¿qué culpa tengo yo, peregrinando
con esta boca amarga?
¿y quién le dijo al grano,
a la piedra,
a todos los heridos del mundo,
al que me socorre
y al que me deja su uña en el pellejo:
"mira, ése es tu hermano,
en tu sal se levanta,
en tu espejo se mira,
oye por tu oído
y es casi tuyo.
muérdelo —sabes morder—
y penetra su sangre
y deja tu retrato en sus arterias"?
¿hasta dónde me sigue
ese dedo teñido?
escupan, caballeros,
orinen con orden
y dejen en su esquina
el diente que les sobra.
yo no quiero escribir
encima de otros huesos.
yo no quiero hacer
con células ajenas
camino,
ni montañas,
ni habitaciones.
sólo sé que en mi casa

al llegar me saludo
y me despido al salir,
pregunto por mí y contesto:
"acaba de llegar y está dormido"
y si acaso despierto
con un gusto a pasado en la garganta
me lo trago y digo:
"estoy enfermo,
no puedo más,
me muero".
después, con mis manos cargadas,
con trucos en mi piel,
juego al presente
sin preguntar,
sin hablar nada,
dejo caer el músculo al tablero
y pierdo.
siempre perdí, desde antes,
porque quiero perder,
porque es justo perder,
porque es de hombres perder,
porque perdiendo gano.
¡sujétenme!, después díganme "ahora".

"también en los ombligos..." (*Homenaje al ombligo*, 1965)

también en los ombligos acechan muertes,
porque la muerte se aproxima en todas direcciones
con su carga inexorable de término.
en cada ojo hay un final durmiendo
y si a veces parece
que algún labio oscurece la tumba,
díganle al peregrino que se engaña;
que también hay espejismos,
que la nube revienta.
también en los ombligos hay espinas.
los abismos se escurren inadvertidos
hasta llegar de pronto
con su carga de tiempo envilecido
y nos golpea de súbito la cara
y repite las risas una a una
en sus paredes secas de caricias.
¡cuidado caminante!
ni tu mismo semblante
te acompaña cuando te sigue el dolor
empecinado en busca de tu tuétano.
ni siquiera tus huesos serán tuyos.
te quitarán los ojos cuando llegues,
y si acaso pensabas en tu garganta
es bueno que medites
—aun hay tiempo—
se escapará, será de otros
y quedarás silencio sobre arena,
pero arena perdida y sin espuma.
se reparten tu pelo en las esquinas,

tú lo sabes, y sin embargo, crees
que puedes alcanzar la orilla opuesta
con la única ayuda de tu caja
de ruidos especiales.
alguien tiene un músculo tuyo en el esófago,
alguien marca un número
en un teléfono que vibra realidades,
realidades angostas, pero duras
con un solo dolor,
con una sola dirección,
incisivas y crueles.
detente, peregrino,
los relojes te buscan,
una hora salió a tu encuentro,
una ola lejana en una costa
que aún no has conocido
se ha desprendido, exacta,
con tu nombre en su espuma.
es para ti,
estuvo prometida desde siempre;
allí es que hay que buscar,
pero recuerda que a veces
hasta los ángeles quisieran perseguirte.
es que están solos también
y temen tu sonrisa.
tus pestañas parecen proyectiles
y tu pena, dormitando
en angostos corredores,
en ciertas noches puede
parecer una trampa
porque no tiene bordes y parece
que la llevas contigo como un arma,
como una red amenazante.
detente, caminante,

péinate y ríe
y compra una sonrisa en el primer encuentro,
y dile al viento
que anuncie tu llegada.

Homenaje a Elizam.

A Waldo Rodríguez (*La sílaba en la piel*, 1965)

> 1
> A veces el ángel de la muerte
> nos toca más de cerca.
> Sin campanas y sin lamentaciones,
> pero sentimos su presencia de envoltura total.
>
> 2
> El rey no huele.
> La reina huele a París.
> Los alfiles huelen a incienso.
> Los caballos huelen a sudor.
> Las torres huelen a pólvora.
> Los peones huelen a sangre.
> Juguemos el ajedrez con la nariz,
> olfateando la muerte en cada uno
> de los sesenta y cuatro recuadros;
> para luego morir en blanco o negro;
> da igual, siempre que se muera sonriendo.
>
> 3
> Se acabaron los juegos que jugábamos.
> Se acabaron las canciones que cantábamos.
> Se acabaron las palabras que decíamos.
> Se acabaron los niños.
> Se acabó todo.
> Tú, padre de la palabra,
> marchas camino de la tumba
> con todos los pergaminos debajo del brazo.

4
Me imagino la cara de la muerte
cuando te vio llegar.
La sorprendiste.
Le sorprendió tu rostro y tu carcajada
limpia y estridente.
Por un momento se ruborizó
y volvió a ser virgen para ti.

5
Se acabó la palabra para siempre.
Nos dejaste solos.
Nos dejaste afuera, sin la llave.
¡Espera, Waldo, te queremos dar una noticia!
Espera.

"Cubierto de silencio" (*La sílaba en la piel*, 1967)

Cubierto de silencio. Recostada la noche sobre mi cerebro. Mis ojos, mis oídos, mi lengua envueltos en papel de periódico amarillo, verde, negro (especialmente negro), me dediqué un momento a estudiar la mirada directa de estas curiosas figuras verticales que sostienen biblias, paraguas, fusiles, pequeñas libretas de apunte, monedas y niños en los brazos. Estas curiosas figuras verticales que son padres, hijos, inventores y asesinos de la historia.

La Historia, sueño largo, empotrado en cráneos descompuestos. Distancias concluídas, rígidas ya, dispuestas conforme al cansancio que produce la ilusión equivocada. Mosaico de alegrías perdidas y sueños desmembrados, disjuntos, congelados en rostros de vergüenza glorificada, de temores ensalzados hasta el vómito. Paisaje de tumba con asientos en los lados y lujosas escupideras al centro, al alcance del más humilde. Voces ahogadas en algodón y siempre la moneda golpeando dura y sencillamente sobre las gargantas y los oídos privilegiados. Después la duda; la plegadiza, portátil, inocente prostituta del pasado entendido, deliciosamente acrobática, grande su sexo de magnífica gelatina al natural y a temperatura de salón y siempre dios, el dios blanco pintado de blanco, barnizado luego y después lavado con cuidado con el detergente más eficaz.

Estas curiosas figuras verticales existen a pesar de todo, y se lamenta, gimen dulcemente por detrás del espanto de los estruendos que manufacturan para mutua diversión. Debo decir que caminan tranquilamente por entre páginas amarillas y presumen de vez en cuando de haber mordido las nalgas al misterio.

Por momentos los escaparates de las tiendas por departamentos se llenan de ojos y vemos desfilar la miseria contenida, cuidadosamente solidificada en forma de alegría repartida en trocitos compactos de artículos de casa. Quiero decir que nos restregamos la oreja con un dolor ajeno y hacemos el amor envueltos en la piel de un cadáver que se desliza por el esófago de nuestro hermano. Los niños desaparecen misteriosamente por los inodoros aporcelanados y los vemos aparecer más tarde por los ojos de los portadores de biblias, maduros ya para aguardar con paciencia el día glorioso del glorioso estruendo que se inventaron hace mucho los iluminados hijos del sol, los agraciados hijo de la gracia, los bienaventurados hijos de la ventura, los híbridos hijos de puta y toda la simpática descendencia de esta noble familia soñadora de desgracias.

Escondemos el rostro, pero no podemos evitar sentir la mano poderosa que se posa en el hombro, ni las dulces palabras que van cayendo destiladas desde el extremo opuesto a nuestra voluntad, previamente enjuagadas conforme a las más sofisticadas técnicas modernas.

Es la hora del silencio, de la soledad, de la vergüenza, pero de la soledad tibia e inquietante, del mortificante silencio producido por un millón de manos golpeando furiosamente sobre el tímpano derecho y susurrando pedacitos de verdad gastados en el oído izquierdo; de la vergüenza vestida de blanco. Es la hora de morder la nariz del difunto y escupir con gracia en medio de su ojo único. Es la hora en que los lázaros se quedan acurrucados en sus tumbas temerosos de responder al llamado. Por consiguiente, la hora en que se suicida el corredor de la bolsa de Resurreción Inc., la poderosa compañía que tenía sucursales en todas las plazas de recreo.

Es la hora de la muerte, pero no de la cariñosa de antaño, dulce concubina de poetas desnudos que se comían la luna cuando todavía era solamente el luminoso riñón de la noche. No la exquisita embrujadora cuya sola maldad consistía en transformar poetas en flores, lagartos en pájaros y maderas podridas en diamante.

Es la hora de la muerte grande, la del sexo de uranio y pezones radiactivos; la que desde el comienzo estuvo prometida al dios blanco pintado de blanco; la que hacía el amor por temporadas con generales retirados, sin dejar nunca escapar su nombre de dimensiones cósmicas. La que alternaba aposentos en las arcas más cuidadas de los sacerdotes de todos los credos; estas arcas que sólo podían ser abiertas en ciertas ocasiones especiales, con siete llaves especiales guardadas con cuidado por siete idiotas ordinarios.

Lares (*La sílaba en la piel*, 1968)

> Lares
> La sangre se hizo grito
> y habitó entre nosotros
> paralela al destino,
> interrumpiendo con gotas breves
> la oscura red de llanto,
> de risa débil,
> de impotencia amarga;
> aprisionada y viva
> con un siglo de andar
> maduro y lento,
> firme y tierna su entraña
> en la crisálida.
> Aseguro que está rompiendo diques
> presente su color
> y articulada;
> lento su paso,
> su memoria eterna,
> su futuro torrente defendido;
> sembrando espantos,
> cosechando hijos
> con el ruido de ayer entre los ojos
> y en la memoria el beso de mañana.
> La arcilla malograda,
> sucia esponja sin cima ni raíces,
> no absorberá la sangre que en el grito
> fue soplo de la arcilla levantada.
> Aquí vive la sangre y tiene puertas,
> Aquí vive la sangre y tiene gloria,

Aquí vive la sangre y se recuerda.
Cuando vuelva a leerse en cada cauce
su nombre rojo de presencia exacta,
ayer tendrá su día.

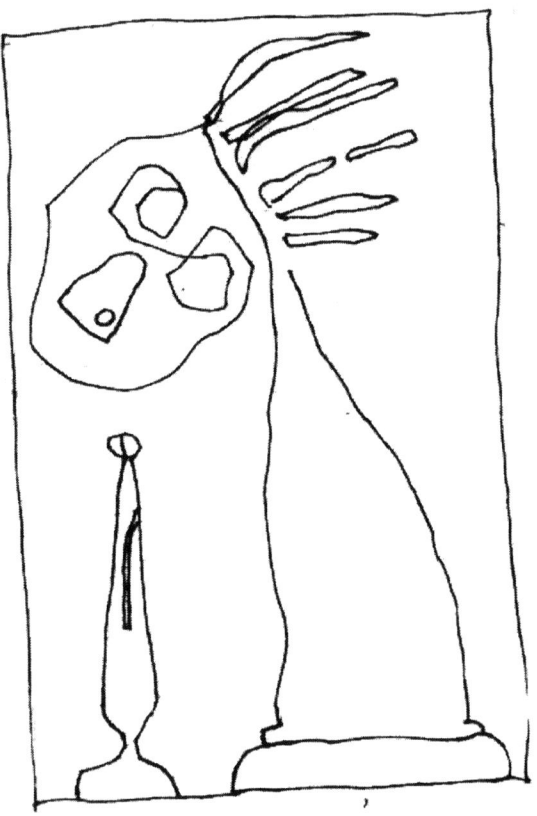

"Si se nos colma de distancias la copa" (*La sílaba en la piel*, 1969)

Si se nos colma de distancias la copa,
si de números y signos se completa el andamio,
¿adónde llegaremos?,
¿por qué ruta seguimos el labio señalado
si se agrupan de pronto las puertas
frente al día completo?
Si se escribe de pronto la línea concluyente
y advertimos que aquel diente es el nuestro
y nos huye
y se empeña en jugarnos un juego conocido
y en ocultarse estando
las ventanas abiertas,
¿qué decimos entonces a la piel y los ojos?
¿"sígueme" acaso o tal vez "vuelve", "espera"?
¿jugar a la mentira?
¿olvidar?
¿despojarnos de errores y alegrías?
¿volver sobre los pasos?
¡Díganme!

Manifiesto (*La sílaba en la piel*, 1969)

>   Por cuanto la tristeza tiene raíces,
>   por cuanto del dolor de la almendra se
>   infiere lógicamente su transparencia,
>   por cuanto los verdaderos cangrejos se
>   reproducen en Mesopotamia,
>   por cuanto de la raíz a la nube, vía
>   tronco, hay estornudos preciosamente
>   engastados y hasta ciertos momentos
>   en que el orinar es inmanente
>   por cuanto cada letra puede romperse y
>   precisamente de esta terrible posibilidad
>   nacen aquellos seres exquisitamente
>   perfumados que damos en llamar poemas
>   por cuanto un llavero puede llevar título
>   y los gabanes se reúnen secretamente
>   para intercambiarse botones
>   por cuanto el zapato izquierdo se enoja
>   muchas veces con el derecho y le
>   muerde la suela
>   por cuanto las medias exigen su excarcelación
>   por cuanto la cosquilla pide su lugar
>   en el sistema monetario. y el beso
>   no se gasta y por consiguiente es moneda
>   más fuerte que la ordinaria
>   por cuanto las bolas tienen valor constante
>   y además no participan del asqueroso
>   atributo de la perfecta esfericidad
>   por cuanto meter es más agradable que sacar
>   aun cuando este último acto vaya

  indisolublemente ligado al primero
por cuanto túnel y semen, teta y yema
  son sinónimos aun cuando haya pasado
  inadvertido a todos los enciclopedistas
por cuando las enciclopedias sufren de
  anemia y sería bueno purgarlas para
  que se despojen de su "siempre" y su
  "nunca", peligrosos parásitos que le
  chupan la savia
por cuando viajar es relativo, desde
  Einstein
por cuanto cada puerta tiene nombre y es
  irrespetuoso llamarle "tú"
por cuanto vivimos la era del cabello
  con lo cual quiero decir: la era de
  la lengua en el cabello
por cuando debemos pedir permiso a la
  azucena antes de permitirnos insultarla
por cuanto ya las flores detestan los
  poemas y el mar parece inclinado a
  racionar sus ruidos,
  el azúcar tiene parentesco y la sal
hegemonía,
  las conciliaciones ocurren en brigadas,
  hay brigadistas ciegos y cantantes a
flor de pluma,
  los homosexuales tienen su propia H
naturalmente distinta de la otra,
  hay una diferencia abismal entre culo
y chiringa, de cuya diferencia nacen
astros,
  el verbo tiene mango y puede sujetarse
  cada palabra tiene un destino variable
que la hace consecutivamente diferente a

sí misma e igual a una cama húmeda o un
trapecio flotante,
    las espinas del viento son tan reales
como las nalgas del hombre,
    dos nalgas son mejor que una, quizá
peor que cuatro,
    un labio es insultante
    los dientes andan en manada, no por
temor sino por conveniencia,
    los usureros, dueños del dolor, están
perdiendo terreno, la duda ya no visita
sus alcobas,
    en cada cerebro se levanta una choza,
en cada choza habita un pensamiento
    del uno al mil se cohabita, del mil
al diez se sufre, del diez al diez se medita
sobre la muerte en el quince se
muere,
    hay estallidos sin consecuencia,
    hay cadenas sin consecuencia,
    hay consecuencias sin consecuencia,
    pero hay consecuencias florecidas que
se sostienen gracias a su origen incierto,
    los orígenes, aun cuando no hay fiesta,
visten de gala,
    los timbres aseguran la tranquilidad
de espíritu de los psiquiatras aun cuando
las cisternas ya no tengan valor de cambio.
es que la demencia es una ranurita
oblicua por donde insistentemente la cordura
intenta escabullirse,
    las putas reencarnan en bolígrafos y
los maricones en perfumadas bolsitas de
mano,

los lápices se enamoran,
el papel seduce,
las plumas se dejan seducir y ay de
aquellas que se aventuran lejos del tintero,
cada cual hace de su culo una chiringa
(proverbio mejicano adaptado a una isla),
por tanto, se resuelve:
partir en dos el miedo y servirle la
primera mitad a los canarios,
desollar la luna,
tragar pelos,
ascultar debidamente toda concavidad
cuyo coeficiente de humedad sobrepase
cierto límite prefijado de antemano por
nuestras apetencias,
mirar hacia atrás de vez en cuando,
mirar hacia el frente el resto del tiempo,
consultar oráculos y respetarle su
sandez en tanto que ésta no entre en
contraposición con otras fuentes,
examinar cadáveres y buscarles en el
esófago su registro de fábrica,
limpiar (en todas sus acepciones),
volcar (en casi todas sus acepciones),
limpiar (en la más bella de sus acepciones),
volcar (en la siempre necesaria de
sus acepciones),
orinar de pie, preguntándonos por qué
esta singularidad,
sacudir,
guardar,
meter como si nunca fuéramos a sacar,
sacar con miras a meter de nuevo,
atender, con el debido respeto, el

mensaje de las nalgas siempre que
ocurran en pares,
    permitirle al dedo sus extravíos y no
regañar innecesariamente a la uña,
    que la piel es tambor, recordarlo,
    que el recuerdo de la piel suena,
    que el sonido del recuerdo es peludo,
    hablar de esas constelaciones que
occurren en el cuerpo de ciertas mujeres
especiales,
    incitar mujeres a la fiesta,
    desnudarlas,
    lamerles el ombligo,
    no crearle complejos a la lengua
    compartir con los psiquiatras
    prestarles un pañuelo, una campanita
y un juego de naipes,
    hablarles, siempre que no nos salga
muy caro, de las exquisitas complejidades
de la moderna teoría de la probabilidad,
    incitarlos a mear, si nos lo permiten
nuestros escasos medios,
    conversar con putas y hablarles en
broma de la psiquiatría,
    recorrer caminos olvidados,
abrir senderos por entre los olvidos,
olvidar caminos.

"Traes contigo, acaso, el cortauñas?" (*La sílaba en la piel*, 1969)

–Traes contigo, acaso, el cortauñas?
–No sé, hoy me he cambiado de pantalón
y temo haber perdido el ataúd
con todas las cosas que tiene dentro.
Estoy solo, sin fósforos siquiera
sin chasquidos,
con solamente el ruido de las vísceras.
Completamente desnudo de apóstrofes
pues no hay nada que apartar.
En una bolsa plástica
guardo palabras que no he de usar
y si acaso me acompaña todavía la duda
es la redonda, la lisa, la sin pliegues,
la bienoliente con olores de cuerpo.
Estoy solo,
si miran verán la piel
con ojos y un asombro mal puesto
girando en este mapa.
No hay nada que buscar,
todo ha cambiado,
todo se fue les dije,
la moneda, el papel
y una letra de imprenta descarriada.

"Acariciando una oreja se piensan muchas cosas" (*La sílaba en la piel*, 1969)

> Acariciando una oreja se piensan muchas cosas, y no solamente el pensamiento se destapona sino que también se oye, se mira y se huele en más direcciones, con más ventanas. La carne por momentos se desploma sobre sí misma hacia su origen insignificante para luego sin más anuncio que un suspiro estallar buscando su meta de galaxia. Entre esos límites terribles está uno, buscando ese punto que los más sabios dan en llamar balance; allí donde afuera el río y adentro el torrente de sangre acomodan sus ruidos justamente a la medida de la pestaña y el plumón y el dedo no se dobla inútilmente. Caben entonces en una uña, completamente comprendidos el uno del otro, el abismo más avasallador y la hoja más liviana. Inventaré la rueda, puede entonces decir ella y desprendidos de su risa sus dientes me labran caminos en el hombro y alrededor del ombligo. Cuando digo río, quiero decir, ante todo, río; pero después por extensión, metáfora, juego o simplemente azar puede que quiera significar cualquier torrente o suma de realidades o pasado desbordándose hacia el frente, buscando de nuevo los agujeros fecundos.

A Ada Lina (*La sílaba en la piel*, 1970)

    Desde tu claro nombre hasta tu cuerpo
    camino fácil fue, ruta sencilla,
    noticiosa campana tu lamento

    insistente llamado de la arcilla;
    débil red de sorpresa violentada,
    flor de eco mi voz entre tu risa.

    ¿Quién le puso a la muerte la mordaza,
    quién al dolor cubrió de cascabeles
    y al duro filo de crecientes ansias

    elevó hasta la altura de las mieles?
    Silencio a cuatro labios, al avance
    de un silencio mayor de sangre y pieles.

    Horizontado azul el de tu sangre
    sorprendida en su tránsito tranquilo
    siempre tu nombre al borde de la carne;

    tu nombre y tú rigiendo los caminos
    y en la porción de sombra señalada
    tu nombre atado al imperioso signo.

    Cifra desde el origen asignada,
    imperio de la sílaba primera,
    primer latido de la oscura nada,

    caída en luz, realización certera

de las antiguas fórmulas durmientes,
dictamen sobrepuesto a las esperas,

promesa de mañanas estridentes.

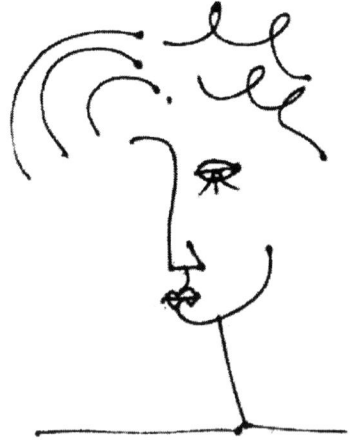

"Si me amas" (*La sílaba en la piel*)

    Si me amas
    dime con qué fuerza lo haces,
    desde qué estrella dime,
    o en cuál morada;
    desde qué bóveda,
    con cuánta lluvia o sol,
    con cuánto, dime,
    olor a muerte o a excremento;
    con qué pequeña lágrima,
    con cuánta secreción,
    desde qué insulto.
    Dime, me estoy muriendo
    por saber qué cosas
    tengo tuyas,
    con qué cuento.
    Arriba: la sonrisa, el deseo,
    el diente limpio,
    la voz que dice: "amor",
    "querido", "basta".
    Abajo: el diente sucio, el sudor,
    los otros que se van,
    o vienen o los busco
    sin pensarlo a veces,
    a veces con toda la intención
    de besarles la oreja
    y romperles la nuca
    y una extraña fuerza maldecida
    desde el comienzo.
    Siempre presentes

multiplicando hasta la náusea
los caminos,
los modos,
las virtudes.
Con qué palabra, dime,
me vas a amar, querida.
El llanto, la humedad,
el ojo, pienso,
quiero dejarlos dormir
y quiero verte
en grutas, en sábanas, en calles,
en canciones, en libros muertos
o aquel lugar cualquiera
en que de pronto
la salía al encuentro
a la alegría.
Hay que mirarle el rabo a los insectos
y destripar campanas;
encontrar aquel ruido de la sangre
que se enredó en la lengua
y vivió de piel
y lastimó
y anduvo en capilares
destruyendo cartílagos,
destruyendo palabras,
destruyendo deseos,
cimentando,
creciendo.
Ya no quiero canción,
palabra, lumbre.
Quisiera perseguirte desde adentro;
cruzándote las calles,
destapándote arenas,
rompiéndote metales,

destrozando las muchas perfecciones
que rondaban la casa
en cualquier hora;
tirarte para arriba
con toda la intención de mi pulgar
y con toda la alegría de mi nariz
husmearte;
mirarte el codo
y darte golpecitos de piel
en la cadera.
Hasta encontrar tu cárcel de silencio
y regresar contigo
de esos sitios
adonde están los gritos encerrados.

Carta informal a mi hermano nor-vietnamés o quizá a su esqueleto sonoro
(*La sílaba en la piel*, 1972)

    Hermanito, jazmín y loto,
    corazón de arrozales redimidos,
    desde acá el flamboyán
    te envía un beso.
    Sabemos que tu muerte nos despierta
    y te llamamos "Tio".
    Tu herida nos amarga cada trago.
    acá nos llamamos Juan,
    Pedro y Ernesto (¿lo recuerdas?),
    pero la misma garra nos acosa
    (se llama Mr. Shit
    y tiene billes
    aunque a veces
    en ciertas latitudes tropicales
    se denomine "Oreste"
    y hasta "Celso";
    parece complicado el arcoíris
    pero la banda verde los delata
    y no es tanto el color sino el retrato:
    el mismo Wa-chin-Ton
    que compra y hiere en los tugurios de Saigón).
    Es un decir que mueres
    –Vallejo lo sabía–
    (¿por qué Numancia
    me llega a la memoria
    si acá todo conspira
    para que a cada mediodía
    "me encante un jipi"

que nació sin vida?)
Desde un tiempo a esta parte
hermano vietnamita,
los asmáticos
me caen simpáticos.
¿recuerdas cómo en Santa Clara
mordieron el polvo
los rough-riders?
No –perdona que te corrija–,
lo de "tigres" era un truco barato
ya se sabe.
Hermanito amarillo,
piel de soles,
talega de cojones
¿cómo dices "cabrón"
cuando te muerde el polvo,
cuando te alcanzan
la luz de Berkeley
y las extrañas moléculas de Harvard
y los ilustres sabios
que conspiran
para hacerte dormir?
¿Están sordos?
Es cierto que el manco
escribió en castellano,
pero después de todo
los cabrones
poseen diccionarios
y microfilms
y esclavos con dos lenguas.
(¿Por qué Numancia
me llega a la memoria?)
Si no existen tus ojos
ahora mismo,

debo decir
si duermen las almendras,
reciba tu esqueleto mi saludo.
La palma y el coquí
te mandan besos.

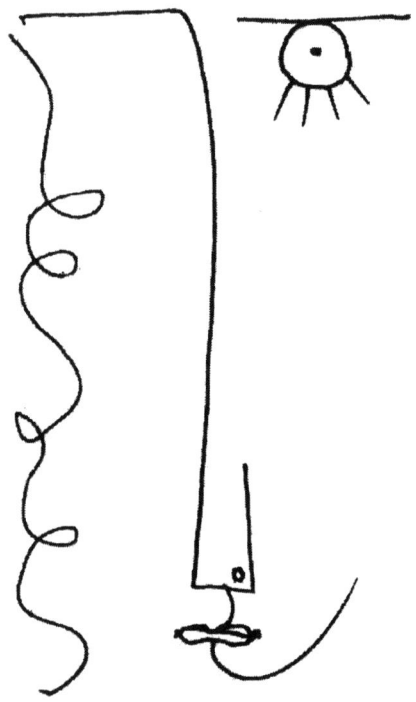

"Atila, guerra" (*La sílaba en la piel*, 1974)

>Atila, guerra
>alita, por inversión, paz
>(pero con vuelo)
>del huno al hotro
>intercalo una red
>>un puente
>>un tronco
>
>es decir: Tiendo (o entiendo)
>voy y vengo
>para salir,
>mis armas que me asistan.
>para venir
>me basta la sonrisa.

"Aquí, a destiempo" (*La sílaba en la piel*, 1974)

    Aquí, a destiempo
    sin marco
    terriblemente solo
    las brújulas ocultas
    retrocediendo el eco
    solamente presencia
    de garganta y gesto.
    Reúno mis temores
    concateno silencios
    hago avanzar la ristra
    los lamentos
    y digo polvo
    cuando ayer dije
    pájaro y su vuelo;
    me detengo
    en la arcilla brevemente
    y me olvido un momento
    de la flor y su origen
    llego al agua y encuentro
    que las puertas que abrieron
    hasta los escalones
    y las luces
    vuelven a ser fermento
    o adivinanza o hueco
    presentido; dejo
    que el agua misma
    renuncie a sus fecundas
    navegaciones de otros días
    y se cierre

(frío fundado
en esa larga ausencia
que precede los hielos)
y me pregunto allí
el nombre de los nombres
que sostengo,
y abre la duda
su primitiva caja
de brotes de promesas
y sus filos sin orden.
Entre muertes que nacen
al abrigo de espesas
constelaciones
de futuros errores, entreveo
el lugar de una huella
y sé que permanezco.

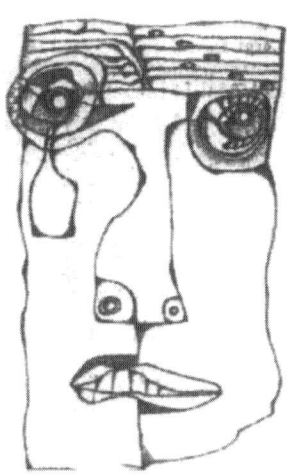

"Loco infernal y sube" (*La sílaba en la piel*, 1974)

>Loco infernal y sube
>de palabra en palabra
>—dice—
>>casa, cuna, coño
>>cono, cosa, cuña
>>caso, cana, caña
>
>y luego:
>>bip, bip, bap, bip
>
>pero no antes
>porque murieron la casaca y el cuño.
>
>Loco infernal que junta las
>palabras soledad y distancia
>y produce el hambre de los vivos
>que tiene escaleras con espinas.
>
>Loco infernal que lame
>la sangre de su hermano
>y agrieta su piel
>de cuando en cuando
>con sus garras dulces y directas.
>
>Loco infernal
>que vive en las gargantas
>de cierta resonancia especial
>y malgasta su lengua
>en savia de angostísimos
>canales blandos
>que traen a la memoria

a heráclito y su río.

Loco bibolón
palífero
y aullante
que trabaja en labios verticales
de guisantes despiertos, linguisante gulú-gulú.

Loco ángel de fuego
con sus alas trenzadas
en espuma que se fue
y no vuelve
y está
porque hay hoyos donde resuena
su estadía.

Loco loco con chichones
y llagas oceánicas
y piramidales bips y baps
tararín,
muchos culos alrededor
como campanas
llamando a la oración
pero también el pan atornillado
el vino con estrías,
embarcaciones que
      van y vienen
      van y no vienen
      no van ni vienen
porque el viaje es uno indivisible
redondo y largo
como cuando empiezan las terminaciones
de un beso audio-visual-táctil-husmeante
colorado además

caliente y todo lo heterogéneo
que el dedo permita.

Loco-loco-loco-motor de cien caballos
sin desgaste
porque ahí está la mano del hermano
y la pequeña inclinación de cabeza
con más sílabas que cualquier diccionario,
el eructo cordial
y la risa después del pum-pum yo no fui.

Amén.

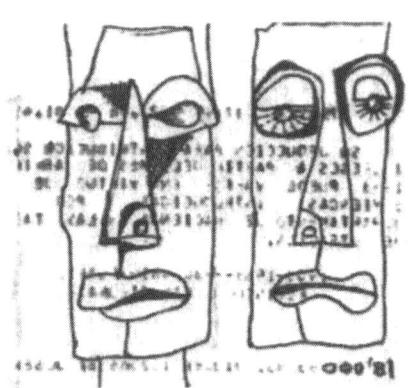

"Aquí, esta torre de huesos y cansancios" (*La sílaba en la piel*, 1974)

    Aquí, esta torre de huesos y cansancios,
    allí, la arena; de su encuentro
    este signo de breve permanencia
    que al olvido traduce el golpe de agua.
    Una gaviota pasa
    y es ya recuerdo el arco de su vuelo.
    Atesoro, y mañana
    este cofre de ruidos
    juntará pez con frío
    luna y lama,
    y tejerá ropajes nunca vistos
    para la voz de las campanas.
    Aquello será azul,
    ésto, amarillo;
    dura la piedra;
    cobija y piel, hermanas,
    húmedo el labio,
    cálido su ámbito,
    olorosa la selva a que señala;
    las escamas
    cuando no espejos, coraza.
    Y yo seré *mi* nombre y otros nombres
    y esta larga cadena de desgracias
    con salientes y aristas,
    será la huella que informe de su estancia.

"Serpiente y caracol" (*La sílaba en la piel*, 1974)

    Serpiente y caracol
    queridas rutas del sol y sombra.
    una, sinuoso río abierto
    a costas conduciendo;
    la otra, laberinto
    oculta llaga en mi interior aullando,
    al mundo de los nidos me aproxima
    guerra y paz,
    pero guerra al dolor
    buscando la sonrisa
    y oscura paz inquieta persiguiendo
    los huecos que lastiman
    viaje y reposo
    atento siempre el ojo a los destellos,
    listo el músculo al salto en los tropiezos.

"Si solo limpia garra de hambre me asediara" (*La sílaba en la piel*, 1975)

    si solo limpia garra de hambre me asediara
    si no hubiera peldaños repetidos
    subiría hasta el pan tranquilamente.
    Caso de no encontrarle
    aun le diría el hueso al horno "hermano".
    Cuando la sal no elija atajos engañosos
    cuando no eluda las vías del sudor
    cuando sencillamente alcance a decir
    en cada grieta del mosaico su canción
    importaría poco que en días especiales
    hasta se retrasara
    (pudiera llegar tarde en ocasiones
    y no hay que maldecir
    si el grano en otra sangre se aposenta)
    pero que no se empoce
    en vísceras con gabán
    porque entonces no suena
    y se dobla el dolor
    cuando a la ausencia de la sal
    se añade la ausencia de su eco.
    Hablaba de gabanes, en su lugar si quieren
    y lo espero,
    escríbase "apellido", "título" o "pedestal"
    cualquiera de esas cosas.

"Háblame" (*La sílaba en la piel*, 1975)

>Háblame
>misterioso eslabón de los canales
>ruido de mosca en el cristal
>fría terminación
>en la boca recién iniciada.
>Ahora quiero ver el disco pulido
>que marca la hora de los tristes deberes
>y herirlo en su más secreto
>lugar de la ambición;
>sitio exacto de la pirámide engavetada.
>Aquí quiero el retrato y escupirlo
>atormentarle su antena prodigiosa
>de milagrero con siete bolsillos.
>Aquí quiero la alcancía iluminada
>y el dedo con uña sin tierra
>que dice: "clap-clap-ding-ding,
>yo nací para siempre-siempre
>limpio y gordo".
>Así quiero verlo alrededor del mundo
>muerto-muerto.

"Hoy soñé con un pez" (*La sílaba en la piel*, 1975)

> hoy soñé con un pez
> y tuve suerte,
> la espalda maldecía al espejo;
> érase un pez inmóvil, sostenido,
> flecha de escamas,
> húmedo rumbo azul
> señor de su distancia,
> del agua que lo alberga
> y lo asesina
> porque le niega espuma, orilla, tronco.

"del hombro de la hembra" (*La sílaba en la piel*, 1975)

    del hombro de la hembra
    descansa el hambre del hombre
    porque de la hembra
    sale el hombre
    con hambre de hembra
    en su hombro

"Si solamente espinas y la sal de los mares" (*La sílaba en la piel*, 1975-76)

    Si solamente espinas y la sal de los mares
    y el terrible calor del mediodía
    porque aun hay palmeras
    y juegos en la sombra.
    Si el otro día de los siniestros filos
    no se hinchara hasta hoy
    de amenazante esquina
    de súbito portazo;
    podría quizá volver la espalda a veces
    y ahí estarían fósiles predilectos
    las sonrisas compradas al azar
    a sobreprecio entonces, ahora desteñidas
    en esas colecciones
    que casi nunca atiendo
    porque me sobra espacio para sufrir
    y es necesario que recuerde la hora
    y los perfiles, no sea que me engañen.
    Porque yo amaba al pan
    y la herida en su lomo
    y la tira de palma que anunciaba
    el exacto color de su cáscara
    ayudando al perfume del sudor
    que era entonces hermano de la harina
    y la seguía hasta el horno.
    Hay aristas también
    que no están hermanadas a la carne
    aunque de carne misma las forjaron
    a golpe y a carimbo para herirla,

siniestro círculo que vocifera al metal
acusaciones, siendo este inocente.
Tengan cuenta, pues prepara en silencio su venganza.

"AQUEL, Aquel y aquellos" (*La sílaba en la piel*, 1976)

AQUEL, Aquel y aquellos

Fuese que fue
que Aquel a quien AQUEL enviara,
como dijera Aquel,
olvido, tras olvido tras olvido
fuese cerrando puertas
a aquel, aquel y aquel.
Y allá el esclavo aquel
y acá la niña aquella
y más allá el mendigo
a brotes reducidos,
si no en copa, en raíces
desliaron su centro.
Siempre, hasta un buen día,
como veremos luego,
Aquel a quien AQUEL enviara
con vistoso letrero
"Yo soy Aquel a quien AQUEL envía"
fue sordo al llanto
de aquel, aquel y aquel,
y su alegría era
que a aquellos
les faltara.
Pero, pasado el tiempo,
de Aquel y AQUEL
solo Aquel fue quedando,
su blanca mano fría
sosteniendo el letrero

"Yo soy Aquel a quien AQUEL envía"
porque aquellos
(recuerden el comienzo)
en vista de que AQUEL
no aparecía
fueron dudando
de Aquel y su letrero
y hasta de AQUEL.
Hilvanaron recuerdos
y con huesos de aquel
y sangre de aquel otro
y con aquellas voces
y las llagas aquellas
y el llanto aquel
al cual Aquel fue sordo,
construyeron andamios
y escaleras
y aquello fue precioso
porque Aquel,
su mano, su letrero
y sus duras escamas
no resistieron el empuje aquel.
De Aquel y de su estirpe
No queda ni epitafio.

caracolas (sesenticuatros) (*La sílaba en la piel*, 1977)

Muestra antológica • 351

```
D E S D E T U P
F R A G U A Y E
O R A D E L C N
R E A D E N O A
B P C A N U N E
M S A L O D D L
O E N E A N E H
H L A E R B M A
```

"Cuando vuelva a mi casa" (*Rendijas*)

    Cuando vuelva a mi casa,
    si el gozne sobrevive,
    no tendrán nada nuevo
    que contar los espejos.
    Sé que aquel rincón
    latirá en mi memoria.
    Perdonarán mi ausencia
    la humilde mesa antigua
    y los papeles viejos
    debajo de la piedra.
    Comenzará la lámpara
    a oscilar;
    lo supe desde anoche
    y los zapatos viejos
    después de mi llegada
    me seguirán los pasos
    hasta el alto aposento.
    Allí, la cama, con el libro
    durmiendo bocabajo.

"He vuelto a los lugares" (*La sílaba en la piel*, 1980)

> He vuelto a los lugares
> en que te aparecías
> violento pez de plata
> golpeando en mis redes.
> Cada escama un paisaje
> con su propio horizonte;
> en medio de la espuma
> esta espuma naciendo.
> Y recuerdo aquel juego
> de siglos y astucias
> que hacía al agua
> más húmeda,
> a la arena, más blanda,
> más terrible a la ola.
> Siempre tuvo lugar el viento
> en tu sonrisa
> y cada noche
> decía la luna en tu piel
> su historia
> de jaspe luminoso.
> Aquel muro y su mancha
> aquel musgo y su frío
> el caracol aquel y su sonido
> el bronce y su latido
> (recuerdo las campanas)
> mi mano, libre ya
> de la tensión de hilo
> sobreviven distantes de cada cual
> perdido para siempre su norte
> (la promesa tenaz de tu presencia).

"El lenguaje es antes que nada algo" (*La sílaba en la piel*, 1980)

    1. El lenguaje es antes que nada algo como un cuchillo o una soga.

    1.i Aplicado a una porción de la realidad la transforma para nuestro beneficio. La guía hacia el sujeto.

    1.ii Se hace llegar a algo para transformarlo conforme a un deseo o necesidad.

    1.iii El lenguaje antes de decir, hacía.

    2. La expresión, o la situación o la particular conformación de la materia "puede que…" es a veces algo como el sueño o el reposo. Porque la indiferencia es reposo y sin ella duele el movimiento.

    2.i Se hizo el cuchillo de las conchas y las piedras y la dureza de ambas. Se hizo el lenguaje de estas mismas cosas y además del color de las conchas y la blandura del aire y de ciertos olores y de la humedad que los abrigaba. Se hizo del deseo de permanecer que es el sexo y la osadía y la cautela que son deseo de permanecer.

El lenguaje mienta, miente y enmienda, pero mendaba antes de enmendar y esto último antes de mentar o mentir. lo que quiere decir que llenamos ciertos agujeros y estamos en actitud de sentir la separación y nos duele y hay la separación que es promesa de futuros encuentros. Eso es hablar.

El lenguaje es sexo. Que nadie lo olvide. Opinión subjetiva y parcial pero correcta.

El olvido es muerte que es también reposo porque así lo deseamos. Somos los inventores del olvido. Recordar es sabernos, casi en el sentido cartesiano. Porque sabernos es ser. La sé (a la hembra) cuando recuerdo su hondura húmeda y caliente y los accidentes que me la proporcionan y las muertes en ella.

No podemos reducir la realidad al lenguaje porque estaríamos reduciendo el todo a una de sus partes, y aún cuando fuera cierto que no vamos a caer en contradicción haciéndolo, conocimiento y consistencia no son sinónimos. Pensar una estrella no es tocarla.

Si la contradicción formal es anatema sea, pero siempre ha habido equivocaciones y en el desarrollo del pensamiento algunos cráneos rotos. Ciertos regalos hay que desenvolverlos rompiendo la envoltura. Todo virgo destrozado es una contradicción formal.

La totalidad del saber humano no se reduce a Principia Mathematica ni a Tractatus Logico-Philosophicus. Si así fuera ya nos hubiéramos atrevido a quemar todo lo otro.

El lenguaje es camino sujeto a todas las contingencias del desarrollo y viviendo de sus contradicciones internas. Ser lógico es admitir que no sabemos en qué consiste, que tal vez nunca lo sepamos pero que cada vez lo somos en mayor medida.

La lógica es un camino encontrado y otros que nos vamos haciendo, atrechos o enmiendas a los obstáculos reales o imaginarios.

Ser lógico es alcanzar, cubriendo camino, creciendo en conocimiento y concordancia con todo lo que es menos yo o que no sea yo en absoluto.

Pensar es también pensar sobre el pensamiento y pensar que pensamos sobre el pensamiento. Aturdirnos y abandonar el pensamiento. Aturdirnos y abandonar el pensamiento, tal vez para no volver a él. La locura pudiera ser una parte exquisita del pensar o espinosa o ambas. Muchas veces sentimos que tenemos derecho a la locura otras veces que tenemos la responsabilidad de eludirla. Esa misma relación guardamos con muchas otras cosas como el amor desenfrenado por ejemplo.

El lenguaje es una espada con el mango al rojo vivo. Lo de dos filos ya está gastado.

El lenguaje me separa de las cosas y al mismo tiempo me permite caminar entre ellas.

El lenguaje es coraza, lanza, gancho y balsa. Por supuesto que ni víboras ni águilas ni pirañas lo resisten pero la piraña no es, entre otras cosas, su mordedura hasta el hueso. Y también cultivar margaritas desde el lado oscuro. Pero ese saber no lo queremos. Por eso lenguaje es mampara y que se joda. En esa pared nos rascamos con fruición la espalda y tenemos orgasmos. Como la niña en la bicicleta o la dulce llaga en el tobillo.

¿Qué es la raíz de la lengua? ¿Qué es la fuente de la lengua? ¿Qué es la multitud de condiciones que la engendraron? Las diferentes texturas que el movimiento muestra en su desarrollo. Por eso se mostraba antes del lenguaje. El dedo índice y los labios impulsaron los movimientos especiales de la lengua. Quizá también los no-tan-especiales. Puede que se deba al hecho de que la adquisición y admisión del sustento material depende en gran medida de ellos. Porque queremos ser eternos antes de sentir que lo somos. Y lo seguimos deseando después de sentir que no lo somos.

"Avecinada ya la sangre" (*La sílaba en la piel*, 1981)

> Avecinada ya la sangre, todavía
> repartida en grumos desiguales,
> asoma una sonrisa dolorosa
> detrás de los cristales.
> El paño enrojecido dirá el día
> de los justos puñales.
> El estruendo de llagas revividas,
> el sol que todavía sale con iniciales
> amenazan invadir todas las grietas.
> (La uña sucia, por ejemplo,
> reclama claridad:
> ni más ni menos que aquella
> que inventara su dueño
> y que los maleficios repetidos le alejaran;
> las gargantas
> pan y canción exigen.)
> Allí, orondos todavía,
> césar y mercader,
> sus blandas nalgas disponiendo
> la ordenación del músculo
> intercambian eructos, pero imaginan
> genuflexiones frías.
> Saben que los tambores, las redes,
> el guiño exacto,
> unos huesos sonoros, que ya habían
> olvidado,
> no descansaron nunca.
> Algo anda mal, las golondrinas
> ya no tienen el sabor de antes.

Un viento helado
levanta las arenas teñidas.
A los ojos del esclavo asoma
un raro resplandor.
Ya no vale, imaginar vacías
esas cuencas, lo atestiguan
tantos golpes de luz, desde la nuca
hasta la barriga.
Cada piel y su historia de cicatrices,
ahora, reunidos de nuevo los dientes,
aproxima su relato.
Sabemos que el metal hará otro tanto
cuando ordenen las furias.

"Yo quiero que querramos" (*La sílaba en la piel*, 1981)

    Yo quiero que querramos
    y quisiera también
    si es que se puede
    recordar que quisimos querer
    y querer que el recuerdo nos persiga.

"En un día de sol urde el paisaje la pupila" (*La sílaba en la piel*, 1981)

En un día de sol urde el paisaje la pupila,
sus nubes poco a poco teje la retina.
Alta el ave del deseo aunque no es hora
todavía de cortinas ni calendarios desnudos
trae consigo el aire húmedo de ideario de agua.
La garganta adelanta su caudal, su trino un chorro.
Ocurren accidentes, una campana súbita
escudada en labios mal dispuestos tiende
lamentable hilo de queja estirada que establece
de nuevo bostezos y almanaques. Luego,
por suerte, anaqueles con alma resucitan
la aurora y se impone de nuevo pleno el tronco.
Se suscita el placer de enfilar el hambre al pan.
Aquí con un poco de huracán y menos de memoria
cinco mentiras juntas cabalgan a cuatro labios,
jáctanse de inocencia enredada en triviales objetos.
Casi nulo el recuerdo de un ocaso venido a menos
acaso imaginaciones de cuchillos blandos
que desaparecen al anochecer.
Por aquí cruzó la desgracia tan de prisa
que apenas tuvo tiempo el dolor de ejercitarse.
Precisaba de esponjas y vendajes, de algún grito
engendrado en la tarde. Demasiado pedir
a cuatro manos ocupadas en hurgar canales
y oprimir hemisferios, esferas suspendidas
y cúspides hirvientes.
Tarde pensamos en el llanto, por eso
igual que las esfinges en desiertos
sufrimos la arenisca y los cuentos

tanto camino adentro de la piedra
que las adivinanzas se suceden sin límite.
Tropieza ahora la mirada en el muro
que despierta en el ojo ansia de tabique y recinto.
Añoranza de la blanda médula del sueño,
un olvido antiguo con polvo de ciudades eternas
y distante recuerdo de dialectos perdidos.
Siete canciones de piel se necesitan para acunar
este doble cansancio en sí mismo doblado.
Apareció la llave y las furias anuncian su momento
inscrito en el rostro una carga de siglos,
una terrible mansedumbre recostada coincidiendo
con los horizontes perdidos más allá de la luna.
Sin embargo las ranas, el eco de las ranas,
y una visión de luciérnaga al borde de la muerte.

"Tendiste cuatro puentes al recuerdo" (*La sílaba en la piel*, 1981)

    Tendiste cuatro puentes al recuerdo.
    Las estaciones, todas, hasta la primavera
    cabalgan en tu lomo,
    la primera estación de aquel naufragio.
    Se regaron las manos,
    no podrá reunirlas la calma más profunda;
    no me sirve la sombra ya de sombra.
    Los volcanes, reunidos, decidieron el sueño con espinas,
    dispusieron los dardos, las fronteras deshechas
    como constelaciones en fuga,
    otras navegaciones, más ríos,
    como veinte temblores nuevos,
    cien huracanes acabados de inventar
    y más de mil abismos, cada uno
    con su mueca de espanto.
    Tenía huecos el círculo de fuego,
    túneles la tiniebla.
    ¿Quién señaló el camino, qué recuerdo,
    qué cuerda asiste a tiempo,
    qué blancura de huesos te señaló la ruta?
    ¿Adónde se escondieron las dudas, los temores,
    las inocentes sábanas completas,
    la sencilla alegría de las repeticiones,
    la toalla, el grito comedido,
    el pan con nombre, el nombre atado al pan,
    las migajas sencillas como estrellas,
    las estrellas tan fijas, tan puntuales?
    ¿adónde están?
    Un camino de versos largos se perfila

en tus predios,
más anchos que todos los deseos de tiniebla,
allí me he tropezado con brújulas dormidas;
un enjambre de nortes me sacudió la cara,
vi mis huellas calientes todavía
jugando al esconder, solo jugando
y puse una moneda en el tablero.
De pronto me arrimaron trapecios,
andamios suspendidos, nubes bajo las plantas
una flauta oxidada arrancando lamentos
de no sé cual hondura,
catorce vías lácteas para jugar con ellas
por cuatro noches más;
un ladrido reservado para el final, pero
¿y cuándo?;
un libro con márgenes virginales –
suficiente–
y el recuerdo preciso de la fórmula exacta.

"El arco fue el azar" (*La sílaba en la piel*, 1981)

El arco fue el azar;
grata la flecha;
el hilo fue mi hechura.
El trayecto quien sabe
que escalera de huesos.
El encuentro, feliz.
Digo, la herida
camino para el sueño
y más heridas;
un enjambre de rutas,
un espejo al final
otro al comienzo.

"Un papel con signos enigmáticos y..." (*La sílaba en la piel*, 1981)

I.

Un papel con signos enigmáticos y desiguales amanecerá al lado de la cama. Reposa bajo un libro abierto, ya lo he dicho antes, en la página diecinueve. Quiere decir descanso o muerte. Lo dirá la próxima carta que ya todavía bocabajo trae olor a tierra húmeda. Adivino un surco de la más hermosa y negra con un juncal y no me asaltan, lo juro, temores a lápidas. Pero ¿quién en realidad dispone? ¿Quién dice el color del número en el calendario? Se va volviendo despacio, ¡qué cruz!, yo no deseo tropezarme con su rostro. No estará despierta aun la araña cuando espalda y sábana concurran. No será esta vez el as de corazones. Raudal de río rojo ronda. El espejo quiere gritar: "tonto" o "la torre incendiada".

II.

Un sol amarillo y una escalera es la próxima imagen. Imagino caminos hacia el fuego o desde él. Pienso con furia: "Prometeo", "promesa", "promontorio", "proscenio" y ocurre entonces la montaña abierta, su latido adentro adonde llega enloquecida la palabra a habitar. Promesa de oscuras tibiezas y gruñidos marginales asintiendo a la invasión.

III.

Todavía no he destapado. Se detienen los ojos en la mano que será responsable única del próximo acontecimiento. Reposa esta sobre la mesa en espera, creo, de un recuerdo que la guíe. Las botellas encierran tanto llanto como música, ¿por qué confiar en ellas? Aquella huella dactilar delata. Hay un cuento de nubes en la mancha del muro. Volteo y está. Tres de trébol. Triángulo negro, selva, guijarro húmedo, río. La suerte no es adversa pero suben palabras con huecos. Apenas comenzamos y ya la red impera. Se dibuja un sangriento mosaico de corazones.

IV.

La reina duerme bocabajo todavía. La ventana en su espalda sonríe, relatando el nacimiento de súbitas constelaciones. Anda lejos ahora el dolor. El disco rojo todavía alto, el metal descansando en este día de júbilo sencillo. Una verdad sin consecuencias grandes descansa en las yemas añadiendo olor al panorama. Acaso nos estamos hundiendo pero el descenso es, por trechos, dulce.

V.

Es difícil atar cabos a esta hora porque estamos en mitad de la partida y toda la estrategia original parece perder significado. Un sonido vulgar parodia al llanto. Es que alguien vive en la pieza contigua y también dispone sus trebejos tal vez confiando sorprenderme. Creo haber besado la nuca de su reina. Tengo en esta alcoba encerrados tres senos y por eso tapé por dentro el ojo de la cerradura. Ajenas disposiciones me obligan. Qué difícil es, a un tiempo, barajar tres nalgas y un oscuro nudo de circunvoluciones de otro. El mismo pez de hace veinte años gira afanoso en la pecera. Ya se ha instalado en mis cuencas.

"Me hiciste falta" dijo, e imaginé calles rojas. También se estremeció su piel. Después se fue tan tranquila como vino. Quise gritar de nuevo obscenidades pero desconozco cuán larga rienda lleva ni cuándo tirará la mano que al otro lado espera. Ella sabrá qué viga de otro ojo le conviene o qué paja del mío.

VI.

"Te vas a joder" me entró al cartílago. Lo dice un nueve de diamantes que ocurre ahora completo en el tapete. "Que me joda" contesto imaginándome rey de espadas. Concluímos que la muerte ronda a este saco de huesos que echo a andar a diario. Intercambiamos monedas, retratos, pasadas experiencias de gatas histéricas, risas con sangre, un saludo cordial y más pocillos.

VII.

Fabrico un escenario íntimo en que el público me da la espalda para oírme mejor, no sea que mis muecas le distraigan. Escucho todas las respiraciones; por eso puedo improvisar mi acto. Se trata simplemente de atrechar hasta cada pulmón por cualquier atajo.

Como la moneda impera hoy en estas latitudes, dejo caer a la pupila promesa de la más formal carta de pago y ahí los tenemos arreglándome la solapa y un sonido de caja registradora en el aliento. Me han ofrecido todo: limones, cajitas olorosas, medio-esferas blandas.

Se cambia la multitud la cartera de bolsillo para inducir ideas y deseos. Hay un rastro de sangre, alfombra roja desde el escenario hasta la calle. Ellos pagaron su entrada; la merecen. Después papeles sucios, recuerdos vagos de antiguas saciedades, ahora como confesiones en estos limpios cubículos que se llenan de sombra en los intermedios. Otras sangres, menos afortunadas, restituirán a la tierra estas epístolas y otra vez el ámbar regirá.

VIII.

Ahora la mano izquierda temblorosa tienta buscando afanosa carta de triunfo y un minúsculo dos sale. Mata. Es que estamos solos. Dos son sus labios; dos los otros labios y dos los otros labios más adentro; cada par más húmedo que el anterior. El astro se hunde. Yo, sol también, próximo al próximo naufragio de proa en su lago de almizcle. Un poco más arriba de las fosas las neuronas interpretando olores y fabricando imaginaciones de otros aromas. Cierro los ojos y veo más. Esa palabra que sale de otro pecho es de sílabas blandas, se deshace en mi piel, deja la huella que mañana será comienzo de otro lance.

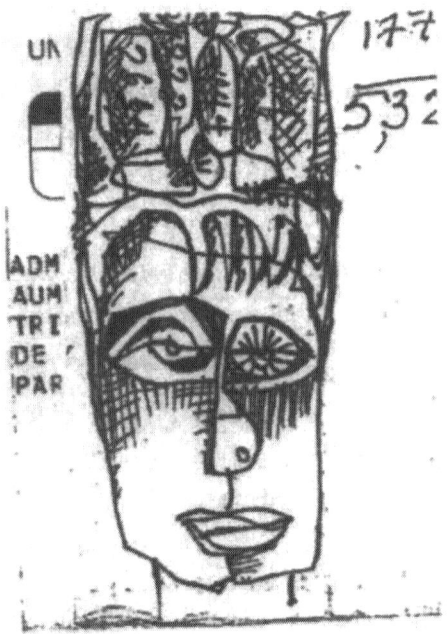

"Se trata de encontrar una puerta" (*La sílaba en la piel*, 1981)

    Se trata de encontrar una puerta,
    una mano, un lápiz y un espejo;
    y se trata además de reunirte
    y que el papel no mienta.
    Se trata de tu huella cabalgando en mi piel
    y que cuando las llaves, las uñas,
    la madera y las luces
    encuentren sus silencios,
    sea el mío más grande
    que todas tus cavernas.
    Es asunto de voces presentidas,
    de milagros deshechos;
    es asunto de ecos
    buscando por los huecos
    volver a la garganta.
    Se trata de un olvido completo de rubores;
    de ruidos con estuche,
    de hambres, de sudores,
    de los nobles recintos que encierran los olores.
    De nuevos animales de terribles pestañas.
    Es engaño al revés.
    Se trata de tus bordes
    y lo que ellos albergan.

"Hoy tiene la mirada de los días amargos" (*La sílaba en la piel*)

    Hoy tiene la mirada de los días amargos,
    un muro de silencio la rodea,
    en sus ojos neblina, las ventanas
    revelan la húmeda tristeza de los sótanos.
    Hoy amo más que nunca
    las manchas de su piel.
    La sombra de aquel número
    sin suerte en el dintel
    el trazo de aquel niño que fui
    y el cuento que dejó la lluvia en la madera,
    el recuerdo de hambre de un insecto,
    la historia de la muerte de los clavos
    que adelgazando perdieron la cabeza.
    En su puesto callado el gozne heroico
    haciendo lo que puede
    que no es mucho.
    El último retrato,
    persistente presencia de otros tiempos,
    como la puerta, inútil y ladeado.
    No laten corazones allá adentro
    y amenaza el paisaje
    restituir el polvo a sus dominios.

"Los mil ojos abiertos hasta que la cintura se rompa…" (*La sílaba en la piel*)

    Los mil ojos abiertos hasta que la cintura se rompa,
    la lana de los besos guarnecida hasta el sueño,
    con su cota de malla la azucena pidiendo
    camino, o su lugar afuera, o conmoción de nube
    sin raíces, con solamente el crucigrama del hielo
    por motivo, canción de manantial por ligadura;
    la comunión al día, la mirada y todos sus accesorios
    nivelados, el pan con grasa y el zapato listo.
    voy a viajar, entiendo que debo despedirme
    del árbol que me acusa, de la calle que me toma por suyo,
    adiós y muchos frutos, adiós y muchos huesos;
    a la vuelta les traeré escaleras, pájaros y canciones
    y habrá fiesta: guitarras en tu esquina, nombres en tu corteza.
    voy a partir, veo que mi costa, mi número
    y mi parque se sonríen de pena anticipada,
    debo decirles: "vuelvo, no soy cometa ni ave,
    tengo presente el día y me acomodo, me señalan
    lugar y lo agradezco, mis pestañas están comprometidas
    con este espejo verde al que regreso".

"Equilibraba agujas" (*Poemas de la muerte*)

> Equilibraba agujas
> cuando pensé su albergue.
> Quiero pistas, Señora,
> no sea que me asuste.
> Se me rió en la cara
> la muy puta.
> Se me helaron los huesos.
> Me trajo a la memoria
> un párrafo sangriento.
> Le propuse un escudo
> de sombras sosegadas,
> un futuro reposo
> de osamentas tranquilas.
> Me miró fijo un rato;
> le bailaba en las cuencas
> un nunca amarillento.
> Jamás pensé tan hondo
> en descifrar estirpes,
> sueños,
> encuentros breves,
> accidentes de alguna gravedad,
> enemigos antojadizos,
> amigos de ocasión,
> encrucijadas sordas,
> papeles medio sucios
> pero suaves al tacto
> con sus constelaciones
> efímeras
> cual breves mariposas.

Es cierto, lo sé,
hay versos infelices,
pero con su guadaña
tan próxima al gaznate
los mocos son estrellas,
las estrellas son micos.
Me meo y amanece,
me rasco y se me estira.
Ella observa,
palmaria y elocuente
su mirada,
la hoja reluciente
como que señalándome.
Yo reculo, ella apecha.
Yo apecho, ella sonríe.
Ahora veo que esconde
un as de espadas,
dos cincos
y un calambre.
Se embota las espuelas
y yo apuesto, inmutable,
confiado en mi albedrío.
Me salgo con tres sietes
(suerte de principiante
ni pa' la hostia doblo).
"La casa pierde y se queda,
el punto gana y se va",
susúrranme al oído.
Sin cambiar la mirada
inquiero: "Doña Esperanza,
¿cómo sigue la flaca?"
—Le tiembla la derecha.
Chocamos, yo recojo y a las millas
que para luego es tarde.

"Ancha es esta reunión de lianas en los ojos" (*Poemas de la muerte*)

> Ancha es esta reunión de lianas en los ojos,
> imperiosa la red, los poros en su sitio.
> Dentro del latido, más poros.
> Ancho es el viaje por hacerse
> y el hecho en que viajamos.
> Ancha es la terrible dulzura
> del diente cuando anda suelto
> en pastizales húmedos, tibios, de blando aroma.
> Ancho encontrarse de buenas a primeras
> con la muerte más ancha
> mirarle la cara, besarle la nariz izquierda
> porque sabido es que husmea
> a diestra y siniestra.
> "Señora muerte, decirle en broma,
> míreme allí en mi tumba acurrucado.
> ¿No le da vergüenza, tan grandota,
> jugando a los olvidos?"
> Entonces ella mira sorprendida
> tan ancho el panorama,
> con tanto gallo suelto
> y tal vez un cochino y una calandria
> haciendo de las suyas
> con un calandrio,
> que nos olvida
> porque ha visto un huracán
> haciendo nido en el sobaco de un gigante.
> Siente miedo la muerte por primera vez
> así como lo oyen
> así como lo hollen

así como lo hoyen
porque hoy es día de escuchar
la huella que hacemos
sobre la yerba fresca.
De ahí
que la muerte se enfurezca
y no quiera por ahora
trato con gente tan oblicua
tan desentendida,
tan como que no la conocen.
Ella que se las daba de notoria
a todo lo ancho de esta anchura.
Ancho es despedirse de la muerte
dándole una palmadita en las nalgas
aunque de pronto,
y esto nos turbe un poco,
vuelva la cara, súbita, y nos diga:
"Un día te voy a enseñar
lo que guardo aquí, para ti
entre mis muslos flacos, enfermito."
Ahora es mirarnos al espejo
y verla allí sonriente, mirándonos
desde ese otro extremo
que quién sabe si es más real
que éste que ella mira.
Si muero hoy, sabrá ella
que estoy inmundizado y no me importa.
¿Me dejará tranquilo
en este ancho mundo hasta que muera?

"La muerte es una onza" (*Poemas de la muerte*)

>La muerte es una onza
>de plomo sobre un plato
>y un fiel, que de herrumbroso,
>señala si le place;
>es un dibujo en ciernes,
>una tómbola ciega,
>una libreta limpia,
>que presume de cebra
>su rayado pelaje
>columpiando silencios.
>La muerte es una copa
>en cuyo borde baila
>lo que escapó del fondo;
>aquello que dijeran haber visto los sabios
>cuando quedaron ciegos.
>La muerte es una luna
>sostenida en los labios
>de una mujer perdida
>o flotando en el seno
>de una walkiria trunca.
>La muerte es un pañuelo
>cercano a la corbata
>y apuntando hacia arriba.
>La muerte es escritorio
>en donde están los dioses
>repartiendo migajas
>después de relamerse.
>Tiene también la muerte,
>se me estaba olvidando,

un diente a la medida
y una sala de espera
que es la sangre
por donde se pasean
sus oscuros heraldos
multiplicando adioses
y sembrando destierros.
Tan redonda es la muerte
que no le faltan notas.
Si un acorde le sobra
lo arroja por la borda
y sonríe
porque sabe que un día
la canción será exacta.
La muerte amputa,
clava, desdice y articula
refranes y sentencias,
fórmulas olvidadas,
pronunciamientos graves,
sandeces del momento.
De cortina tiene
la muerte
lo que tienen los párpados
que además de cansancios,
como era de esperarse,
tienen un tiempo de agua.

La muerte tiene rostro,
dos si se lo permiten,
tres cuando es necesario,
o cuatro, recordemos
que juega a las caretas
después de hacer las suyas.
La muerte es un sumando,

todo el mundo lo cree,
y esto a nadie lastima,
pero resta y olvida
y esto muchos lo olvidan.
Cuando la acorralan,
si la ajoran un poco
sabe ser mediodía
y mañana de luces
y círculo perfecto
y espejo sin fisuras.
Dicen los que han visto
las flores
crecer en ciertos predios,
que aborrece las tumbas.
Hay muertes en su punto
que mueren en la raya.
Cuando una muerte muere
enloquecen los péndulos,
las esferas sollozan
y las bellotas cantan.
Conocí una muy joven
que se quedó en su casa
y se murió de vieja
sin estrenar guadaña.
La muerte tiene un gozne
un dado y una espada.
Gira, se planta, hiere,
rechina, alcanza, vale,
oculta lo que tiene
revela cuando taja
enamora a las puertas
y cuando en las apuestas
el ánimo se exalta
su lengua roja anula

la imposible distancia.
Del temor al arrojo
la diferencia zanja
porque sabe que el hueso
ya tendrá la palabra.

"Tengo a mi haber" (*Poemas de la muerte*)

    Tengo a mi haber,
    lo digo sin tristeza,
    unos agrios papeles
    de márgenes abiertas
    en donde inquietas sombras
    aposentan su bulto
    pretendiendo acotar,
    a saber con qué objeto,
    el silencio,
    trabajado a cansancios,
    que brota de los surcos
    donde otras sombras
    eligieron lugar
    para el nombre del hambre
    y su recuerdo,
    para el hambre constante
    de nombres y recuerdos.
    Ahora sé que sabía
    de este escozor, entonces.
    Se escurría entre las tablas
    una ilusión de estrellas
    que esmeriló reveses,
    la sed insatisfecha
    y aquel sopor
    que en más de una ocasión
    se pronunciara eterno.
    Porque hay labios y redes
    pañuelos y distancias
    que retardan la muerte.

Parece que le tienden un cerco
y desde el mismo centro,
un poco hacia la izquierda,
le amortiguan sus ritmos.
Hay como flechas tibias
que desde otras cavernas
conscientes de su oficio
buscan su otro extremo
donde encontrar el llanto
atado
a la ribera del goce
doblemente húmedo
desde donde
vuelven a alzarse
la carne y sus campanas
vestidas de locura.
        Tengo a mi haber, decía,
un dibujo de tinta
donde ocurren verdades.

"Arden aquí en mis labios" (I)

>   Arden aquí en mis labios
>   ancianos que urden
>   desde distante urna
>   fiero adagio;
>   hilos vetustos
>   que encadenan
>   líquenes y comienzos de ojo;
>   a la naciente mentira de la muerte
>   el árbol que hoy su copa ofrece.
>   Cordel como horizonte
>   con limo alrededor.
>   Aquí, a tiempo en el andén
>   tan fácil de armadura
>   que fríamente arrojo mis espinas
>   en todas direcciones;
>   cofre de distintos resortes
>   cajón de voluntades diversas
>   y tanto salto abundan en mi costado
>   que acabaré, sospecho,
>   despedazando lanzas
>   en las noches más anchas;
>   el alma endurecida y madura
>   más dura que todos los cuchillos
>   que la asedian:
>   > Temblor de piel con ojos
>   > vaivén de lengua exacta
>   > ondulación de poros en su sitio
>   envío desde dura médula,
>   dormido yo, pero todas

mis voluntades en vigilia.
El salto aquí es promesa y acto
cada fecha atada a un hueso
cada hueso cabalgando en un hecho.
Manos ajenas
con toda su dulzura de sal
fabricándome espacios
meciéndome
señalando lugar a pestañas.
Mis ancianos y yo
protegidos de mí y de mis enemigos
de todos los venenos
que me arroja el azar
ayudado por quién sabe
qué pelota de odio sin linternas
que quiere ver esta torre
tendida y abrojada
las ortigas lamiéndola por dentro.
Pero se yergue y grita
busca grutas con ranuras
a donde resuelve su agonía
en racimos de días enlazados.
Se pasea del brazo
de la duda más ancha
y corrediza
del dolor más extenso e iluminado.
Aquí estoy, fiera tan tibia
dejando en esta red mis iniciales
mis comienzos de tigre
y todos mis finales
con sonrisa hasta en el pelo
y un jugo marginal
precioso verbo
sonriente aliado

desde otra estancia
que es la muerte.

"Erijo catapulta" (I)

> Erijo catapulta
> para que mi voz
> llegue y se quede
> allí donde no alcanza el dedo.
> En mi piel se agenció el viento
> certero gancho.
> La torre aquella, antes inaccesible
> espera ahora abierta
> el golpe de mi sangre,
> sus almenas radiantes
> su caracol aquí en mi oído
> diciéndome sus tórridas verdades;
> mi sombra que estuvo entre sus plantas
> acurrucada ahora en sus balcones.

"Dame viento" (I)

>Dame viento,
>(malherido te tienen
>las humanas costumbres)
>esa canción
>que a flor de hombre arrastras;
>ese llanto de lluvia,
>de alpargatas, de escobas.
>Hablaste cuando la caña hueca
>se te puso de frente
>y desde entonces quieren
>los dedos sumarse a tu lamento.
>Quiero, (que no lo olvide nunca
>tu bondad vagabunda)
>un poco del regalo
>que te hiciera la flor
>y dime que recuerdas del surco.
>Guíame hasta el pan.
>Sé que tu ancho blando
>corazón caminante
>tropieza en las ciudades
>con redes mal dispuestas
>y torcidos pulgares.
>Pero aun de aquellos
>ocultos labios
>puedes traer noticia.
>Golpéame, emisario del bien,
>por los cuatro costados
>con el aroma tibio
>de sus cuatro costados.

"Debo advertir" (I)

>Debo advertir
>antes de pronunciar estos espejos
>antes que el verso rompa
>el aire limpio que a mi piel rodean
>que enamorada la lengua
>de la sombra
>noche mas dura ansía
>como nido.

"Me empujarán las manos" (I)

    Me empujarán las manos
    hasta el cuello de aquel
    lo tengo presentido.
    Pero, entonces,
    ¿quién será el difunto?
    ¿se acabarán, pregunto,
    las amapolas anchas
    que cubrían el sueño
    sin lastimar?
    El viento, ¿volverá por sus fueros?
    El agua, ¿vendrá cada mañana
    a lavarme por mi nombre,
    ¿ruborosas se plegarán entonces?
    ¿Habrá luna, mejilla mansa,
    asfalto sin tropiezos?
    Cuando mis dedos, rencorosos,
    se cierren sobre el cuello de aquel,
    ¿qué cantidad exacta de difuntos habrá?

"Esta calle" (I)

>   Esta calle, igual
>   que hace tres días,
>   hoy lleva mi zozobra en su lomo
>   esos hilos de sombra que la ruzan:
>   el pájaro, su nido, el árbol,
>   el perro satisfecho,
>   otras calles que le hablan desde lejos,
>   un quejido que me agolpa la sangre
>   cuando otra mano golpea una mejilla
>   y la sangre en la acera
>   poniendo zancadillas a la sangre,
>   el dolor, polizón en el estribo:
>   y vemos desde aquí
>   la cuchara juntando los milagros
>   que luego
>   allá, en aquella esquina,
>   rodarán por el suelo.
>   Creemos que es portento la muerte
>   que la vida en esta calle
>   tiene solo una carta de triunfo,
>   una moneda exacta,
>   un rótulo imantado que la guía
>   y que no se equivoca;
>   entonces alguien hala la cuerda
>   y se nos muere la calle
>   y nos morimos.

"Ahora vale decir, lo siento" (I)

    Ahora vale decir, lo siento,
    alguna tontería
    que me sirva de asiento,
    pero oí esta mañana
    romperse a dos costillas,
    a un ojo salirse de su cuenca
    lo vi, lo juro, con el par de los míos.
    Entonces cuento con dos noticias claras
    y tengo que dar cuenta.
    Mañana, lo tengo presentido,
    el plomo volverá a horadar la carne
    en esta isla
    que, por cierto, seguramente
    que será imaginaria
    o está en vías de serlo
    porque si no
    ¿Qué explica los simultáneos
    manantiales de sangre
    a toda hora?

"Estos canales blandos" (I)

    Estos canales blandos
    que encierran las sabias
    también producen
    adioses instantáneos
    y recuerdo
    de voces que no fueron.
    De ahí esta voz desgarrada
    pidiendo nacimientos
    pujando sus galaxias
    violentando designios
    al borde de la hoja
    haciendo de cualquier rumor
    un trueno
    con signos y piruetas
    con tristezas reales o fingidas
    de dolor en los túneles
    de túnel en la pena
    reúne pequeñas multitudes
    de letras
    inventa tragedias con que sanar
    y una risa con dientes
    que nos duela.

"Mírame ahora despacio" (I)

> Mírame ahora despacio
> me puse esta mañana un rostro nuevo
> por si acaso.
> Me transita hoy alguien por las venas
> y cierro los portones
> (se me eriza el cabello)
> Ayer lubriqué goznes
> y tiré cuatro cartas al aire
> amén de los portazos que se quedaron
> girando en mis pupilas,
> (uno a un lado, otro en el siguiente)
> Veo que no me escuchan,
> pero no es necesaria esa cuerda
> ni la navaja aquella
> que guardaba celoso.
> Todo eso es historia.
> Hoy tiran de mi suerte hasta tensarla
> hoy me caminan piel con frío y todo.
> Todo es esa labor de hormiga y la humedad
> no quisiera pasar nada por alto.
> Por alto que se esconda la ranura
> la encuentro, hoy tengo suerte, dije.
> Guardo un pez para cuando amanezca
> y un pan, ya cocido, de nuevo
> se me enciende hasta el rojo.
> Hoy la uña frontera
> quisiera dibujar por las costillas
> en orden la cosquilla
> en caos el desorden.

Se que me aliviarán esta dureza
un par de labios.

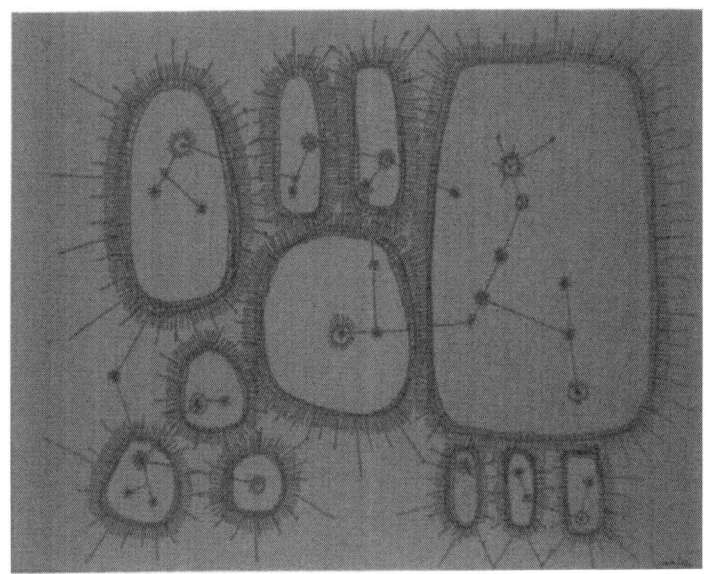

Cronología
(Índice cronológico de primeros versos y títulos de poemas)[1]

1955
- "se fueron los ayudantes del olvido" (HO)
- "yo he visto" (HO)
- "sobre mi tumba suena un caracol" (LSP)

1955-56
- Hueco profundo vacilante" (LSP)

1955-60
- "un canto de cristal es la esperanza" (LSP)
- "han muerto mis silencios" (HO)
- "una oreja desprendida cae" (LSP)

1957
- "De sus pechos de sombra" (LSP)
- "Este frío glacial que me sorprende" (LSP)
- *Por qué me dejas, sombra?* (LSP)

1957- 60
- "Yo quiero hacer un poema de líneas verdes" (HO)
- "Pero después de todo" (LSP)

---

[1] Nos atenemos a la cronología consignada en *La sílaba en la piel* (Río Piedras: Quease, 1982) J. R. Melendes (editor), aquí reordenada. *Los poemas de la muerte* (San Juan: Terranova, 2009) editora, Margarita Rodríguez Freire aparecen agrupados después del 1982. Así también los inéditos, cuya fecha desconocemos y que surgen del manuscrito que nos entregara el poeta en su primera versión de *Los poemas de la muerte*. Usamos las siglas HO (*Homenaje al ombligo*), LSP (*La sílaba en la piel*), R (*Rendijas*), PM (*Poemas de la muerte*) e I (Inéditos).

El vaticinador (LSP)
"¿por dónde anda mi nombre?" (LSP)
"Este espejo quebrado" (LSP)
"Si pudiera salir desde mi soledad" (LSP)

1958
"¿por qué caminos?" (LSP)

1959-60
"En la otra orilla" (LSP)

1960
"Zeus siente hambre" (LSP)
"Sombra mía" (LSP)
"Se ha sabido que" (LSP)

1962
"hay un río de claridades acentuadas" (HO)
"En el comienzo" (LSP)

1963
"Estoy unido a la extensión del cielo" (HO)
"camaradas del sueño, os reconozco" (HO)
"Aquí vive una sombra" (HO)
"escucha" (HO)
"cuando las tardes mueren" (HO)
"son siluetas los otros" (HO)
"hoy le diré a mi sombra" (HO)
"he llegado a mitad de la escalera" (HO)
Los héroes (HO)
"Más antigua que el agua" (HO)
"si me propusiera" (HO)
"yo sé que hay importancias" (HO)

"canto porque cantar es mi promesa" (HO)
"Si pudiera salir desde mi soledad" (HO)
"¿qué culpa tengo yo?" (HO)

1965

"también en los ombligos acechan muertes" (HO)
A Waldo Rodríguez (LSP)

1967

"Cubierto de silencio" (LSP)
"si me amas" (LSP)

1968

Lares (LSP)

1969

"Si se nos colma de distancias la copa" (LSP)
Manifiesto (LSP)
"Todas las fuentes decían el mismo nombre" (LSP)
"¿traes contigo acaso el cortauñas?" (LSP)
"perdido en el olvido" (LSP)
"acariciando una oreja" (LSP)
"Si se nos colma de distancias la copa" (LSP)

1970

"A Ada Lina" (LSP)
"a este lado del río te apareces" (LSP)

1972

"El sueño de los justos" (LSP)
"Carta informal a mi hermano norvietnamés o quizá a su esqueleto sonoro" (LSP)

1973

"Dedicado a los que se enriquecen con el negocio de la publicidad" (LSP)
"por cuanto el rumbo alcanzo" (LSP)
"Ahora siento escrito, con lengua alada" (LSP)

1973-75

"para partir en dos esta condena" (LSP)

1974

"encima del dolor y empecinado" (LSP)
"Ai más miel roja" (LSP)
"seco el tunel" (LSP)
"A Elías Beauchamp" (LSP)
"Estoy a punto de decir que ahora" (LSP)
"Arriba, abajo y alrededor del comienzo" (LSP)
"Atila Guerra" (LSP)
"Desde la tumba de mi tumba" (LSP)
"Encima del dolor" (LSP)
"Aquí a destiempo" (LSP)
"atroz carencia" (LSP)
"loco infernal y sube" (LSP)
"aquí esta torre de huesos y cansancios" (LSP)
"serpiente y caracol" (LSP)
"igual que ayer" (LSP)
"encima del dolor" (LSP)
"desde esta orilla" (LSP)

1974-75

"encima del dolor y empecinado" (LSP)
"Será el eco de aquellos viejos huesos" (LSP)

1975

"Ciudad de los heridos" (LSP)
"Si solo limpia garra de hambre me asediara" (LSP)
"Es víspera" (LSP)
"Háblame" (LSP)
"persigo, a tres cichillos" (LSP)
"es hermano del día quien tropieza" (LSP)
"del distanciado grano a la ceniza" (LSP)
"El pájaro y su nombre" (LSP)
"Dedicado a todos los burócratas" (LSP)
"Desde luego la puerta" (LSP)
"Al fundador de tumbas" (LSP)
"Arranquemos del fondo, prescindamos" (LSP)
"Busco decir" (LSP)
"Ahora vuelve" (LSP)
"NUEVO VASO" (LSP)
"Hoy soñé con un pez" (LSP)
"Del hombre de la hembra" (LSP)

1975-76

"Si solamente espinas y la sal de los mares" (LSP)
"Si no me engaña el ojo" (LSP)

1976

"AQUEL, Aquel y aquellos" (LSP)
"Vuelvo el rostro y tiembla la estrella" (LSP)
"A Ada Lina y Rosa Lina" (LSP)

1977

caracolas:
"Busca el centro del vértigo, transita tranquilo la espiral a la vuelta sonríe" (LSP)

"Saciaremos es hoy la consigna es el horno al pan el brazo diligente no descanses" (LSP)

"Desde tu pena el hambre al hombre fragua y condena en espera del nudo la cadena" (LSP)

"Tu mito trama a piedra y llanto sale enlaza reúne y atiza hornos" (LSP)

"Atila el uno y alita el otro tropiezan al azar salúdanse y rememoran tedios" (LSP)

"Yo serpiente flecha camino viaje y tu caracola sonido habitación y estancia" (LSP)

"es sorpresa todavía..." (LSP)

1978

"Edificamos a golpes" (LSP)
"Una gran afirmación, la más bella" (LSP)
"En homenaje a Elías Beauchamp" (LSP)
"A mi mujer en mi patria y viceversa" (LSP)

1979

"Blandiremos blandura" (LSP)

1980

"Tanta arena caliente" (LSP)
"Qué trueno maldito de antemano" (LSP)
"Hay un día distinto de los otros" (LSP)
"Será que aquel invierno" (LSP)
"Primero fue tu voz" (LSP)
"He vuelto a los lugares" (LSP)
"Fue limpio frío de tumba" (LSP)
"Yo tengo tu noche" (LSP)
"Sin timbres, sin colores, casi sin luz" (LSP)
"Ya aquí la estrella" (LSP)
"El lenguaje es antes que nada" (LSP)

1981
    "Porque la mina, el campo, el río" (LSP)
    "Avecinada ya la sangre, todavía" (LSP)
    "Dulces crecientes ramas" (LSP)
    "Dispuse las distancias a tiro" (LSP)
    "Detrás de cada espejo habita una muerte" (LSP)
    "Recuerdo una distancia" (LSP)
    "Yo quiero que querramos" (LSP)
    "En un día de sol urde el paisaje la pupila" (LSP)
    "Tendiste cuatro puentes al recuerdo" (LSP)
    "Hice alto mi tumba" (LSP)
    "Ahora llega sombra y tan quedo" (LSP)
    "Fue ligero el descuido y necesario" (LSP)
    "Este balcón que ya no es" (LSP)
    "El arco fue el azar" (LSP)
    "Te he olvidado" (LSP)
    "Siglos rodé, distante de su agua creciente" (LSP)
    "Cuando se me llenan los ojos de tu carne" (LSP)
    "Sintiendo a la exacta distancia de los dientes" (LSP)
    "Todos sabemos que un descanso de miel" (LSP)
    "Los órganos dispuestos a la canción" (LSP)
    "Un papel con signos enigmáticos" (LSP)
    "Luna te trajo la ventana" (LSP)
    "Escojo la palabra, tiro a matar" (LSP)
    "Se trata de encontrar una puerta" (LSP)
    "Hoy tiene la mirada de los días amargos" (LSP)
    "Los mil ojos abiertos hasta que la cintura" (LSP)

1982
    "Un hombre, de espaldas al mundo" (LSP)
    "Cuando vuelva a mi casa" (R)

En la Colección *Poemas de la muerte* (Terranova editores), 2009[2]

"Navego y entretanto"
"A este lado del inexacto lado"
"Habitaban el tiempo"
"Hoy veo cementerios cuadrados"
"A veces las cosas se equivocan"
"Invadieron el féretro"
"Estamos detenidos en la muerte"
"Si supiéramos el traje de la muerte"
"Ancha es esta reunión de lianas en los ojos"
"Señora muerte, dígame: ¿Usted, qué espera?"
"Entenderá la huella"
"Que no me invadan las hormigas"
"Le hace falta"
"Como si fuera ayer"
"Con un gancho"
"Llegaron hasta mí sus emisarios"
"Anduve desandando"
"Una muerte rotunda"
"Un día será el sueño"
"Esta calle igual"
"La muerte es una onza"
"Los ataúdes no proclaman"
"Ahora digo ayer"
"Tengo a mi haber"

"Equilibraba agujas" (I)
"Arden aquí en mis labios" (I)
"Erijo catapulta" (I)
"Dame viento" (I)

---

[2] Sólo incluimos en esta sección los poemas que en esta colección han sido publicados por primera vez. (Los entrecomillados con una I son inéditos y me los hizo llegar José María Lima como parte de *Los poemas de la muerte*, para su futura publicación en dicha colección.

"Debo advertir" (I)
"Me empujaron las manos" (I)
"Ahora vale decir, lo siento" (I)
"Estos canales blandos" (I)
"Mírame ahora despacio" (I)

Bibliografía escogida sobre José María Lima

I. Libros de José María Lima

Con Ángela María Dávila. *Homenaje al ombligo: poemas y dibujos.* San Juan: Talleres Gráficos Interamericanos, 1966.
La sílaba en la piel: obra poética, 1952-1982. joserramón meléndes, ed. Río Piedras: qease, 1982.
Rendijas. Jan Martínez, ed. San Juan: Universidad de Puerto Rico, 2001.
Poemas de la muerte. Margarita Rodríguez Freire, ed. San Juan: Terranova, 2009.

II. Otros artículos

Acevedo, Rafael. "Quiero pistas, Señora, no sea que me asuste" (entrevista a José María Lima). *Claridad* [San Juan, PR] 22-28 de noviembre de 1996: 15-17.
Cruz Santos, Martín. "Jaime Benítez y el caso del profesor José María Lima en la vorágine universitaria de 1963." *Don Jaime Benítez entre la Universidad y la política.* San Juan: Universidad Interamericana, 2008, 367-402.
Droz, Vanessa. "Ahora: José María Lima". *El Mundo* (14 nov. 1982): 6-B.

González, José Emilio. "Sobre *La sílaba en la piel* de José María Lima". *Claridad/En Rojo* 25 nov-1ro. dic 1982: 16-17 y *Mairena* 8/21 (1986): 81-85.

González, Aníbal. "Four Young Puerto Rican Poets". *Latin American Literary Review* 16 (1980): 229.

González, Rubén. "César Vallejo viene volando/José María Lima, Ángela María Dávila, Lilliana Ramos Collado". *Crónica de tres décadas: poesía puertorriqueña actual de los sesenta a los ochenta.* San Juan: Universidad de Puerto Rico, 1989. 58-70.

Jiménez Corretjer, Zoé. *Lógicas del extravío. Anatomía existencial en la poesía de José María Lima.* Río Piedras: Ediciones Puerto, 2010.

Martínez, Jan. "José María Lima, poeta surrealista". *Revista del Instituto de Cultura Puertorriqueña* [San Juan, PR], enero-junio 2002: 18-25.

_____ "Mito, conflicto y utopía en la obra poética de José María Lima". *La Torre* (San Juan, PR) 7/24 abril-junio 2002: 167-208.

Meléndes, Joserramón. "*La sílaba en la piel*: apuntes sin t(j)erminar". *Reintegro de las artes y la cultura* 2/3 [San Juan, PR] dic. 1982: 31.

Mercado Rodríguez, Salvador. "*La sílaba en la piel* de José María Lima: un manifiesto poético del Puerto Rico contemporáneo". Tesis de Maestría. Universidad de Puerto Rico, Recinto Universitario de Mayagüez, 1991.

Ober, Ralph. "Ignora controversia. Professor Lima cita inmadurez política como motivos ataques". *El Mundo* (16 sept 1963): 4.

O'Neill, Ana María. "Dos decisiones del Consejo Superior de Enseñanza". *El Mundo* (14 octubre 1963): 5.

Pastor, Mara."La luna sumergida: recuento crítico sobre la poesía de José María Lima". <http://ohdiosarantza.blogspot.com/2009/05/la-luna-sumergida-recuento-critico.html>. (Publicado también en la sección *En Rojo* del periódico *Claridad*)

Ramos Collado, Lilliana. "Sobre José María Lima, *La sílaba en la piel*." *Revista Sin nombre*. [San Juan, PR] julio-sept 1983: 88-91.

Sotomayor, Áurea María. "Las tácticas de la sorpresa". *Hilo de Aracne. Literatura puertorriqueña hoy.* Río Piedras: Editorial de la Universidad de Puerto Rico, 1995: 161-177.

_____ "Las tácticas de la sorpresa". *Revista Plural* 1/3 [San Juan, PR], enero-junio 1983: 217-226.

Tomé, Jesús. *"La sílaba en la piel"* (reseña). *Mairena* 14 (otoño 1983): 112-113.

Vientós Gastón, Nilita. "Índice Cultural: el caso del professor Lima". *El Mundo* (21 septiembre 1963): 2.

Colaboradores

Artículos

JOSERRAMÓN MELENDES (San Juan, 1952) Poeta, ensayista, crítico, editor de qease y organizador cultural. Toda su obra es publicada por la editorial qeAse. Poesía: *Desimos désimas*, 1976, 3ra ed. con Cantata de Andrés Jiménez, 1996. *La casa de la forma*, 1986, *Senotafio*, 2009 con el cual obtiene el premio del Instituto de Cultura correspondiente a ese año. Entre sus libros de ensayos se hallan *En Borges*, 1980, *La poesía inebitable: J. A Corretjer*, 1989, *Para Delfín*, 1992, 1993, *Postemporáneos*, 1994, *Borges el espía* y *Dobles de Elizam Escobar*, 2002 y "El fondo de la máscara", 2009. De narrativa tiene *Secretum* y "Orasión acerca de la indignidá umana". El Pen Club de PR le otorgó el Premio Nacional de Literatura del año 2002. Es antólogo y editor de *Poesiaoi: Antolojía de la sospecha*, 1978, *Puño de poesía*, 1979, edita además *Poesía y revolución* de Corretjer, 1981, *Primeros libros poéticos de Matos Paoli*, 1982, *La sílaba en la piel*, de José María Lima, 1982, 1996, *Primeros libros poéticos de Corretjer*, *Antolojía poética* de R. Fernández Retamar, 1999, *Yerba bruja* de J. A. Corretjer, 1992. Andrés Jiménez ha grabado sus poemas y Roberto Sierra los ha musicalizado. Colaborador en *Claridad*, y *Casa Las Américas* (Cuba). Libretista de teatro, radio y cine: *Colegtílogos I y II* para el Ballet Tierra y Teófilo Torres, *Adoquines* para Taller de Histriones, *Tres Esquemas raciales* para Brunilda García, *El Gíbaro de Alonso*; video Clemente Soto Vélez, y película *Corretjer* codirigida con Pucho Segarra. Expone esculturas, instalaciones, ensamblajes y originales del libro-objeto *La casa de la forma*, en el Museo de la UPR, 1987; en Exlibris 1994; reposición, 1997, en el Museo de la UPR; y en Proscritos de la Trienal Poligráfica de SJ 2004-5. Ha sido incluido en múltiples antologías en Puerto Rico y Latinoamérica. El Pen Club de Puerto Rico le otorgó el Premio Nacional de Literatura del año 2002.

JUAN CARLOS RODRÍGUEZ (Puerto Rico, 1975). Poeta, crítico literario, ensayista y profesor. Tiene un Bachillerato en Comunicación Pública de la UPR, una Maestría en Estudios de Cine de CUNY y un doctorado en literatura de Duke University. Participó en el taller literario de Ariel Dorfman. Ha enseñado en la Universidad de Puerto Rico, Rice University (Houston) y en Georgia Tech, donde es profesor actualmente. Ha publicado ensayos académicos las revistas Debats (España), Pensamiento de los Confines (Argentina), La Habana elegante (USA), Travesia: The Journal of Latin American Cultural Studies (Inglaterra). Actualmente escribe un libro sobre los imaginarios urbanos de La Habana en el cine documental cubano. Es co-editor de un número especial de la revista Polygraph: an international journal of culture and politics dedicado a los conceptos de inmanencia y trascendencia. Ha participado en la mesa editora de la revista puertorriqueña Hotel Abismo. En 2008, publicó su libro de poemas Rehén de otro reino (San Juan: Editorial Tiempo Nuevo, 2008 y actualmente trabaja en el poemario *Conque contar sin un con qué*.

FRANCISCO JOSÉ RAMOS GONZÁLEZ (Puerto Rico, 1950) es doctor en filosofía por la Universidad Complutense de Madrid con una tesis titulada *El pensamiento de la transgresión de Friedrich Nietzsche*. También realizó estudios en el Departamento de Filosofía de la Universidad de París VIII (Vincennes). Ha sido profesor de la Universidad de Puerto Rico durante treinta años, impartiendo cursos de Humanidades, Filosofía, Literatura Comparada y

Fundamentos filosóficos de la Psicología. Ha sido Profesor Visitante en la Universidad de la Ciudad de Nueva York (CUNY), Investigador Invitado en la Universidad de Georgetown en Washington, D.C., y Conferenciante Invitado en la Universidad Complutense de Madrid. Es co-fundador de la Sociedad Puertorriqueña de Filosofía, y del Centro de Meditación y Estudios Buddhistas del Caribe; fundador de los Talleres de Filosofía para la Comunidad en el Viejo San Juan y Profesor del Seminario de Ética del Taller del Discurso Analítico y del Foro del Campo Lacaniano de Puerto Rico. Desde el 2008 es miembro numerario de la Academia Puertorriqueña de la Lengua y miembro correspondiente de la Real Academia de Lengua Española. Entre sus múltiples publicaciones cabe destacar que es autor de una obra filosófica en tres volúmenes titulada *Estética del pensamiento*, la cual incluye los siguientes títulos: *El drama de la escritura filosófica* (1998), *La danza en el laberinto. Meditación sobre el arte y la acción humana* (2003) y *La invención de sí mismo* (2008), publicadas todas por la editorial Fundamentos de Madrid. Su libro *La significación del lenguaje poético* deberá ser publicado a comienzos del próximo año 2012. También es autor de una obra poética, habiendo publicado el libro de poemas *Cronografía* (Barcelona, 1982), así como poemas en revistas literarias y antologías en Puerto Rico, España y México. Cuenta en su haber con dos libros de poemas inéditos que esperan su publicación. Ha sido compilador y editor de la antología *Hacer:Pensar. Colección de escritos filosóficos* (Editorial de la Universidad de Puerto Rico, 1994) y de *La fiesta del pensamiento. Una antología de las Humanidades* (en espera de ser publicado también por la Editorial de la Universidad de Puerto Rico). Francisco José Ramos González es en la actualidad Catedrático Jubilado de la Universidad de Puerto Rico, Recinto de Río Piedras.

MARA PASTOR (Puerto Rico, 1980). Poeta, editora y traductora. Hizo su Bachillerato en la Universidad de Puerto Rico (Estudios Hispánicos), Maestría en la Universidad de Notre Dame (Lenguas

Romances), y actualmente termina el doctorado en la Universidad de Michigan (Lenguas Romances y Literatura con concentración en Literatura Latinoamericana). Ha publicado los poemarios *Alabalacera* (2006), *El origen de los párpados* (2008), *Candada por error* (2009) y, recientemente, *Poemas para fomentar el turismo* (2011). Es miembro del consejo editorial del Proyecto Literal (Ciudad de México). Su trabajo aparece en diversas antologías tales como *Red de voces: poesía contemporánea puertorriqueña* (2012), *Hallucinated Horse: New Latin American Poets* (2012) y *Mi país es un zombi* (2011), entre otras. Su obra ha sido incluida en revistas y periódicos tales como *Radiador, Mandorla, Gaceta Literal, Los noveles, En Rojo, Letra en Ruta, Katatay, Transverse* y *Serie Alfa*. También ha publicado ensayos y reseñas en *Boston Review, Justzine, Gaceta Literal, El Roommate, Claridad* y *Primera Hora*. Su obra ha sido parcialmente traducida al inglés, francés, portugués y catalán. Editó junto a Rafael Acevedo la revista *La secta de los perros*. Edita desde el 2005 el blog Ohdiosarantza.

JUAN CARLOS QUINTERO HERENCIA (Puerto Rico, 1963). Poeta, ensayista, crítico literario y profesor. Miembro fundador y co-editor de la revista *Filo de Juego*, hizo su Bachillerato en Estudios Hispánicos en la Universidad de Puerto Rico y obtiene su maestría y doctorado en literatura en Princeton University. Poesía: *El hilo para el marisco / Cuaderno de los envíos* (2002), premio de poesía del Pen Club de Puerto Rico, *La caja negra* (San Juan: Editorial Isla Negra, 1996) y *Libro del sigiloso* será publicado este año por Terranova Editores. Trabaja en estos días en *El cuerpo del milagro*. Enseñó en la Universidad de Puerto Rico (1992-2001). Fue nombrado Mellon Research Associate en Brown University (1998-2000). De crítica tiene *Fulguración del espacio: Letras e imaginario institucional de la Revolución Cubana 1960-1971* (Rosario, Argentina: Beatriz Viterbo Editora, 2002), Premio Iberoamericano de la Latin American Studies Association, y *La máquina de la salsa: Tránsitos del sabor* (San Juan: Ediciones Vértigo, 2005). Fue miembro del colectivo y la revista cultural *Nómada*, además de contribuir a las revistas *bordes* y *Postdata*. Ha obtenido becas de las Fundaciones Ford, Mellon e ICP/National Endowment for the Arts. Su estudio *Por un efecto archipiélago: Sensorium, poéticas y políticas en el Caribe* obtuvo en el 2010 una beca Guggenheim. Actualmente dirige el Departamento de Español y Portugués de la Universidad de Maryland.

ELIZAM ESCOBAR (Ponce, 1948). Pintor, poeta, artista gráfico y ensayista. Entre sus libros se hallan: *Discurso a la noche y Sonia Semenovna*, Quimera editores, 1985; *Los ensayos del artificiero: más allá de lo político-directo y el postmodernismo (1983-1993). Isla Negra/Sopa de letras*, 1999; *Los dobles de Elizam Escobar*, por Joserramón Melendes, (2002; *Cuadernos de la cárcel (*2006). Bachillerato en Artes con especialización en Bellas Artes de la Universidad de Puerto Rico, y en el Art Students League de Nueva York. Entre 1968 y 1980 residió en Nueva York, fue maestro y colaboró como ilustrador en *El Socialista, Correo de la Quincena*, etc. Fue condenado en 1981 a cumplir 68 años en prisiones del estado de Illinois y prisiones federales en Wisconsin y Oklahoma por supuesta participación en las Fuerzas Armadas de Liberación Nacional (FALN). Sus reflexiones sobre arte y política se reúnen en el volumen *Ensayos del artificiero* (1999). Es incluído en las antologías *Los paraguas amarillos, Los poetas latinos en New York* (1983), Iván Silén, ed. y en *Papiros de Babel* (1991), Pedro López-Adorno, ed. Su obra plástica ha sido incluida en múltiples exposiciones. Actualmente es profesor en la Escuela de Artes Plásticas en el Viejo San Juan.

ÁUREA MARÍA SOTOMAYOR MILETTI (Puerto Rico, 1951). Poeta, ensayista, crítica literaria, traductora y profesora. Hizo el bachillerato en la Universidad de Puerto Rico, Maestría en literatura comparada en Indiana University (Bloomington) y doctorado en literatura latinoamericana en Stanford University. Posee un juris doctor de la Universidad de Puerto Rico. Enseñó en la Universidad de Puerto Rico (1986-2010) y actualmente es profesora de literatura latinoamericana en la Universidad de Pittsburgh. De poesía ha publicado *Aquelarre* (1973), *Velando mi sueño de madera* (1980), *Sitios de la memoria* (1983, Premio del Instituto de Literatura Puertorriqueña), *La gula de la tinta* (1994), *Rizoma* (1998, Primer Premio de Poesía del Pen Club), *Diseño del ala* (2005). En los setenta y ochenta fue miembro-fundador de la revista *La sapa tsé-tsé*, y miembro de *Reintegro*. Su obra ha sido premiada por el Instituto de Literatura Puertorriqueña, el Ateneo Puertorriqueño y el Pen Club de Puerto Rico. Ha publicado, de crítica, la antología *De lengua, razón y cuerpo: nueve poetas puertorriqueñas contemporáneas* (San Juan: Instituto de Cultura Puertorriqueña, 1987), *Hilo de Aracne, Literatura puertorriqueña hoy* (San Juan: Editorial de la Universidad de Puerto Rico, 1994), *Femina Faber. Letras, música, ley* (San Juan: Ediciones Callejón, 2005). En el 2010 publica *La providencia*, traducción anotada del libro de Derek Walcott, *The Bounty*, en edición bilingüe (San Juan: Fragmento/Imán). Su obra ha sido incluida en varias antologías y revistas de Puerto Rico y Latinoamérica. Es miembro fundador de las revistas culturales *Postdata*, *Nómada* y *Hotel Abismo* (todas radicadas en Puerto Rico). Acaba de publicar en el 2011 para Casa Las Américas (La Habana) la antología *Red de voces, poesía contemporánea puertorriqueña*, con prólogo y selección de 24 poetas.

Sección de testimonios

ESTEBAN VALDÉS ARZATE (Ciudad de México, 1947). Se crió en México, Nueva York y Puerto Rico. Estudió Ciencias e Historia en la Universidad de Puerto Rico de donde también obtiene una Maestría en Artes. En la década de los 70 fundó y dirigió la revista-cartel *Alicia La Roja*. En 1977 publicó *Fuera de Trabajo* (Editorial qease), primer libro de poesía concreta en Puerto Rico. En los 80 colaboró en *La Mueca*, periódico clandestino de sátira, y en la Editorial La Iguana Dorada, organizando los Encuentros Nacionales de Poetas durante la década de los 90 y años subsiguientes. Ha participado en exposiciones en museos y galerías. Anarcosindicalista, en 1984, funda la Hermandad de Empleados del Departamento del Trabajo (HEDET) de la que fue Secretario de Organización y Presidente. Fue delegado principal de la Unión General de Trabajadores (UGT) hasta el 2007. Entre sus actividades recientes participa con el grupo Open Fluxus en la Bienal de Venezia 2011, y en la XII Bienal de Textiles en Kauna 2010, Lituania. Colabora con la revistas digitales mexicana **¿Cómo Leer en Bicicleta?** *2010,* y *Poe+ 2010 de España.* Publica *La Otra PueRta en 2011,* versión biblioforma de un proyecto de poesía conceptual homónimo.

Rafael Ayala Hernández (Puerto Rico). *Juris Doctor* de la Facultad de Derecho de la Universidad Interamericana en el 1977. Ha estado vinculado a causas de la marginalidad y la pobreza, prestando servicios a programas de ayuda social. Colaboró con los casos de los pescadores de Vieques contra la Marina de EE.UU. En el 1980 fue Secretario de la Junta de Gobierno del Colegio de Abogados de Puerto Rico participando en la Comisión de Derechos Humanos y Constitucionales durante la investigación del Cerro Maravilla. También presidió la sub-comisión a cargo de la investigación del desahucio de Adolfina Villanueva. Ha trabajado como desarrollador, director y secretario de varias corporaciones de servicio público y de mediación de conflictos. Fue profesor de Justicia Criminal por diez años en el Recinto Metropolitano de la Universidad Interamericana de Puerto Rico, donde contribuye con el diseño de cursos sobre alternativas en la solución de disputas. Dictó cursos sobre aspectos éticos y legales de la comunicación en la Universidad del Sagrado Corazón de Puerto Rico. Trabajó como contratista independiente de la Oficina del Fiscal Especial Independiente. Retirado de su práctica como abogado, elabora un Proyecto Académico Multidisciplinario para la mediación como lenguaje alternativo de paz. Rafael Ayala cultivó su amistad con José María Lima durante dos décadas hasta su muerte y guarda lazos estrechos con la poesía puertorriqueña. De ahí la reciente publicación de *Al margen de la pasión* (San Juan: Casa de los Poetas Editores, 2011).

JUAN CARLOS QUIÑONES (Puerto Rico, 1972, Bruno Soreno, pseud.), narrador. Tiene a su haber los siguientes libros publicados: "Breviario" (Editorial Isla Negra, 2002, Premio Pen Club de narrativa, 2003), "Adelaida recupera su peluche" (La secta de los perros, 2011), "El libro del tapiz iluminado" (Ediciones SM, Premio 1er. Certamen Barco de Vapor 2007, Premio Instituto de Literatura Puertorriqueña 2009), "La pandilla bajo el árbol" y "La pandilla y el libro más grande del mundo" (Alfaguara Infantil 2003, 2004). Estudió posgrado en Literatura Comparada en la Universidad de Puerto Rico. Ha sido premiado en diversos certámenes literarios y ha publicado en revistas puertorriqueñas, venezolanas, argentinas y estadounidenses, además de revistas cibernéticas. También está incluido en antologías locales e internacionales como la *Antología de cuento latinoamericano del siglo XXI*, editada por Julio Ortega y publicada por la editorial Siglo Veintiuno y *Ojo paralelo: antología de escritores dominicanos y puertorriqueños*.

RAFAEL ACEVEDO (Puerto Rico, 1960) Entre grupos de retrovanguardia autosustentable y la dirección de una fuerza de choque cultural (La secta de los perros) Acevedo lleva una vida austera. *Libro de islas* (1989); *Instrumentario* (1996); *Cannibalia* (2005) y *Moneda de sal* (2008) son algunos de sus poemarios. Su primera novela, *Exquisito cadáver* (2001) fue finalista en el certamen literario de Casa de las Américas en La Habana. La segunda, *Sexo y cura* (2009), lleva tres ediciones. Con *Flor de ciruelo y el viento* (novela china tropical) (2011) se convierte en un *bestseller*. Tiene una extensa obra inédita. Es profesor de literatura en la Universidad de Puerto Rico, libretista para la televisión, dramaturgo para Teatro Yerbabruja, y publica semanalmente en la prensa oficial y la marginal.

9781930744523